中国民营经济发展报告

No.14（2016–2017）

ANNUAL REPORT ON NON-STATE-OWNED ECONOMY IN CHINA No.14(2016–2017)

中华全国工商业联合会

主编/高云龙

主审/徐乐江

中华工商联合出版社

图书在版编目（CIP）数据

中国民营经济发展报告. No.14, 2016—2017 / 高云龙主编. -- 北京：中华工商联合出版社，2018.5

ISBN 978-7-5158-2262-4

Ⅰ.①中… Ⅱ.①高… Ⅲ.①民营经济-经济发展-研究报告-中国-2016-2017 Ⅳ.①F121.23

中国版本图书馆CIP数据核字（2018）第064184号

中国民营经济发展报告 No.14（2016–2017）

主　　编：高云龙
主　　审：徐乐江
出 品 人：徐　潜
项目统筹：李红霞
责任编辑：马　燕
封面设计：周　琼
责任审读：郭敬梅
责任印制：迈致红
出版发行：中华工商联合出版社有限责任公司
印　　刷：北京毅峰迅捷印刷有限公司
版　　次：2018年6月第1版
印　　次：2018年6月第1次印刷
开　　本：710mm×1000mm　1/16
字　　数：212千字
印　　张：14.5
书　　号：ISBN 978-7-5158-2262-4
定　　价：79.00元

服务热线：010-58301130
销售热线：010-58302813
地址邮编：北京市西城区西环广场A座19-20层，100044
http://www.chgslcbs.cn
E-mail: cicap1202@sina.com(营销中心)
E-mail: gslzbs@sina.com(总编室)

编辑委员会

序　言

《中国民营经济发展报告》由全国工商联编写，是连续反映民营经济发展情况的文献资料类书籍。该书自2003年至今已出版发行14本，在社会上产生了重要影响。

改革开放以来，我国民营经济高速发展。截至2017年年底，我国民营企业数量有2 726.3万家，个体工商户6 579.3万户，注册资本超过165万亿元，对国家的税收贡献超过50%，国内生产总值、固定资产投资以及非金融类对外直接投资占比均超过60%，技术创新和新产品占比超过70%，城镇就业占比超过80%，对新增就业贡献率超过90%。在稳定增长、促进创新、增加就业、改善民生等方面发挥了重要作用，已成为稳定经济的重要基础、国家税收的重要来源、技术创新的重要主体、金融发展的重要依托、经济持续健康发展的重要力量。

党的十八大以来，以习近平同志为核心的党中央高度重视非公有制经济健康发展和非公有制经济人士健康成长。2016年3月4日，习近平总书记在全国政协十二届四次会议民建、工商联界委员联组会上发表《毫不动摇坚持我国基本经济制度 推动各种所有制经济健康发展》重要讲话，广大非公有制经济人士倍受鼓舞。党的十九大报告，就鼓励支持民营经济发展做出许多重大论述，再次重申坚持“两个毫不动摇”，第一次提出支持民营企业发展，第一次提出加强对中小企业创新支持，强调进一步激发和保护企业家精神、构建“亲”“清”新型政商关系等。这些重大论述,为民营经济持续健康发展指明了方向，我国民营经济将迎来新的历史机遇，进入新的发展阶段。

本书以习近平新时代中国特色社会主义思想为指导，深入贯彻党的十九大精神，紧紧围绕促进非公有制经济健康发展和非公有制经济人士健康成长主题，力图真实、全面反映我国民营经济在新时代的发展现状和特点，对存在的问题进行深入分析并提出对策建议。

本书共分三个部分。一是专题报告。六份专题报告分别由国家市场监督管理总局（原工商总局）、商务部、中国人民银行、国家税务总局、中国证券市场研究设计中心和北京工商大学的专家学者执笔，对我国个体私营经济发展、民营进出口、融资、税收、上市公司的状况和民营企业运行状况及企业家预期进行了深入分析与研究；二是区域报告。包括七份区域报告和五份省区报告，分别由省级工商联组织力量对京津冀、东北及内蒙、中部六省、西南四省、西北地区、珠三角、长三角等区域和福建、内蒙、广西、海南、西藏等省区的民营经济发展状况撰写的综合报告；三是地方专题报告。收录东北地区13个民营经济发展改革示范城市营商环境评估报告。

希望本书能为了解中国民营经济发展情况提供参考。该书的编写得到了政府有关部门、社会研究机构和各级工商联组织的大力支持与帮助，在此表示感谢！

高云龙

2018 年 4 月 25 日

目　录

专题报告

区域报告

地 方 专 题 报 告

专题报告

2016年全国个体私营经济发展基本情况

国家工商总局个体私营经济监督管理司

摘要：2016年，工商总局按照简政放权放管结合优化服务改革精神，继续深化商事制度改革，探索事中事后监管新机制，充分激发了市场的活力和社会创造力，形成了大众创业万众创新的良好局面，在改革发展全局中发挥了积极作用。私营企业户数、注册资本同比增速保持大幅度增长，个体工商户、农民专业合作社发展基本平稳。

关键词：私营企业　个体工商户　农民专业合作社

2016年，个体私营经济监管工作围绕“两证整合”、小微企业扶持发展、就业再就业、非公党建工作等重点工作任务，发挥职能，有序推进，为个体私营经济健康发展营造了宽松平等的准入环境和良好的竞争环境。

积极推进商事制度改革工作，实施便利化注册，营造宽松便捷的准入环境。2014年严格落实注册资本认缴登记制，不断深化“三证合一”“五证合一”，大力推进涉企“多证合一”、“一照一码”、个体工商户“两证整合”登记制度改革，深化“先照后证”改革，简化市场主体住所（经营场所）登记手续，全面落实企业简易注销登记改革，个体工商户简易注销改革试点逐步扩大，大力推进企业名称登记制度改革，推进实行电子营业执照和企业全程电子化登记，促进港澳台个体工商户发展有新举措。随着商事制度改革深入推进，进一步放松政府管制，为各类市场主体创造了宽松便捷的准入环境和公平竞争的市场环境。

推进小微企业名录工作，促进扶持政策宣传和实施。依托企业信用信息公示系统建设了小微企业名录，集中公开各类扶持政策及企业享受扶持政策的信息，提供申请扶持引导，推进小微企业信用信息共享；及时更新小微企业名录集中公开的各类扶持政策，指导各地细化和丰富本地频道功能，积极依托“全国一张网”和企业信用信息归集等工作，推动部门间建立支持小微企业发展的信息互联互通机制。截至2016年年底，小微企业名录访问量不断攀升，集中公示中央和地方扶持小微企业的政策文件2 400多件，提供申请扶持导航600多项。各省（区、市）的小微企业库已经全部建成并开放，小微企业名录促进政策宣传和落实的作用已经开始显现。

开展促进创业、服务就业工作。积极落实国务院就业工作部际联席会议精神，下发《工商总局关于发挥职能作用进一步做好高校毕业生创业就业工作的通知》《工商总局关于立足部门职能积极帮扶化解过剩产能职工就业创业的通知》，结合工商职能积极研究提出有利于扩大就业相关政策建议，配合相关部门研究推进支持残疾人、返乡农民工、退役士兵创业的政策措施；配合民政部研究制定了《社会救助家庭成员工商登记信息核对办法》；会同人社部、教育部联合开展了创业大学生数据比对分析工作，依托“百县万家新设小微企业周年活跃度”调查开展大学生创业活跃度调查，围绕近几年个体私营经济吸纳就业情况，组织专家撰写解读文章，进行大力宣传。

持续推进非公有制经济组织党团建工作，“两个覆盖”进一步加速推进。围绕党建带团建，进一步加大“两个覆盖”工作力度。积极推广各地先进经验，增强各地的工作创新意识。进一步建立健全工作体制机制，筹建全国非公有制经济组织团工委。

一、私营企业发展基本情况

（一）总体发展态势良好，私营企业的注册资本正在不断增加

2016年私营企业发展势头良好，截至2016年年底，全国登记私营企业共2 309.20万户，较上年同期增长21.01%；其中本年新登记私营企业522.82万户，较上年同比增长24.13%；私营企业注册资本达130.50万亿元，较上年同期约增1.5倍，增幅达44.11%；在吸纳就业方面，私营企业中有1.80亿从业人员，较上年同期增长9.77%。

从企业实有注册资本规模来看，截至2016年年底，期末实有注册资本在100万~500万元的私营企业数量约为686.47万户，较上年同期增加33.02%，

占私营企业总量的29.73%；实有注册资本在500万～1 000万元的企业约为216.60万户，总体占比为9.38%，同比增长40.22%；注册资本在1 000万～1亿元的企业约有233.91万户，总体占比10.13%，同比增长34.95%；注册资本达到1亿元以上的企业约有16.07万户，总体占比仅为0.70%，同比增长37.49%；其他类企业数量约为1 156.19万户，占比高达50.07%，但相比于2015年年底只增长了9.83个百分点（见图1）。

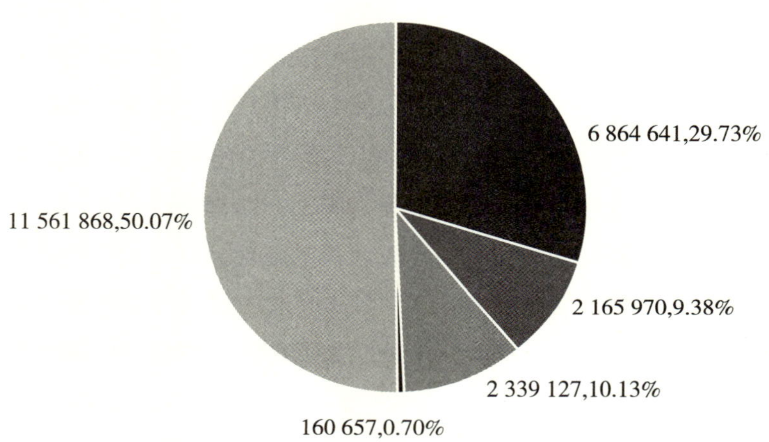

图1　截至2016年年底实有私营企业的注册资本数量分布（户）

（二）私营企业占比不断增加

从全国企业发展的整体情况来看，自1992年以来，私营企业在全国企业总数中的比例从2.31%增长到了88.95%，这反映了我国市场改革进程的不断深化。15年来，私营企业在全国企业总数中的占比一直稳步增长，目前已经进入平稳期，私营企业已经成为我国经济发展中的重要力量（见图2）。

在所有行业中，私营企业占企业总数比例最高的是农、林、牧、渔业，达到了94.04%；紧随其后的是文化、体育和娱乐业与建筑业，分别为92.28%和92.06%。而私营企业占比较少的行业分别是金融业、电力、热力、燃气及水生产和供应业以及其他。

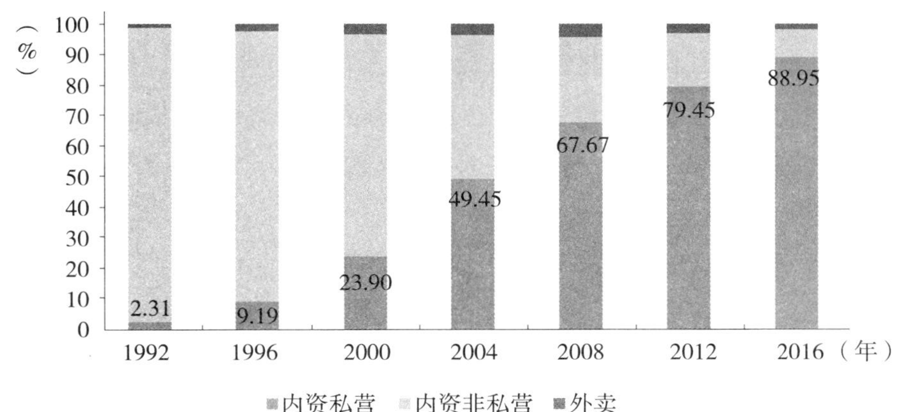

图2 私营企业在所有企业中的占比

（三）各类型企业数量保持平稳增长

截至2016年年底，在全国登记的私营企业中，独资企业有253.12万户，同比增长7.82%，占私营企业总数的10.96%，比去年同期减少1.34%；合伙企业有47.68万户，同比增长57.02%，占私营企业总数的2.06%；有限责任公司有1 995.88万户，同比增长22.18%，占比达86.43%；股份有限公司有12.52万户，同比增长30.86%，总体占比为0.55%。各类型企业增长率的排名与2015年的增长率排序基本保持一致，表明我国各类型企业的增长保持平稳。

在我国，有限合伙企业在私营企业中占比较小，目前不足百分之一。但这一类型的企业发展迅猛，数量增长快速。截至2016年年底，我国有限企业有32.56万户，较2015年年底同比增长了111.55%；吸纳雇工人数为177.42万，同比增长127.95%。从2013年到2016年短短的时间里，有限合伙企业在户人资三项指标中都有了10倍以上的增长。

（四）公共事业领域的私营企业发展最快

从企业数量来看，截至2016年年底，除其他类外，企业数量在前三位的行业是批发和零售业、租赁和商业服务业、制造业，总体占比分别为36.26%、13.87%和13.74%；后三位的行业为开采辅助活动，金属制品、机械和设备修理业及卫生和社会工作业，分别为0.02%、0.09%和0.17%。

企业数量在各行业中的分布基本延续了2015年的发展情况，从增长率上来看，同比增长率最高的是教育行业，高达50.59%，卫生和社会工作业、文化体育和娱乐业紧随其后，分别为42.93%和37.21%；增长率最低的行业为采矿业、金融业和制造业，分别为-0.10%、1.56%和9.73%。私营企业增长最快的行业均属于公共事业领域，体现出国家对相关领域民间资本的激励政策初有成效，公共服务的提供结构正在进一步优化，市场力量持续迈入公共服务领域。

（五）各省私营企业数量的增长正在趋于平衡

从私营企业数量上来看，截至2016年年底，企业数量最多的三个省份为广东省、江苏省、山东省，占全国比重分别为13.53%、9.62%和7.35%；企业数量最少的三个省区分别为西藏自治区、青海省和宁夏回族自治区，占比仅为0.16%、0.29%和0.47%；海南省企业数量也仅占0.74%。

从企业数量增长率来看，增长率最高的省份分别为吉林省、山东省和西藏自治区，最低的省份为浙江省、北京市和上海市。企业数量在地区的存量分布与增长率分布体现了我国地区间经济发展的不平衡，私营企业数量与增量最少的省份集中在西部地区，而数量与增量最多的省份都集中在东部沿海地区。然而从增长率上来看，除了山东省完成了“双高”的目标，一些企业数量上较为落后的省份也都在加速发展自己的私营企业，各地之间的增长都正在趋于平衡。

二、个体工商户发展基本情况

（一）个体工商户年度户数、资金和从业人数持续增长，注册资金数额增幅最大

截至2016年年底，全国实有个体工商户5 929.95万户，较上年同期增长9.65%；其中本年新登记个体工商户1 068.95万户，同比增长5.96%；全国实有个体工商户资金数额达4.44万亿元，同比增加20.02%；从业人数为1.28亿人，同比增长10.10%。

截至2016年年底，全国个体私营经济从业人员实有3.08亿人，比2015年年底增长9.6%。

自2011年以来，全国个体工商户实现了户数、从业人员和资金的持续增

长；其中户数年平均增长率9.57%，从业人员年平均增长率10.13%，资金年平均增长率22.40%。2012–2016年，个体工商户户数在2014年增幅最大，年度增长12.35%。个体工商户户均从业人员基本保持不变，基本稳定在2人/户；户均资本逐年增长，从2011年年末的4.3万元/户增长到2016年年末的7.5万元/户（见图3）。

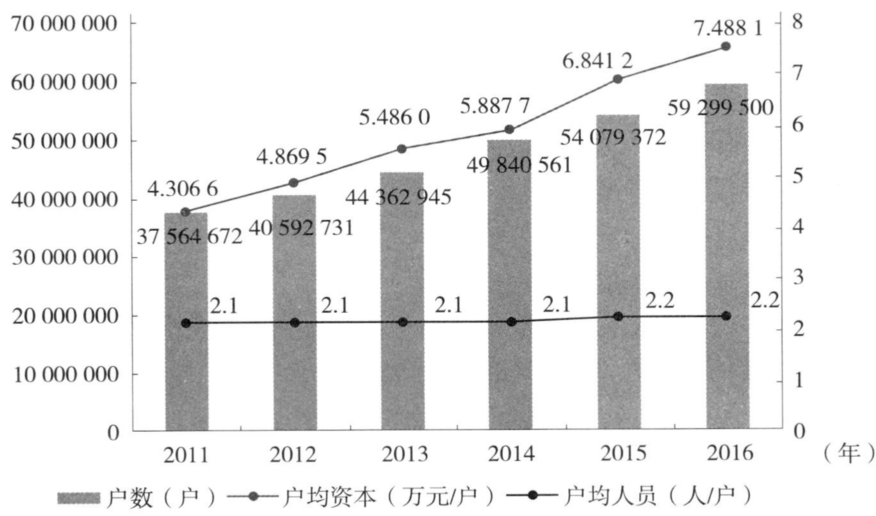

图3　2011–2016年个体工商户户数、户均资本和人员

（二）个体工商户集中分布在第三产业

截至2016年年底，全国共有5 355.1万户个体工商户集中于第三产业，占总体比重的90.31%，较2015年年底增长9.59%；第一产业个体工商户共167.5万户，占总体比重的2.8%，同比增长15.11%；第二产业个体工商户共407.3万户，占总体比重的6.9%，同比增长8.31%。2016年年底，个体工商户从业人员集中于第三产业，从业人员1.09亿人，第二产业从业人数1 462.2万人，第一产业486.4万人；个体工商户从业人员在三次产业划分中的比重分别为3.78%、11.37%和84.85%。

（三）个体工商户的行业分布情况

截至2016年年底，全国共有3 743.23万户个体工商户集中在批发和零售业，占总体比重的63.12%；654.04万户个体工商户分布在住宿和餐饮业，占总体比重的11.03%；在大部分行业的占比低于0.50%。与2015年相比，除了采矿业户数呈现负增长以外，2016年各行业的个体工商户数量均有所增加。科学研究和技术服务业增幅最小，仅增长了3.74个百分点。说明批发和零售业以及住宿和餐饮业这两个行业在个体工商户中行业集中度大，个体工商户在各行业上都得到了发展。

三、农民专业合作社发展基本情况

（一）总体情况分析

2016年，我国农民专业合作社持续发展，合作社数量与出资总额均实现大幅增长。从构成情况来看，中小规模合作社依然占主体，但成员多、出资金额大的农民专业合作社增速超过平均增速。截至2016年12月底，全国共登记农民专业合作社179.38万户，较上年增长17.16%；其中本年新登记农民专业合作社29.61万户，较上年同比增长19.01%。成员总数为4 485.92万个（见图4），同比增长7.85%。农民专业合作社出资总额为4.05万亿元，较上年增长19.80%。其中货币出资额为3.53万亿元，非货币出资额为0.57万亿元。

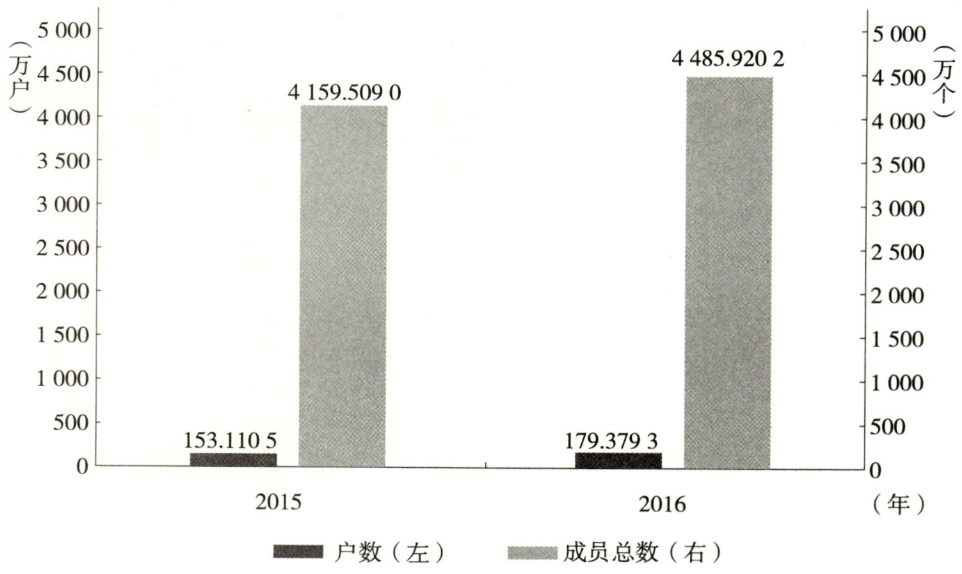

图4　2015年及2016年全国农民专业合作社户数及成员总数

（二）农民专业合作社出资情况

从出资情况来看，出资总额在100万～500万元的农民专业合作社为76.50万户，同比增长21.62%；出资总额在500万～1 000万元的农民专业合作社为19.19万户，同比增长23.58%；出资总额在1 000万～1亿元的为6.86万户，同比增长21.86%；出资总额在1亿元以上的农民专业合作社为463户，同比增长25.47%。

（三）农民专业合作社成员情况

从成员类别来看，合作社成员中农民成员数量最多，总数达4 420.38万个（人，单位或社会团体），同比增长7.86%；非农民成员为58.19万个，同比增长7.38%；企业单位成员为6.45万个，同比增长2.34%；事业单位和社会团体成员分别为4 785个和4 163个，同比增长分别为15.36%和25.09%。农民合作社正在逐步成为带动农户进入市场的基本主体，通过集成农民与非农民，个人与单位、团体的资源和力量，形成组织带领广大农民群众共同参与国内外市场竞争的重要载体和纽带。

从成员规模来看，成员为50～100人的农民专业合作社有446 369户，同比增长12.26%；100～500人的有53 203户，同比增长10.01%；500～1 000人的有7 080户，同比增长2.86%；成员在1 000人以上的农民专业合作社为7 770户，同比增长1.94%。

（四）农民专业合作社业务范围

从业务范围来看，种植业农民专业合作社数量最多，为78.92万户，占总体的44.00%；其次为其他类，总体占比为25.40%。养殖业占21.89%，与农业生产经营有关的技术、信息等服务业占16.19%，农产品销售占14.34%，农业生产资料的购买占12.41%，农产品加工占3.80%，农产品贮藏占2.71%，农产品运输占2.02%。

（五）农民专业合作社地区分布

从地区分布来看，中东部地区依然是我国农民专业合作社最主要的分布地区，而西部地区增长势头强劲，截至2016年12月底，东部地区共有农民专业合作社56.46万户，同比增长11.27%，占总体比重的31.48%；西部地区为50.83万户，同比增长23.07%，占总体比重的28.34%；中部地区为49.78万户，同比增长18.72%，占总体比重的27.75%；东北地区为22.30万户，同比增长16.59%，占总体的12.43%。其中，农民专业合作社数量占前三位的省份分别为山东省、河南省、河北省，其合作社数量分别为17.43万户、13.95万户和10.89万户，各占全国总量的9.71%、7.77%及6.07%，这也是全国仅有的三个实有总量超过10万户的地区。

（六）新设合作社情况分析①

2016年全国共新设农民专业合作社29.61万户，较上年增加19.01%。结合历史情况来看，自2013年中央一号文件把农民专业合作社作为建设现代农业、增强农村发展活力的一项重要措施，农民合作社数量迎来大幅增长，每年新登记的合作社从2012年及之前的不足20万户，迅速攀升至25万户左右。2013年，全国新登记农民专业合作社达30.62万户，较上年增长70.33%。随着农合政策的不断调整完善，尽管新设农民专业合作社的增长幅度在2013年后有所回落，但其绝对数量始终保持在较高水平，并于2016年再次接近30万户的历史峰值（见图5）。

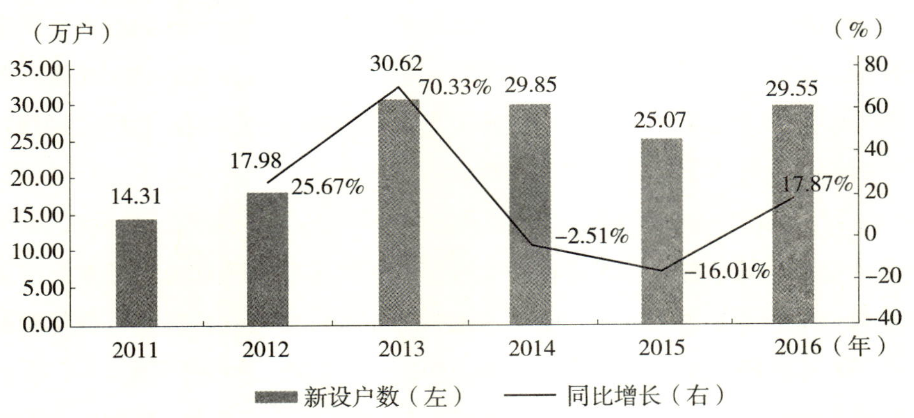

图5　2011-2016年全国新设农民专业合作社数量及变动情况

撰稿人：赵　莉

审稿人：吴　凡

① 本小节分析数据来自于国家工商总局农民专业合作社登记信息数据库。

2016-2017年民营上市公司研究

证券市场设计研究中心

摘要：截至2017年9月底，民营上市公司数量达到2 049家，近几年上市数量保持较快增长。在经济稳中向好的背景下，这些民营上市公司2016年实现了营业收入和利润的快速增长，实现营业总收入6.4万亿元，比2015年增长了24.6%；实现利润总额6 128.8亿元，比2015年增长了37.2%。

关键词：民营上市公司　营业总收入　利润总额　净资产收益率

自2016年下半年以来，全球经济的复苏有所加快，主要经济体均处在扩张之中，全球贸易有所恢复，以美国为代表的发达国家纷纷开始退出货币宽松政策。美国经济保持较为强劲的增长，连续保持着3%左右的经济增速，失业率保持低位，接近于充分就业状态。美国不仅连续多次加息，而且也开启了“缩表”的进程。欧洲经济也表现较好，连续多个季度保持环比0.5%以上的增长，PMI领先指标也创下多年新高，欧洲央行正在削减QE的力度。英国经济也保持平稳，脱欧并未带来太大的经济负面影响，随着通胀的上升，英国央行也开始了加息。由于大宗商品价格从底部明显回升，巴西、俄罗斯等主要新兴市场国家也逐渐摆脱了前几年的困境，经济开始慢慢恢复。

全球经济的复苏，使得中国出口明显改善，对经济产生了较大的支撑，缓冲了房地产调控和基建投资下降带来的负面影响。国内供给侧改革理顺了工业长期产能过剩的供需关系，工业品价格开始上升，工业企业利润明显好转，长期困扰的工业通缩问题得到彻底扭转。2017年前三季度中国GDP同比增长6.9%，比2016年上升0.2个百分点；规模以上工业同比增长6.6%，比2016年上升0.6个百分点；出口（美元计价）同比增长7.4%，比2016年上升近15个百分点。结合经济形势和去杠杆的需要，中国的货币政策也在逐步收紧。

正如十九大报告中所说，中国特色社会主义进入新时代，我国社会主要矛盾已经转化为人民日益增长的美好生活需要和不平衡不充分的发展之间的矛盾。未来经济的发展将更注重质量的提升和结构的优化，而不是过分追求速度。

经济结构的转型，融资结构的调整都需要民营企业进一步的发展和壮大，我们预计，未来几年，民营企业仍有望保持较快的上市扩张步伐，并实现业绩的平稳较快增长，民营上市公司在整个A股中的地位还将稳步提升。不过，我们也应该认识到，未来经济结构的转型，增长动力的切换无疑对民营上市公司提出了更高的要求，如何进一步提高自身的竞争力成为关键。

一、规模与成长性

最近几年，多层次资本市场日益完善，融资方面更强调增加直接融资的比重，使得民营企业迎来了一波快速的上市潮，连续四年新增民营上市公司数量均超过100家。2016年新增民营上市公司180家，2017年前三季度新增了307家。民营上市公司的快速扩张始于2010年，自2010年以来，已经累计增加了1 400多家民营上市公司，占所有民营上市公司的近70%。如果刨除IPO暂停的2013年，2010年以来平均每年新增民营上市公司达到200家。

在整体经济稳中向好的背景下，民营上市公司的业绩快速增长。2049家民营上市公司2016年实现营业总收入6.4万亿元，比2015年增长了24.6%，增速比2015年大幅上升10.8个百分点；实现利润总额6 128.8亿元，比2015年增长了37.2%，增速比2015年大幅提升23.8个百分点。

（一）上市步伐进一步加快

2014年以来，民营企业保持了较为快速的上市步伐，占A股上市公司数量的比重进一步提升。截至2017年9月30日，民营上市公司数量达到2 049家，比2016年增加307家，2016年和2015年分别增加180家和188家。

2008年后，民营上市公司扩张势头加快，数量占所有A股上市公司的比重从2008年的35.9%上升到2016年的57.5%，到2017年前三季度民营公司上市数量占A股上市公司比重进一步提升到60.6%（见表1）。

表1 历年民营上市公司数量及占比

年份	新增民营上市数量	累计民营上市数量	民营占A股比重
1990	3	3	42.9%
1991	1	4	36.4%
1992	11	15	35.4%
1993	23	38	25.8%
1994	29	67	27.0%
1995	7	74	27.8%
1996	63	137	30.3%
1997	59	196	30.1%
1998	28	224	29.9%
1999	24	248	29.4%
2000	53	301	30.6%
2001	25	326	30.5%
2002	18	344	30.3%
2003	23	367	30.5%
2004	41	408	31.4%
2005	8	416	31.7%
2006	32	448	32.5%
2007	66	514	34.2%
2008	53	567	35.9%
2009	73	640	38.1%
2010	273	913	45.2%
2011	241	1 154	50.2%
2012	119	1 273	51.9%
2013	1	1 274	51.9%
2014	100	1 374	53.3%
2015	188	1 562	55.8%
2016	180	1 742	57.5%
2017年前三季度	307	2 049	60.6%

数据来源：Wind。

从市值的角度看，民营上市公司占整个A股的比重近几年也在大幅提升，从2011年的18.1%提升到了2017年的36%（见图1）。

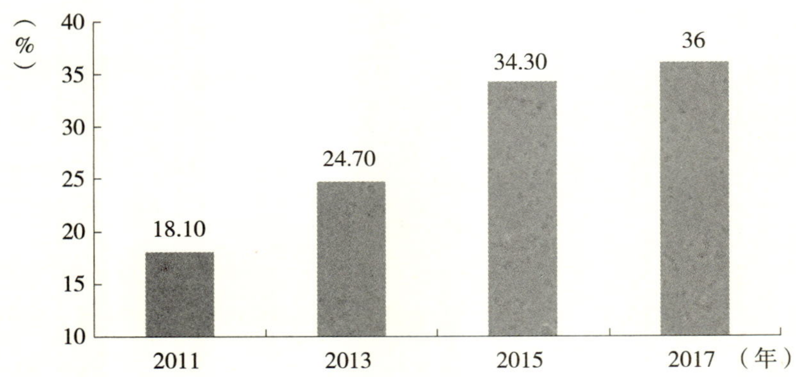

图1　民营上市公司市值占比不断提升

数据来源：Wind。

过去几年，民营企业上市步伐明显加快与融资结构调整密切相关。过去我们更多依赖银行为主的间接融资，为了优化融资结构，需要加大直接融资的比重，发挥资本市场服务实体经济的能力，IPO的发行日趋常态化，审核速度逐渐加快，这就给民营企业加快上市创造了条件。

鉴于经济结构调整和融资结构调整的需要，未来民营企业仍会保持较快速的上市步伐，预计未来三年仍有望保持每年100家左右的上市速度（见图2）。

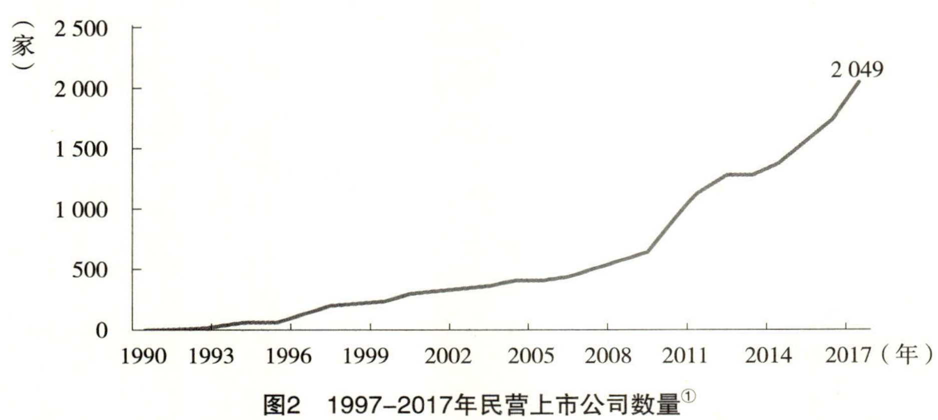

图2　1997–2017年民营上市公司数量[①]

数据来源：Wind。

① 每年民营上市公司的数量在Wind资讯上都会有些微小的调整，本研究报告以最新调整数据为准。2017年的民营上市公司数量，时间截至2017年9月30日，本文以下分析均基于这2 049家民营上市公司。

（二）营业收入明显改善

2016年以来，民营上市公司营业收入状况明显改善。2 049家民营上市公司2016年共实现营业总收入6.4万亿元，比2015年增长了24.6%，增速比2015年大幅上升10.8个百分点。2017年上半年实现营业收入3.6万亿元，同比增长32.2%。

美的集团、苏宁云商和广汇汽车近几年牢牢占据民营上市公司营业总收入三甲的位置，它们2016年营业总收入分别为1 598.4亿元、1 485.9亿元和1 354.2亿元，分别实现了14.7%、9.6%和44.5%的营收增长（见表2）。按照2017年民营企业500强的入围门槛120.5亿元，目前有96家民营上市公司可以入围。

表2　2016年营业收入排名前10的民营上市公司

单位：亿元

排名	公司名称	所属行业	营业收入	利润总额
1	美的集团	家用电器	1 598.4	189.1
2	苏宁云商	商业贸易	1 485.9	9.0
3	广汇汽车	汽车	1 354.2	39.8
4	比亚迪	汽车	1 034.7	65.7
5	长城汽车	汽车	986.2	124.8
6	远大控股	商业贸易	757.5	8.6
7	庞大集团	汽车	660.1	7.5
8	九州通	医药生物	615.6	11.1
9	新希望	农林牧渔	608.8	32.7
10	温氏股份	农林牧渔	593.6	123.7

数据来源：Wind。

从市值角度看，由于上市公司盈利能力的上升，股市环境日趋稳定，龙头民营上市公司的市值在继续扩大（见图3）。截至2017年9月30日，有9家民营上市公司的市值超过1 000亿元（比上年同期多了3家），它们分别是美的集团、顺丰控股、比亚迪、恒瑞医药、洛阳钼业、海天味业、苏宁云商、温氏股份和上海莱士，其中美的集团和顺丰控股的市值已经超过了2 000亿元。

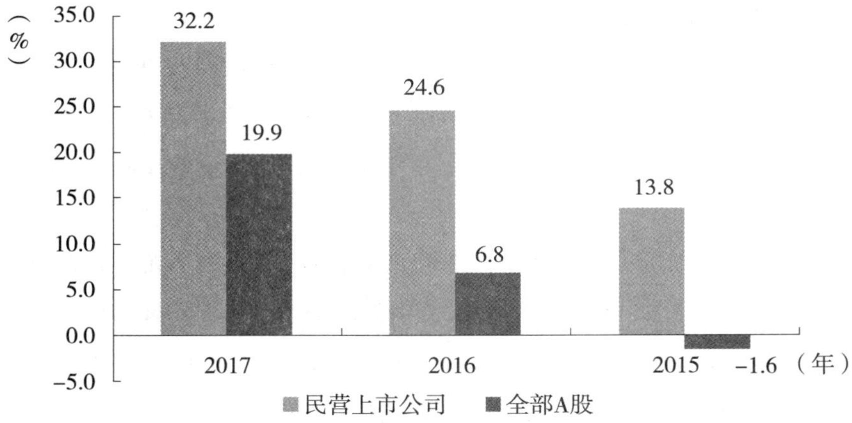

图3　2015-2017年民营上市公司营收增长

数据来源：Wind。

（三）利润快速增长

2016年以来，民营上市公司的业绩快速增长。2016年实现利润总额6 128.8亿元，比2015年增长了37.2%，增速比2015年大幅提升23.8个百分点，比同期全部A股的利润增速高出近30个百分点，是近五年来业绩表现最好的一年。2017年上半年民营上市公司利润增速为25.4%，继续保持较为快速的增长势头。

最近几年，中国经济告别了高增长阶段，进入了中高增长阶段，经济增长的质量不断提高，增长的波动性有所下降。2013年以来整个A股上市公司利润增速呈逐渐下滑的趋势，与经济走势较为同步。2016年以来，随着经济形势的好转，整个上市公司和民营上市公司利润增速都明显上升（见图4）。

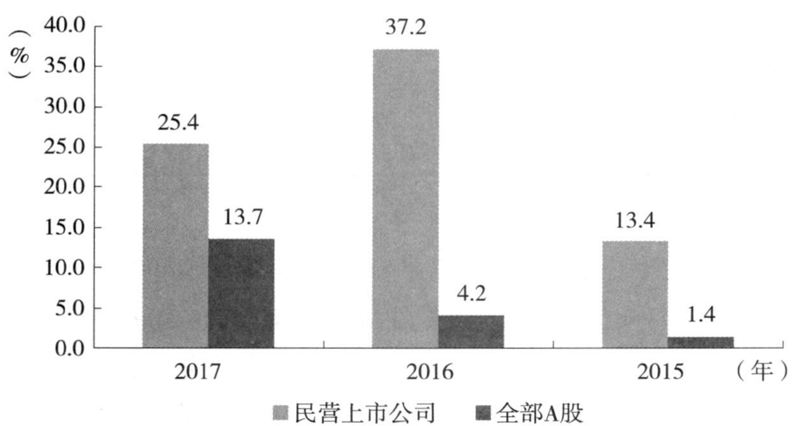

图4　2015-2017年民营上市公司利润增长情况

数据来源：Wind。

2016年利润总额排名前三位是美的集团、长城汽车和温氏股份，分别实现利润总额189.1亿元、124.8亿元和123.7亿元，利润总额分别增长17.8%、28.8%和84.9%（见表3）。美的集团长年占据民营上市公司营收和利润的榜首，业绩一直非常稳定，受到三、四线城市房地产上行的带动以及自身处于行业龙头地位，2017年业绩继续保持平稳。温氏股份业绩大增主要得益于2016年猪肉价格持续上升，但我们需要注意到猪肉价格具有明显的周期性，2017年以后猪肉价格开始持续下行，会明显影响猪肉养殖业的利润，2017年上半年温氏股份利润增速下降到–75%。

由表3可见，在利润排名前10的民营上市公司中，主要集中在汽车和房地两大产业。2016年房地产销售的持续上升推动了房地产公司利润高增长，汽车购置税优惠的措施也推动了汽车消费的上升。不过，随着汽车购置税优惠力度在2017年明显减弱，汽车行业的景气度有所下降，长城汽车、比亚迪和宇通客车2017年上半年利润总额同比均有不同程度的下滑。

表3 2016年利润排名前10的民营上市公司

单位：亿元

排名	公司名称	行业	利润总额	利润增长
1	美的集团	家用电器	189.1	17.8
2	长城汽车	汽车	124.8	28.8
3	温氏股份	农林牧渔	123.7	84.9
4	华夏幸福	房地产	89.8	29.2
5	比亚迪	汽车	65.7	73.1
6	新湖中宝	房地产	60.7	305.8
7	荣盛发展	房地产	57.2	74.6
8	顺丰控股	交通运输	51.9	1 7629.9
9	宇通客车	汽车	47.8	16.5
10	雅戈尔	纺织服装	45.7	–14.8

数据来源：Wind。

二、行业分布特征[①]

本文的行业分类参照申万对于上市公司的分类标准，共包含采掘、化工、钢铁、有色金属、建筑材料、建筑装饰、电气设备、机械设备、国防军工、汽车、家用电器、纺织服装、轻工制造、商业贸易、农林牧渔、食品饮料、休闲服务、医药生物、公用事业、交通运输、房地产、电子、计算机、传媒、通信、银行、非银金融和综合共28个一级行业。

从营业收入看，汽车、化工、商贸零售、医药生物和房地产排名占优，行业营业收入均超过4 000亿元；从利润总额看，则是医药生物、房地产、汽车、化工和电子排名靠前，利润总额在350亿元以上；从上市公司数量看，机械设备、化工、医药生物、电子和电气设备排名前五，均有超过140家民营上市公司。

（一）周期性行业表现突出

从利润增长角度看，周期性行业的表现较为突出，除了钢铁行业外，采掘、交通运输、有色金属和化工的利润增长分别为210%、194.4%、88.8%和32.2%（见图5），都非常优异。其中，化工行业在营收上是排名第二的行业，对利润的贡献排第四，2016年贡献了468.2亿元利润。

周期行业的优异表现主要源于两个方面：一方面，经济需求的提升，尤其是全球经济回暖带来的出口回升，对周期性行业恢复起到支撑作用。2017年前三季度，民营企业出口增长2.3%，占出口总额的46.5%，继续保持出口份额首位。另一方面，供给侧改革的推动使工业长期产能过剩的顽疾得到很大程度的化解，工业品价格触底回升，从而带动相关行业利润提升。PPI同比增速从2015年年底的-5.9%快速回升至2016年年底的5.5%，截至2017年10月PPI增速仍维持6.9%的较高水平。

2017年的工业需求仍相对平稳，工业品价格也维持在相对较高的水平，周期性行业的高利润增长仍在延续。由图5可见，2017年上半年，这几个周期性行业的利润增长分别为：采掘278.1%、钢铁195.1%、交通运输157.3%、有色金属98.1%、化工36.7%。

① 在前几年的民营上市公司研究报告中，我们主要参照证监会对上市公司的分类标准，由于这种分类较粗，不容易发现细分行业的一些特点，所以本文采用了申万行业分类。

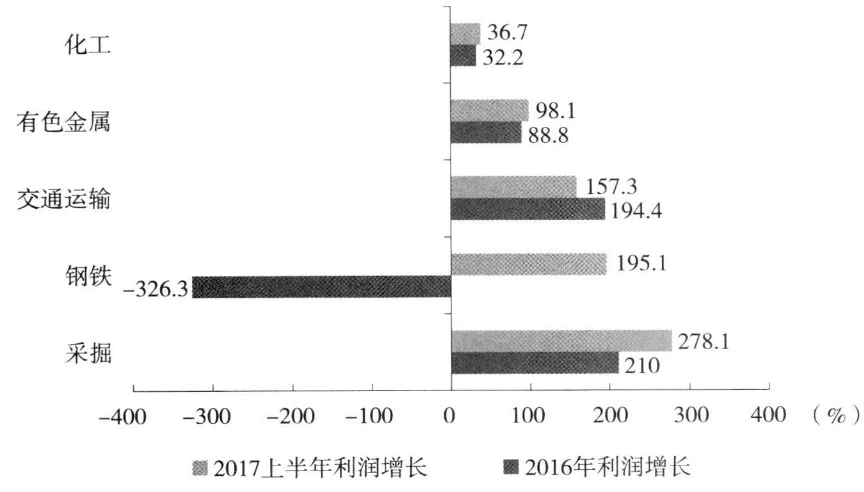

图5 2016–2017年周期行业利润增长情况

数据来源：Wind。

（二）汽车和房地产受益于政策

经过多年的发展，汽车和房地产业已经在民营上市公司中发挥举足轻重的作用。目前汽车行业有103家民营上市公司，2016年实现营业总收入6 905.4亿元，比2015年增长27.3%，汽车行业是实现营收最多的行业；同时，汽车行业2016年实现利润总额512.2亿元，比2015年增长34.2%（见表4），行业利润规模处于第三。

汽车购置税的优惠明显推动了2016年汽车销量的增长，根据乘联社数据，2016年广义乘用车销量同比增长15.9%，增速比2015年提升7.4个百分点。但是2017年购置税优惠力度下降，致使汽车整体销量低迷，2017年1–10月广义乘用车销量同比仅增长1.4%。我们也看到，2017年上半年民营上市公司汽车行业的利润增速下降到了4.8%。

目前共有49家民营房地产上市公司，2016年实现营业总收入4 100.3亿元，比2015年增长35.9%，是民营上市公司营收第五大行业。2016年房地产实现利润总额549.8亿元，比2015年大幅增长64.2%（见表4），是利润贡献第二大行业。

2016年整个宏观政策环境偏宽松，房地产销售和投资均大幅上升，带动整个房地产业绩提升。房地产销售面积增速从2015年的6.5%大幅上升至2016年的22.5%；房地产投资增速也从2015年的1%上升至2016年的6.9%。不过，需要注意到的是，2016年四季度以后，宏观层面对房地产采取了调控，2017年1–10月房地产销售面积增速已经下降到8.2%，这对2017年的房地产业绩有不小的负面冲击。2017年上半年，民营上市公司房地产行业营业收入仅增长2.6%，利润总额同比增速下降至25.5%。

（三）其他一些行业特点

由表4可见，除了钢铁和国防军工外，大部分行业都实现了不错的利润正增长，而且一些行业2017年业绩继续提升，相应板块的股价也明显上涨。

医药行业业绩稳定，龙头药企股价涨幅居前。医药生物行业共有196家民营上市公司，居第二位，2016年实现营业总收入5 079.9亿元，比2015年增长22.5%；2016年实现利润总额724亿元，是实现利润最多的行业，比2015年增长19.2%。截至2017年10月底，虽然整个医药生物板块股价仅上涨4.3%，但几个民营上市药企的龙头涨幅还是非常巨大，得到市场高度认可。这一期间，恒瑞医药股价上涨78%，复星医药股价上涨74%。

家用电器行业业绩平稳，2016年实现营业总收入2 753.3亿元，比2015年增长14.9%，2017年上半年营收增速进一步上升至46.5%；2016年实现利润总额304.2亿元，比2015年增长19.5%，2017年上半年继续保持15.2%的利润增长。截至2017年10月底，A股家电板块今年涨幅达38.8%，是表现最突出的几个板块之一。其中，家电板块的民营上市公司龙头美的集团，这一期间股价更是上涨了86%。

食品饮料行业虽然业绩表现并不十分突出，但由于其业绩的确定性较高，也得到了资金的追捧。食品饮料行业2016年实现营业总收入960.9亿元，比2015年增长9.8%；2016年实现利润总额113.6亿元，比2015年增长14.9%。截至2017年10月底，A股食品饮料板块今年涨幅达46.5%，是表现最突出的几个板块之一。其中，食品饮料板块的民营上市公司龙头海天味业，这一期间股价上涨了78.1%。

表4 2016年民营上市公司各行业营业收入和利润

单位：亿元

行业	家数	营业总收入	营收增长	利润总额	利润增长
汽车	103	6 905.4	27.3%	512.2	34.2%
化工	196	5 749.8	18.5%	468.2	32.2%
商贸零售	40	5 232.0	10.3%	126.1	30.6%
医药生物	196	5 079.9	22.5%	724.0	19.2%
房地产	49	4 100.3	35.9%	549.8	64.2%
电子	145	3 703.2	36.4%	375.0	34.0%
电气设备	145	3 366.9	18.4%	348.9	25.6%
农林牧渔	56	3 167.0	11.5%	322.4	86.3%
交通运输	29	2 770.8	91.9%	198.6	194.4%
家用电器	42	2 753.3	14.9%	304.2	19.5%
机械设备	226	2 441.0	16.0%	226.3	28.2%
传媒	86	2 287.8	61.9%	275.0	42.1%
轻工制造	90	2 285.6	13.0%	219.7	28.9%
建筑装饰	73	2 137.8	10.9%	169.3	30.3%
有色金属	70	2 072.5	19.5%	151.9	88.8%
计算机	136	1 752.4	64.7%	197.7	14.0%
纺织服装	71	1 688.1	10.6%	223.2	5.7%
通信	68	1 412.0	34.3%	152.0	32.0%
食品饮料	46	960.9	9.8%	113.6	14.9%
非银金融	11	801.5	96.6%	117.8	29.8%
公用事业	49	769.4	31.1%	132.2	30.9%
建筑材料	40	748.8	8.8%	71.3	33.0%
采掘	21	633.6	13.1%	40.5	210.1%
钢铁	8	527.1	3.3%	27.8	–326.3%
综合	24	500.1	38.9%	35.1	248.4%
休闲服务	12	237.6	68.6%	31.1	69.7%
国防军工	17	107.3	–0.2%	14.9	–5.3%

数据来源：Wind。

三、地区分布特征

东部地区的广东、浙江、江苏、山东，以及北京和上海构成了民营上市公司的第一梯队省份，上市的民营企业均超过了100家，是民营上市公司的核心与支柱。第二梯队则是以中部地区为代表的安徽、湖南、湖北、河南，再加上东部的福建和西部的四川，上市的民营企业在40～80家。第三梯队则集中在西部和东北地区，上市的民营企业在40家以下。受经济环境趋好的影响，大部分省份利润增速都有较大程度的提升。

（一）东部地区业绩突出

东部地区的广东、浙江、江苏、山东，以及北京和上海构成了民营上市公司的第一梯队省份，其民营上市公司数量占比达67.6%，其营业收入占比约为64%，利润总额占比为65.4%。从利润总额角度看，除上海外的其他几个地区2016年都实现了20%以上的较快增长。

具体而言，不论从民营上市公司数量，还是从营业收入和利润总额看，广东都位列首位。广东的民营上市公司为381家，2016年实现营业收入1.3万亿元，比2015年增长25.2%，增速比2015年上升10.7个百分点；实现利润总额1 241.5亿元，比2015年增长35.3%，增速比2015年大幅上升11.7个百分点。

浙江的利润增长非常迅速。浙江的民营上市公司有331家，2016年实现营业收入8 886.6亿元，比2015年增长21%，增速比2015年上升16.6个百分点；实现利润总额1 053.7亿元，比2015年大幅增长48.3%，增速比2015年大幅上升40.5个百分点。

江苏的民营上市公司有266家，2016年实现营业收入8 861.5亿元，比2015年增长18.3%，增速比2015年上升6.5个百分点；实现利润总额668.3亿元，比2015年增长27.8%，增速比2015年上升16.7个百分点。

直辖市中的北京和上海也一直是民营上市公司的重镇，2016年分别有156家和123家民营上市公司。2016年北京的民营上市公司实现营业收入3 807.4亿元，比2015年增长27.3%，增速比2015年上升8.2个百分点；2016年实现利润总额445.7亿元，比2015年增长24.7%，增速比2015年提升16.3个百分点。不过，上海的情况则有些分化，2016年上海民营上市公司实现利润总额306.2亿元，比2015年仅增长15.2%，在第一梯队中增速靠后，增速比2015年下降7.8个百分点（以上情况详见表5）。

（二）中部地区力量逐步增强

最近几年，中部地区的民营上市公司实力逐步上升，构成民营上市公司的中坚力量，尤其是安徽和湖北2016年的业绩表现相对突出。安徽有55家民营上市公司，2016年实现营业收入2 215.1亿元，比2015年大幅增长了73.2%，列各省份增速首位，增速比2015年提升62.5个百分点；实现利润总额204.8亿元，比2015年增长88.6%，增速比2015年提升45.2个百分点，连续两年保持利润的高增长。湖北有49家民营上市公司，2016年实现营业收入1 764.7亿元，比2015年增长41.6%，增速比2015年提升21.4个百分点；实现利润总额166.7亿元，比2015年增长61.8%，扭转了2015年的负增长情况。

西部地区的四川实力较强，其民营上市公司数量稳步增加。2016年四川有70家民营上市公司，各省份中排名第八，处于第二梯队。2016年四川民营上市公司实现营业收入2 188.2亿元，比2015年增长12.3%；实现利润总额180.4亿元，比2015年增长14.1%。

第三梯队的省份主要集中在西部和东北地区，它们的民营上市公司数量在40家以下。在东北三省中，辽宁的业绩表现相对较好。辽宁2016年有38家民营上市公司，实现营业收入2 250.8亿元，比2015年增长56.7%；实现利润总额121亿元，比2015年大幅增长135.6%，连续两年保持营收和利润高增长（以上情况详见表5）。

表5　2016年民营上市公司省市分布状况

单位：亿元

地区	家数	营业收入	2016年增长	2015年增长	利润总额	2016年增长	2015年增长
广东	381	13 155.3	25.2%	14.5%	1241.5	35.3%	23.5%
浙江	331	8 886.6	21.0%	4.4%	1053.7	48.3%	7.8%
江苏	266	8 861.5	18.3%	11.8%	668.3	27.8%	11.1%
北京	156	3 807.4	27.3%	19.1%	445.7	24.7%	8.4%
山东	128	3 668.3	21.7%	3.5%	293.8	34.5%	0.9%
上海	123	2 746.1	25.1%	20.5%	306.2	15.2%	23.0%
福建	77	2 155.5	16.9%	20.3%	187.0	47.7%	9.4%

续表

地区	家数	营业收入	2016年增长	2015年增长	利润总额	2016年增长	2015年增长
四川	70	2 188.2	12.3%	12.8%	180.4	14.1%	27.9%
安徽	55	2 215.1	73.2%	10.7%	204.8	88.6%	43.4%
湖南	54	1 293.0	16.6%	16.3%	116.4	19.2%	18.2%
湖北	49	1 764.7	41.6%	20.2%	166.7	61.8%	–21.0%
河南	41	1 106.1	23.9%	8.8%	152.7	71.0%	6.6%
辽宁	38	2 250.8	56.7%	191.3%	121.0	135.6%	59.0%
河北	29	2 887.7	26.9%	11.9%	335.9	33.0%	4.3%
新疆	24	831.6	10.2%	–0.5%	54.0	18.0%	13.0%
重庆	22	963.5	33.2%	9.8%	89.3	35.5%	36.4%
吉林	19	377.2	18.3%	15.8%	76.2	–0.5%	54.7%
黑龙江	18	433.8	19.2%	19.9%	58.7	65.9%	8.7%
天津	18	355.8	11.4%	11.7%	44.8	2.5%	22.0%
海南	17	249.9	16.9%	–1.8%	–4.5	–150.1%	–22.3%
甘肃	16	337.0	19.7%	14.5%	26.0	23.8%	–19.4%
广西	16	561.2	14.8%	9.4%	33.6	68.0%	111.9%
江西	16	496.6	25.9%	–3.3%	52.1	129.4%	–2.8%
内蒙古	15	824.3	31.6%	12.1%	45.5	16.2%	–3.5%
山西	14	422.7	37.1%	52.2%	28.5	66.4%	206.3%
陕西	14	279.6	49.6%	6.4%	32.0	407.4%	–58.3%
云南	10	200.0	12.7%	27.3%	21.6	21.7%	39.8%
贵州	9	337.0	21.6%	32.8%	51.6	25.7%	16.3%
西藏	9	171.2	–2.9%	12.7%	32.3	58.9%	5.8%
宁夏	7	154.5	17.7%	1.2%	–9.5	25.8%	–278.5%
青海	7	210.0	13.0%	10.4%	22.6	63.1%	64.9%

数据来源：Wind。

四、偿债与盈利能力

2011年以来，民营上市公司的资产负债率呈上升的趋势，从2011年的50.2%上升到2014年的54.1%。不过，2015年资产负债率出现下降，2016年继续下降至53.6%，说明民营上市公司已经开始去杠杆。所有A股上市公司的资产负债率也在小幅下降。

民营上市公司的流动比率自2011年以来逐渐下降，但2016年大幅提升至1.55。同时，整个A股的流动比率也提升至1.22。在企业盈利改善和资本结构优化的背景下，所有上市公司和民营上市公司的偿债能力均在上升。

从总资产净利率和净资产收益率两个指标看，民营上市公司的盈利能力在2016年有明显改善，而且比整个A股的盈利情况要更好。2016年总资产净利率为4.8%，比2015年上升0.5个百分点；2016年净资产收益率为10.6%，比2015年上升1.1个百分点（以上情况详见表6）。

表6　2011–2016年民营上市公司盈利和偿债能力变化

	流动比率	资产负债率（%）	净资产收益率（%）	总资产净利率（%）
2011年民营	1.58	50.2	13.3	6.6
2012年民营	1.52	51.6	10.6	5.1
2013年民营	1.45	53.8	10.5	4.9
2014年民营	1.42	54.1	10.6	4.8
2015年民营	1.41	53.9	9.5	4.3
2016年民营	1.55	53.6	10.6	4.8
2015年A股	1.18	84.8	11.1	1.6
2016年A股	1.22	84.6	10.4	1.6

数据来源：Wind。

五、不同控制类型上市公司比较

民营上市公司的数量已经超过所有A股的半壁江山，其营业收入和利润规模占比也在逐步提高。2016年民营上市公司营业收入占所有A股的19.6%，比2015年提升3.3个百分点；利润总额占所有A股的16%，比2015年大幅提高4.5个百分点。

从业绩增速来看，2016年民营上市公司比其他控制类型公司表现更为优秀。民营上市公司营业收入增速仅次于集体企业，利润增速则最为优异（见表7）。

表7 2016年不同控制类型上市公司经营业绩比较

单位：亿元

控制类型	家数	营业收入	营业收入增长	利润总额	利润总额增长
全部A股	3 381	327 864.7	8.7%	38 238.2	6.1%
民营企业	2 049	64 192.1	24.6%	6 128.8	37.2%
中央国有企业	354	136 250.0	2.2%	12 838.8	–2.0%
地方国有企业	652	70 400.7	10.9%	4 979.2	23.0%
集体企业	23	1 818.4	27.0%	156.3	23.8%
公众企业	155	49 435.2	4.2%	13 562.4	–1.9%
外资企业	111	3 727.1	19.4%	450.8	19.1%
其他企业	37	2 041.3	52.5%	121.8	48.3%

课题组成员（排名不分先后）：孙卜雷　廖宗魁

2016年民营经济信贷融资情况

摘要：2016年，民营经济融资增速企稳回升，但信贷余额占全部信贷的比重仍有所下降。不良风险总体有所回落，而微型企业不良风险有所上升。

当前民营经济融资出现的问题，是供给、需求和社会融资结构三方面共同作用的结果。从供给端来看，货币环境前松后紧、中小银行经营转型对民营经济融资带来一定影响；从需求端来看，实体经济下行压力抑制了企业投资意愿，同时借新还旧成为部分企业贷款用途；从社会融资结构来看，房地产、基建等投资挤占了信贷资源，对民营经济融资形成了一定的挤出效应。

在我国经济逐步进入新常态和供给侧结构性改革加快推进的大背景下，应着力改善民营经济融资环境，拓宽民营企业融资渠道，激发民营企业投资意愿。一是进一步发挥货币政策结构性引导功能，加大对民营经济中小企业的信贷支持力度。二是推进大中型商业银行设立普惠金融事业部，完善差异化考核制度。三是充分发挥财政资金扶持作用，加强普惠金融发展专项资金管理。四是加快出台《非存款类放贷组织条例》，规范与丰富民间金融主体。五是优化营商环境，激发民营企业投资意愿。

一、民营经济信贷融资基本情况

（一）各层次民营经济贷款增速均有回升，广义民营经济贷款增速升幅最大

2016年末，金融机构投向广义民营经济的贷款余额[①] 约为56.64万亿元，同比增长6.1%，较上年末回升1.2个百分点，低于金融机构各项贷款增速7.4个百分点；内资民营经济贷款余额约43.66万亿元，同比增长5.7%，较上年末回升0.5个百分点，低于各项贷款增速7.8个百分点；狭义民营经济（个体私营民营经济）贷款余额约16.32万亿元，同比增长6.2%，比上年末回落1.1个百分

① 贷款为本外币贷款。

点，低于各项贷款增速7.3个百分点（见表1）。与2010年各层次民营经济贷款增速相比，广义、内资和狭义民营经济贷款增速分别回落24.3个、29.5个和32.4个百分点（见图1，图2）。

表1　2002-2016年各层次民营经济贷款余额情况

单位：万亿元

年份	广义民营经济贷款	内资民营经济贷款	狭义民营经济贷款
2002	75 601	66 095	10 333
2003	98 702	87 873	15 147
2004	111 414	99 379	14 560
2005	126 710	112 970	16 985
2006	145 681	129 448	21 221
2007	164 517	138 212	37 525
2008	195 654	169 517	41 739
2009	222 974	198 222	51 046
2010	290 721	268 084	70 737
2011	360 129	262 967	90 918
2012	413 798	308 305	110 175
2013	473 282	362 115	134 253
2014	508 801	392 637	146 190
2015	533 732	412 991	153 636
2016	566 443	436 649	163 153

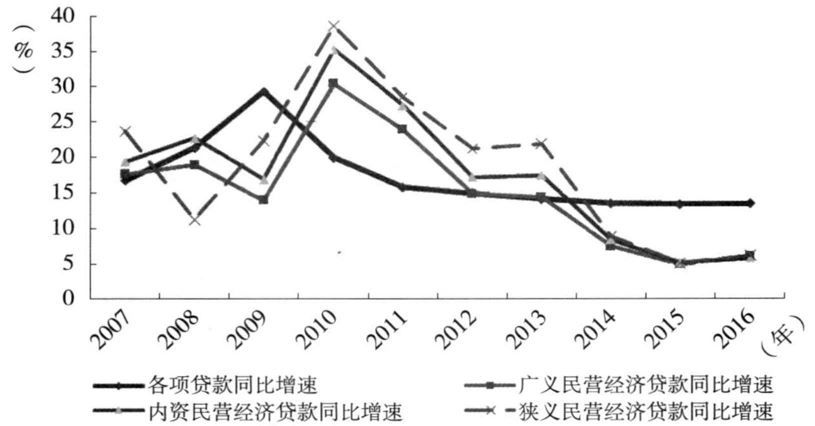

图1　2007-2016年民营经济贷款与各项贷款同比增速对照

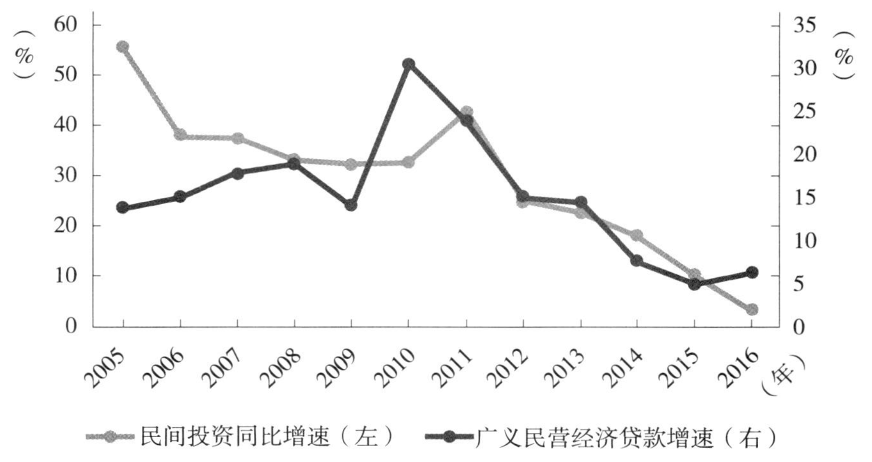

图2　2005年以来民间投资与民营经济贷款增长趋势

（二）民营经济贷款所占比重继续下降

截至2016年末，广义、内资和狭义民营经济贷款余额占全部贷款余额的比重分别为50.6%、39.0%和14.6%，占比较上年末分别回落3.2个、2.6个和0.9个百分点。2014年以来，各层次民营经济贷款占各项贷款的比重均呈持续回落趋势（见图3）。

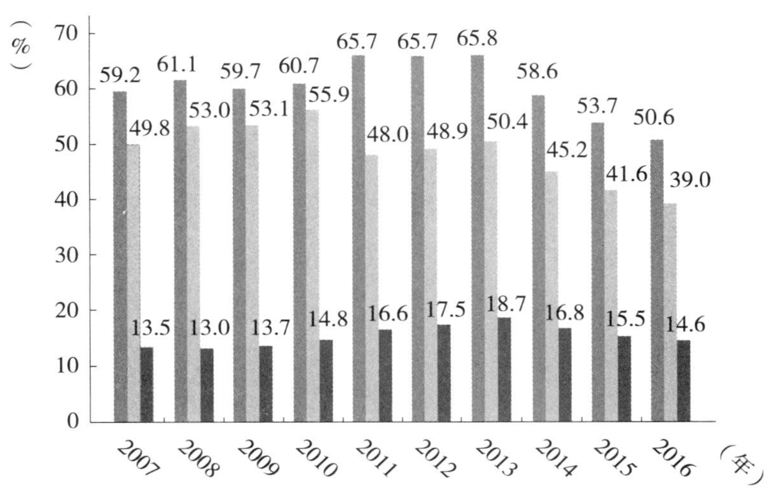

图3　各层次民营经济贷款占各项贷款的份额

（三）民营经济贷款占GDP份额连续3年下降

2016年，广义、内资和狭义民营经济贷款占GDP的份额分别为76.1%、58.7%和21.9%，占比较上年末分别回落1.7个、1.6个和0.5个百分点。各层次民营经济贷款占GDP的比重连续3年下降，表明伴随经济增速持续下行，民营经济部门仍处于去杠杆进程中（见图4）。

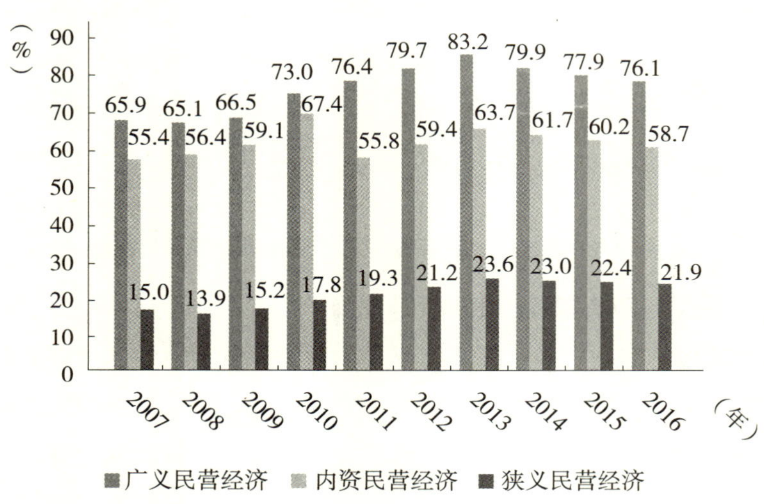

图4　各层次民营经济贷款占GDP份额

（四）小微企业不良贷款率略有下降，但其中的微型企业贷款不良率有所上升

2016年末，大型、中型和小微企业贷款不良率分别为1.10%、2.52%和2.68%，其中，大型和中型企业贷款不良率分别较上年末提高0.1个和0.05个百分点；小微型企业贷款不良率较上年末回落0.06个百分点。

在小微型企业贷款中，小型企业贷款不良率为2.69%，较上年末回落0.07个百分点；微型企业贷款不良率为2.61%，较上年末高0.03个百分点。

二、成因分析

2016年，民营经济融资增速企稳回升，但信贷余额占全部信贷的比重仍有所下降。不良风险总体有所回落，但微型企业不良风险有所上升。究其原因，从供给端来看，前松后紧的货币环境调动了房地产等其他投资，制约了民营经济融资可得性，中小银行经营转型，也降低了对民营经济的放贷意愿；从需求端来看，囿于实体经济下行压力仍然较大，整体需求放缓制约企业投资意愿，而借新还旧成为部分企业贷款的用途；从社会融资结构来看，房地产、基建等其他投资挤占了信贷资源，形成一定挤出效应。

（一）供给端：货币环境前松后紧，中小银行结构性流动性短缺

2016年，货币环境总体呈现前松后紧之势。2016年3月1日，央行下调金融机构人民币存款准备金率0.5个百分点，保持了合理充裕的金融体系流动性。这固然改善了企业外部融资环境，但主要调动的是房地产投资，挤占了民营经济信贷资源，民营经济融资占比不断下降。其后，随着2016年8月和9月以来14天和28天逆回购操作的重启，央行逆回购操作期限缩短放长，在一定程度上向市场传达了流动性边际收紧的信号，导致了7天以下期限的流动性不足与相应资金利率的上行。相对于国有部门，民营经济对融资利率水平更为敏感，趋紧的货币环境主要制约了民营经济的信贷可得性。

中小银行是为中小微企业提供融资服务的主力军。过去一段时期，中小银行的同业、债券等业务持续扩张甚至发展过度，企业贷款资产增长乏力，贷存比普遍有所下降，导致了民营经济融资供给结构性短缺。当前正处在金融去杠杆进程中，金融机构信贷投放削减，风险偏好趋降，民营企业信贷首当其冲。同时，实体经济融资利率趋于上行，进一步加剧了民营经济融资难、融资贵的困境。2016年末金融机构同业拆借利率为2.44%，较上年末上升47BP。

（二）需求端：民营企业投资回报率下降、投资意愿低，部分贷款或用于借新还旧

投资需求是民营经济融资的主要和直接动因。2016年民间投资增速持续回落，仅为3.2%，创历史新低。民营企业投资持续走弱的根本原因是企业投资回报率下降，企业投资意愿不足。在我国宏观经济持续下行压力下，经济整体的资本回报率在不断下滑。我国民营经济大多处在制造业等竞争性较强的领域，更容易遭受下行经济周期的冲击。2016年12月，私营工业企业利润总额累计同比增速为4.8%，处于近三年来的低位水平。

值得注意的是，2011–2015年，民间投资增速与广义民营经济贷款走势

基本一致，均呈持续回落趋势，但2016年民间投资增速继续回落，而广义民营经济贷款增速却有所回升。投融资增速的背离表明投资增速疲弱难以解释2016年民营企业贷款增速的回升。换句话说，民营企业债务水平的回升并没有带来投资的增长。为应对高企的债务风险，部分民营经济贷款被用于正常的生产经营或被用于借新还旧。这表明了民营企业家对未来经济前景预期的不确定性，凸显出当前民营企业可能面临的资金周转困境。

（三）结构性因素：房地产、基建等其他投资形成挤出效应

从全社会融资结构来看，2016年，房地产投资和政府投资主导的基建投资和国有企业及国有控股企业投资等快速增长，挤占了民营企业信贷资源，形成了一定的挤出效应。

2016年房地产投融资快速增长。自2016年初房地产调控政策有所松动以来，全国商品房销售迅速上升，部分地区房价涨幅较大，带动全年房地产投融资大幅回升。2016年，房地产投资累计同比增速为6.9%，超过上年同期约6个百分点；房地产新增贷款同比增速高达50%，占各项贷款新增额的44.8%，几乎占据半壁江山；主要金融机构（含外资）房地产贷款余额同比增长27%，占各项贷款余额的25%。

除了信贷资金大举流向房地产外，政府主导的基建投资和国有企业及国有控股企业投资也大幅增长。为稳定经济增长，政府发力财政政策，集中投资基础设施建设项目。由于投资规模大、回报周期长、投融资体制不健全等原因，基建投资主要由国有企业或国有控股企业主导，民营企业难以参与其中，分享稳增长带来的政策红利。2016年，我国基础设施建设投资增速15.7%，国有企业及国有控股企业投资增速为18.7%，而民营经济分布较为集中的制造业投资仅增长4.2%。基建投资保持较快增长，尽管保住了中高速，但不少项目存在过度超前建设问题，国有企业以及政府债务风险由此增大，同时也会挤出民间投资，对整个经济增长效率的提升未见得有利。

三、对策建议

当前民营经济融资出现的问题，是民营经济金融供给、融资需求和社会融资结构因素共同作用的结果，既与民营企业融资渠道单一、匮乏，金融供

给不足有关，也与实体经济下行带来的投资回报率回落有关，还与房地产、基建等其他投资快速增长带来的挤出效应有关。相应地，应充分发挥货币政策结构性引导功能和财政资金扶持作用，积极推动大中型商业银行发展普惠金融业务，规范和丰富民间金融主体，拓宽民营经济融资供给渠道。同时，还应在政策、法规、制度等体制性层面，优化营商环境，激发民营企业投资意愿。

（一）进一步发挥货币政策结构性引导功能，加大对民营经济中小企业的信贷支持力度

当前我国货币政策保持稳健中性立场，是在深入分析当前国内外经济金融形势和我国经济运行面临突出矛盾和问题基础上做出的客观选择。在保持货币信贷总量稳健增长的基础上，可适当采用结构性货币政策工具，发挥其“精准滴灌”的引导功能，加大对民营中小企业的信贷支持力度。加强定向降准政策以及支农、支小再贷款政策实施。稳步推进信贷资产质押再贷款，扩大合格抵押品范围，缓解中小银行等金融机构抵押品不足的问题，便利金融机构向民营中小企业的信贷投放。鼓励中小银行等金融机构将符合政策导向的民营、中小企业信贷资产作为证券化基础资产，发行相关信贷资产证券化产品（ABS），改善民营企业流动性状况，更好地服务民营企业技术升级改造，并可考虑采用财政贴息方式扶持。这既可腾挪出中小银行的信贷规模，又能使得中小银行增加向央行抵押的流动性资产。

（二）推进大中型商业银行设立普惠金融事业部，完善差异化考核制度

民营企业大多数规模小，处于竞争性较强的行业中，业务经营不确定性高，违约风险大，且背后缺乏强有力的信用担保。因此，大中型商业银行为民营小微企业提供放贷意愿低，导致了民营企业融资渠道匮乏，加剧了民营经济融资难融资贵问题。架设大中型银行与民营小微企业之间的融资桥梁，为破解这一难题的关键。应鼓励大中型商业银行设立普惠金融事业部，尤其是国有大型银行应率先做到，弥补金融服务短板，增加有效金融供给，提高服务覆盖率和可得性。实行差别化考核评价办法和支持政策。一是商业银行内部可建立符合普惠金融业务特点的专项绩效考核制度，完善差异化考核指标体系，构建有效的绩效薪酬管理和激励约束机制。二是各相关监管部门可

考虑在存款准备金、资本充足率考核等方面，对普惠金融事业部实施差异化支持政策。

（三）充分发挥财政资金扶持作用，加强普惠金融发展专项资金管理

普惠金融旨在向经济发展的薄弱环节提供低成本、可持续的金融服务。在积极推行大中型商业银行开展普惠金融事业部的同时，也应激活中小银行发展普惠金融业务的积极性。应充分发挥财政资金扶持作用，加强和完善财政补贴政策，拉动金融机构对普惠金融的投入。2016年，财政部设立了普惠金融发展专项资金，即用于支持普惠金融发展的专项转移支付资金。下一步，应加强普惠金融发展专项资金管理，提高财政资金使用效益。综合运用业务奖励、费用补贴、贷款贴息、以奖代补等方式，引导地方各级人民政府、金融机构以及社会资金支持普惠金融发展，弥补市场失灵，保障农民、小微企业、创业项目等重点对象的金融服务可得性和适用性。遵循公开透明、定向使用、科学规范的基本原则，确保资金使用合理、安全、高效，充分发挥财政资金杠杆作用，引导金融服务向普惠方向延伸。

（四）加快出台《非存款类放贷组织条例》，规范与丰富民间金融主体

非存款放贷组织是经营放贷业务但不吸收公众存款的民间金融机构，定位于“短期、小额、分散”这一细分市场，是为小微企业、三农和中低收入人群提供金融服务的重要组成部分。由于缺乏有效监管，各地民间金融活动非法案件高发，存在较大风险隐患。2015年，中国人民银行牵头起草并公布了《非存款类放贷组织条例（征求意见稿）》，当前正在积极推动该条例的出台。该条例的推行与落实将使得民间金融浮出水面、阳光运行，推动民间融资主体依法合规经营，推进民间融资主体多样化，引导更多金融活水服务小微、三农等传统金融覆盖不足的群体，为民间金融的长久发展营造公平、透明、可持续的政策环境和制度基础。

（五）优化营商环境，激发民营企业投资意愿

近年来，民间投资持续下滑。尤其是2016年以来，民间投资同比增速显著低于全社会固定资产投资增速，呈断崖式下跌之势。其背后的原因固然包括周期性、结构性因素，还包括行政政策、法规、制度等体制性因素。提振民营企业投资意愿，营造和谐的营商环境，可从以下几方面着手：一是大幅放宽民营资本准入，拓宽民营投资领域。应加快破除行政垄断和市场垄断，确保各类投资主体受到公平公正待遇。对能够实现市场化经营的服务，应完全放开准入，鼓励民营经济扩大投资规模，实现产业化发展；对于公益性服务、保障社会公平的基本服务，切实解决民营企业与国有企业公平竞争问题，鼓励民间资本进入公共服务和基础设施领域。二是完善产权保护法治化，提振民营经济信心。以公平为核心，坚持平等依法，对公私财产一视同仁。形成归属清晰、权责明确、保护严格、流转顺畅的现代产权制度和产权保护法律框架，不断增强全社会产权保护意识，加大产权保护力度。三是深化混合所有制改革，鼓励民营资本参与国有企业改革。在投资准入方面，取消对民营资本的歧视性政策。在行政审批方面，切实采取措施，简化审批程序，使民营资本在筹融资、税收优惠和土地使用权等方面享有平等政策条件，逐步消除审批限制。四是大力推广政府和社会资本合作（PPP）模式，进一步完善并落实相关政策措施，营造公平竞争的市场环境，鼓励真正的民间资本参与PPP项目。对各类社会资本一视同仁，消除隐形壁垒，杜绝以任何方式对潜在合作方实施差别化、歧视性待遇，利用财政资金撬动更多的民间资本投入项目建设。

纪　敏　王新华　孙　莎[①]

① 纪敏、孙莎就职于中国人民银行研究局，王新华就职于中国互联网金融协会。以上均不代表单位看法。

2016年民营企业运行状况及2017年企业家预期分析报告

北京工商大学　全国工商联研究室

一、调查目的及调查对象

为深入了解2016年民营企业运行状况和2017年企业家预期，更加有针对性地开展以“守法诚信、坚定信心”为重点的理想信念教育实践活动，更好地促进两个健康，研究室在2017年2月依托全国工商联民营企业信息直报系统开展了在线调查。

此次，共有全国27个省份共有5112家企业参与调查。其中，东部、中部、西部和东北参与企业占比分别为45.7%、20.8%、21.2%和7.2%，有5.2%的企业没有填写属地信息；大型、中型、小型、微型企业占比分别为3.2%、32.5%、50.8%和13.5%；第一产业、第二产业、第三产业、多元化经营企业占比分别为14.2%、47.3%、25.7%和12.8%。

二、企业运行情况

（一）主要指标

面对复杂严峻的宏观经济形势，多数民营企业经营平稳，保持低速增长态势。在营业收入同比增加的企业中，处于0%～10%的企业比例最高，10%～20%次之。有部分企业生产经营面临一定压力和困难，有将近20%的企业不增反降。面对经济增速放缓，市场存在不确定性，目前民营企业投资整体偏弱。固定资产投资同比增加的企业中，增幅在0%～10%的企业占比最高，超过50%。多数企业负债率保持在较低水平。企业负债率处于10%以下的企业占50%，负债率高达20%～50%的企业占20%（见图1）。

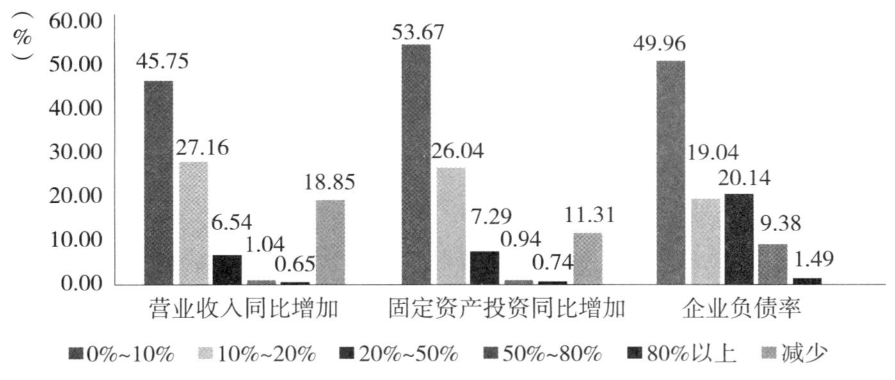

图1　主要指标总体情况

1. 从区域（东、中、西部和东北地区，下同）分析看：东部地区企业抵御风险的能力明显更强。在营业收入同比增加的比例上，4个地区的企业处于0%～10%和10%～20%的占绝大多数，其中东部地区企业所占比例最高，其次是中部地区，东北地区最少。营业收入减少的企业，西部地区的企业比例最高，其次是东北地区，东部地区最少。在固定资产投资同比增加的比例上，4个地区企业数量的分布情况与营业收入这一指标非常接近。企业负债率上，绝大部分企业的负债率在50%以下。负债率高于50%的企业中，以西部和中部地区的企业为多。

2. 从企业规模（大、中、小、微型，下同）分析看：在营业收入上，大中型企业增长幅度最大，营业收入减少的比例最小；与此相反，小微型企业的营业收入增长幅度最小，减少的比例却最高，反映出我国大中型企业经营状况比较良好，而小微型企业的生存和发展比较艰难。大中型企业的负债率较高，小微型企业的负债率较低。

3. 从所在产业（第一、二、三产业和多元化经营，下同）分析看：在营业收入方面，各个产业有30%～40%的调查企业营业收入同比增加0%～10%，20%左右的调查企业营业收入同比增加10%～20%，有15%左右的调查企业营业收入同比有所减少。在固定资产投资上，企业投资扩张均较为谨慎。各个产业有30%～40%的调查企业固定资产投资同比增加0%～10%，20%左右的调查企业固定资产投资同比增加10%～20%，有9%左右的调查企业固定资产投资同比有所减少。在企业负债率方面，第三产业企业负债率水平相对低于其他三类产业（其他三类产业该项指标均在30%左右），有41.4%的第三产业企业负债率低于10%，有10%的第三产业企业负债率在20%～50%，3.7%的第三产业企业负债率在50%～80%，企业数占比均低于其他三类产业。

（二）技术创新情况

从图2中可以看出，超过2/3的被调查企业，发明专利数在两个以下，企业自主创新能力仍显不足。

1. 从区域分析看：东部地区和中部地区企业拥有2～5项以及5项以上发明专利的企业比例高于西部和东北地区。企业研发费用占营业收入的比例情况所反映的结果，与企业拥有的发明专利数所反映的结果一致。这一方面说明，东部地区和中部地区企业的自主创新能力较强，高于西部地区和东北地区；另一方面说明，要提高企业的创新能力，有必要增加在研发费用上的投入。

2. 从企业规模分析看：大、中型企业的发明专利数明显多于小微型企业，科技创新实力明显更强。从研发费用占营业收入的比例来看，小、微型企业普遍低于大、中型企业，显示小、微型企业在这方面的投入还很不足。同时需要注意的是，有10.06%的小型企业在研发费用占营业收入比5%～8%这个指标上是高于大中型企业的。

3. 从所在产业分析看：第二产业和多元化经营企业的发明专利数多于第三产业，在研发费用占营业收入比方面反映的情况也是如此。而没有研发费用投入的，第三产业所占比例明显高于其他产业。

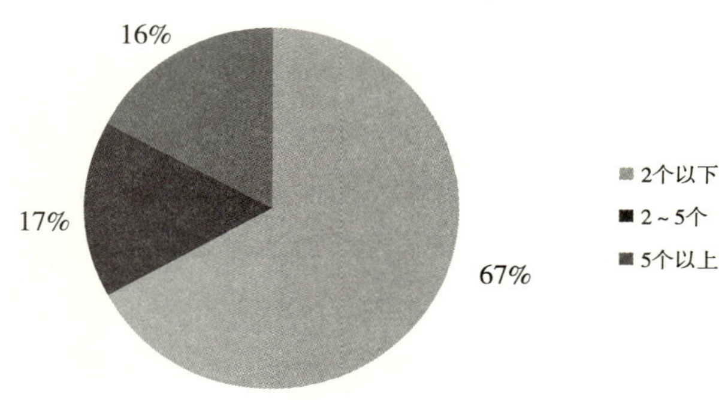

图2 拥有发明专利数及其比例

（三）品牌创新情况

参与调查的大部分民营企业仍然缺乏品牌意识，品牌管理较弱。不同地区和行业间品牌建设情况没有显著差别。

图3表明，超过一半企业注册商标数量不足5个，超过三分之一的企业没有注册商标，拥有超过10个注册商标的企业只有5%。

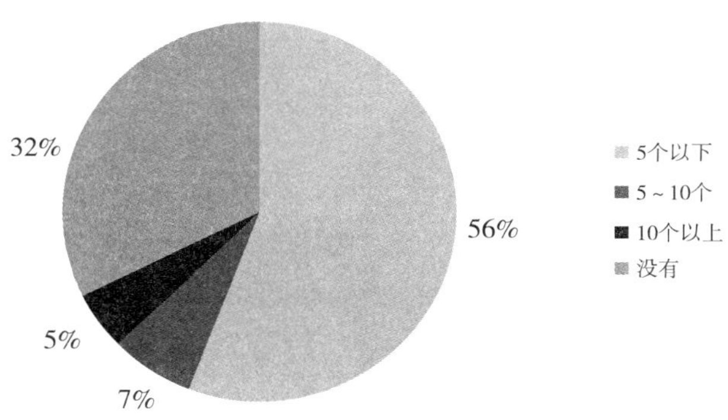

图3　注册商标数量及其比例

图4表明，将近三分之二的企业没有或仅有两个以下的省级及以上著名商标，不足三分之一的企业该类著名商标的数量在2～5个，拥有5个以上著名商标的企业占比12%。

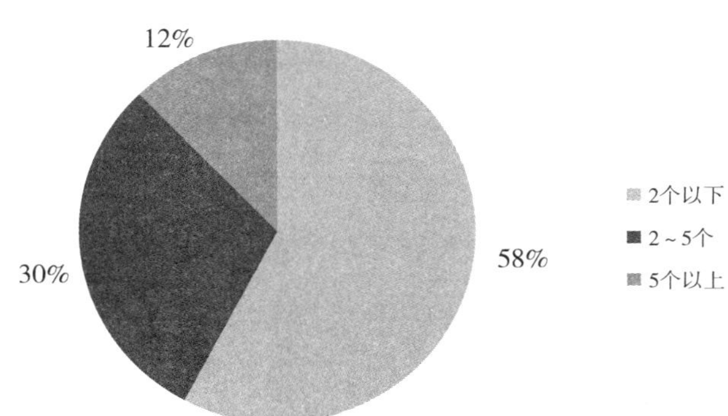

图4　省级及以上著名商标数量及比例

1. 从区域分析看：东部和中部地区企业的注册商标数量多于西部和东北地区，但是在省级及以上著名商标的数量上，西部和东北地区要多于东部和中部地区。说明东中部地区企业在注册商标的含金量上，还需要进一步提高，在重视技术创新的基础上也要注重发掘企业品牌潜力。

2. 从企业规模分析看：无论是注册商标的数量还是注册商标的等级，大中型企业都显著优于小微型企业。反映出大中型企业的综合实力雄厚，市场知名度高，影响力强，形成了企业的软实力与硬实力互相促进的良性循环。

3. 从所在产业分析看：拥有注册商标的企业主要在第一、二产业和多元化经营，第三产业企业的注册商标数量较少。在著名商标的级别上，反映的也是相同的趋势，表明我国的第三产业还比较欠缺品牌创新的意识和能力。

（四）利润状况

图5表明，参与调查企业营业利润率在5%以下的占比将近一半，企业利润率在5%～10%的超过三分之一。总体上看，一半以上民营企业营业利润率维持在中等偏低水平。

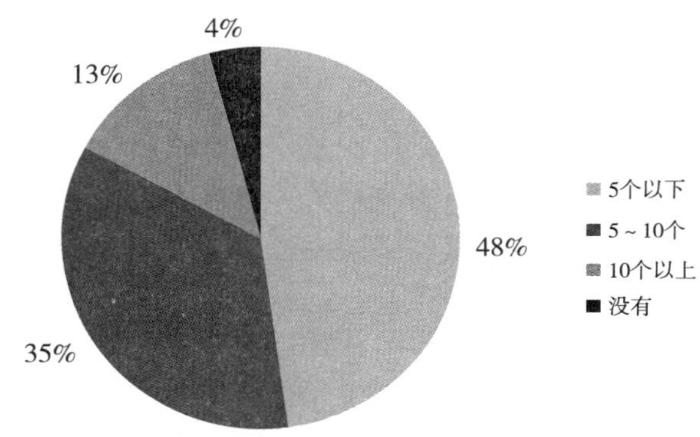

图5 营业利润率及其比例

1. 从区域分析看：在营业利润率的各个统计段上，各地区的企业所占比例有高有低。总体而言，西部和东北地区企业利润水平相对更高。只有在利润率5%以下的企业中，东部地区企业比例比中部、西部和东北地区的企业都高，而在其他几个统计段上，东部地区企业占比都是最低。反映出东部地区的企业营业利润率较低，这可能与东部地区经济比较发达，各种生产要素成本较高有关。

2. 从企业规模分析看：企业的营业利润率与企业的规模大小有很高的关联度。大型企业盈利状况明显更好，抵御市场风险的能力也明显更强。分析显示，企业规模越大，营业利润率越高。表明发挥规模效应，可以降低企业的生产经营成本，提升经济效益。

3. 从所在产业分析看：第一产业和多元化经营企业利润水平相对更高，第二产业营业利润率偏低。

（五）融资状况

图6表明，没有融资的被调查企业仅占13.75%，说明绝大多数企业均存在着不同幅度的融资现象，且融资80%以上的企业最多，融资50%～80%的企业最少。

1. 从区域分析看：各地区企业的融资趋势与总体融资趋势基本相一致，即绝大多数的企业都存在着不同幅度的融资现象。同时，东部、中部以及东北地区企业中融资80%以上的企业最多；而西部地区企业中融资10%～20%的企业最多。

2. 从企业规模分析看：小型和微型企业“融资难、融资贵”问题依然突出。大型、中型和小型企业中融资80%以上的企业最多，而微型企业中融资10%以下的最多。同时大型和中型企业中没有融资的企业最少，小型和微型企业中融资50%～80%的企业最少。

3. 从所在产业分析看：第一产业、第二产业和多元化经营企业中融资80%以上的企业最多，第三产业中没有融资的企业最多。同时，各产业企业中融资50%～80%的企业最少。

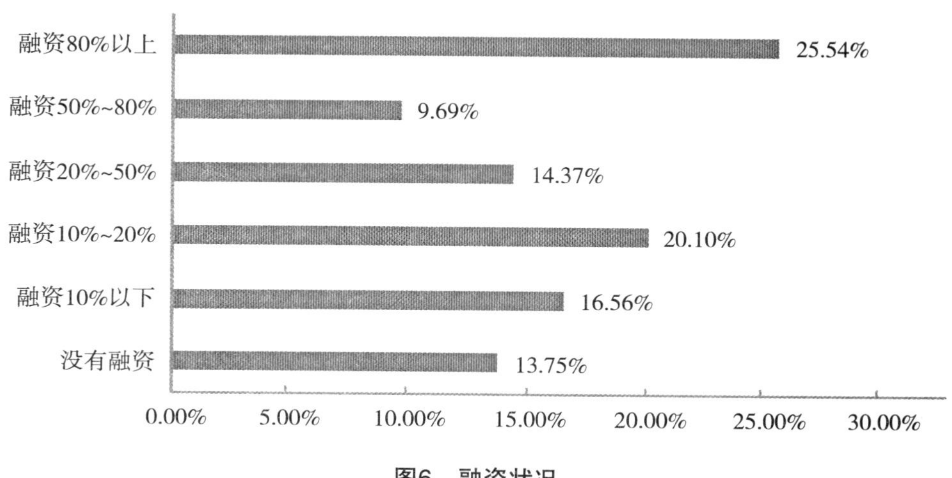

图6 融资状况

（六）主要产品平均价格

图7表明，被调查企业主要产品平均价格基本维持在上一年度平均价格上下30%的范围内波动，但总体较为稳定。同时主要产品平均价格增长趋势更为明显。

1. 从区域分析看：主要产品平均价格变化趋势与总体趋势基本一致。同时，各地区企业中主要产品平均价格持平的企业最多，主要产品平均价格增长10%以下的企业紧随其后。西部地区企业相对较好。

2. 从企业规模分析看：大型、小型和微型企业中主要产品平均价格持平的企业最多，而微型企业中主要产品平均价格增长10%以下的企业最多。下降的企业中，61.0%的微型企业价格下降在10%以下，27.0%的微型企业价格下降在10%～30%。

3. 从所在产业分析看：第一产业、第三产业和多元化经营企业主要产品平均价格基本处于持平或增长10%以下，而第二产业企业主要产品平均价格波动相对较大。

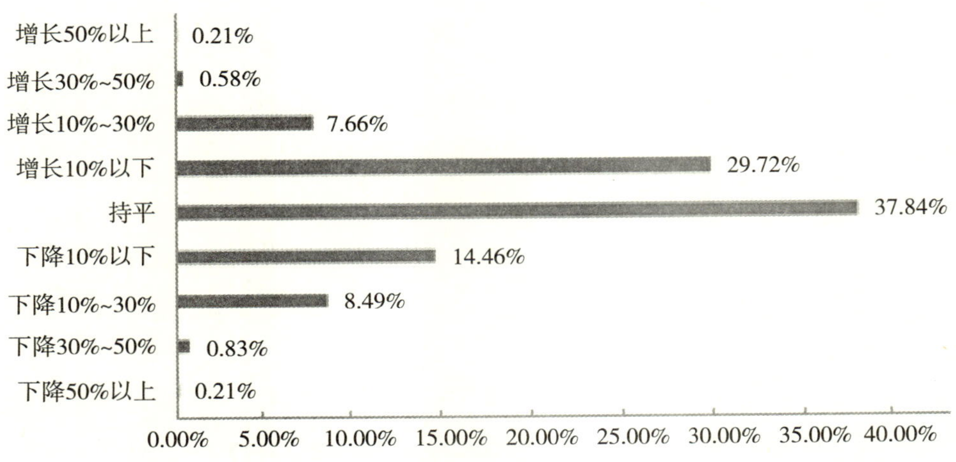

图7　主要产品平均价格

（七）产品库存情况

图8可见，产品库存主要维持在上下30%的波动范围内，其中持平的占比高达44.29%，产品库存情况相对稳定。

1. 从区域分析看：东部地区大多数企业的产品库存处于持平或增长10%

以下的状态，而中部、西部以及东北地区大多数企业的产品库存处于持平状态。东部地区企业的产品库存波动幅度相对较大，西部和东北地区企业去库存压力较大。

2. 从企业规模分析看：大型企业产品库存情况较为稳定，而中型、小型以及微型企业的产品库存均存在着较为明显的波动，波动范围基本处于上下30%的范围内。

3. 从所在产业分析看：第一产业企业去库存压力较大，第二产业企业产品库存波动幅度最大，多元化经营企业产品库存波动幅度最小。

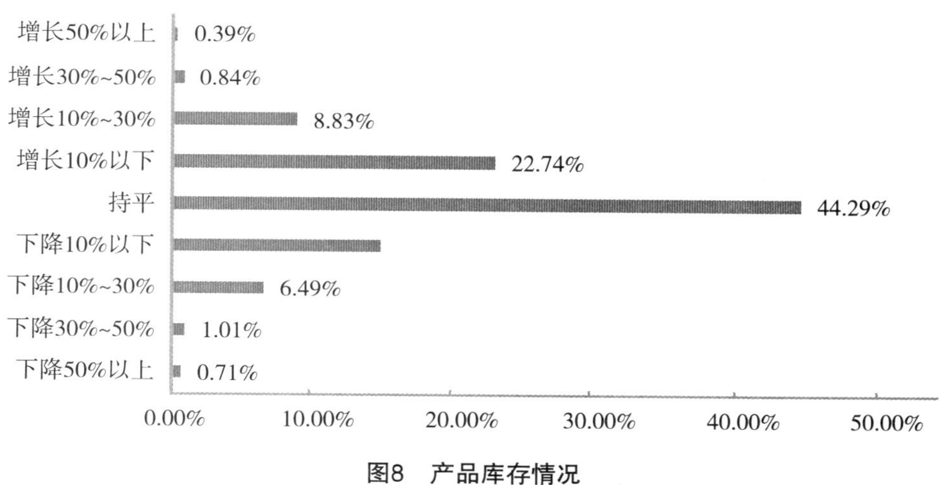

图8 产品库存情况

（八）用工总量

图9可见，35.35%的企业用工总量处于持平状态，约20%的企业用工总量处于下降状态，40%以上的企业用工总量处于增长状态。

1. 从区域分析看：各地区企业用工总量呈增长趋势。西部地区企业用工总量增长形势较好。有33.4%的西部企业用工总量继续增长，32.1%的西部企业持平，11.7%的西部企业有所下降。71.6%的西部企业用工总量增长在10%以下，多数保持低速增长。

2. 从企业规模分析看：大型企业总体用工总量基本不变，而中型和小型企业总体用工总量呈明显增长趋势，微型企业用工总量呈不明显增长趋势。可以说明，中小型企业可以提供更多的工作岗位。

3. 从所在产业分析看：第二产业和第三产业企业用工总量波动较大，且波动在上下30%范围之内，而第一产业和多元化经营企业用工总量波动较小，基本可以达到稳定状态。

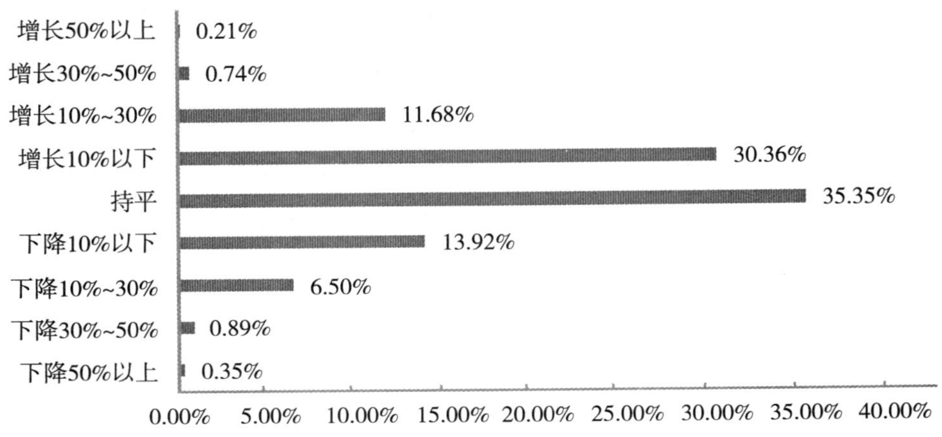

图9　用工总量

三、成本情况

（一）原材料成本

图10可见，2016年将近76%的民营企业原材料成本总体出现上涨，大多数企业原材料上涨态势明显，涨幅基本在30%以内。18.52%的企业原材料成本处于持平状态。仅有不超过6%的企业原材料成本处于下降状态。

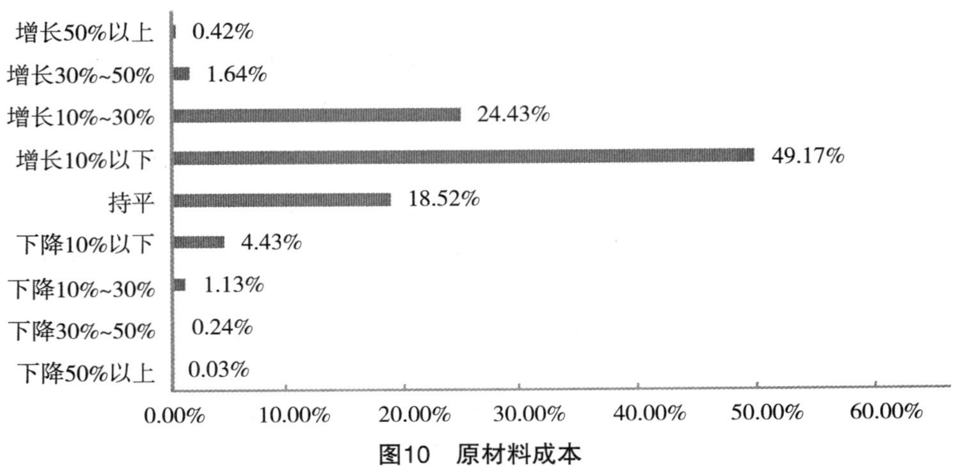

图10　原材料成本

1. 从区域分析看：与其他板块相比，西部地区原材料成本上涨的企业数占比最高，为61.4%，同时原材料成本下降的企业数占比最少，为3.0%；东北地区原材料成本持平和下降的企业数占比最高，分别为23.4%、8.2%。

2. 从企业规模分析看：中型、微型企业中原材料成本上涨的企业比重较大，分别为60.4%、59%；小型企业原材料成本持平和下降的企业占比高于其他三类企业，合计占24.9%；大型企业中成本持平和下降的企业占比最低，合计占17.7%。可见，原材料成本较高有可能会成为影响企业发展的重要因素。

3. 从所在产业分析看：第三产业企业中原材料成本持平的企业数占比最多；第二产业企业中原材料成本增长和下降的企业占比均最多。各产业类型企业中原材料成本增长10%以下的企业最多。

（二）用地成本

图11可见，超过56%的企业用地成本呈增长趋势，呈持平趋势的企业占比达38.80%，用地成本总体增长趋势明显。

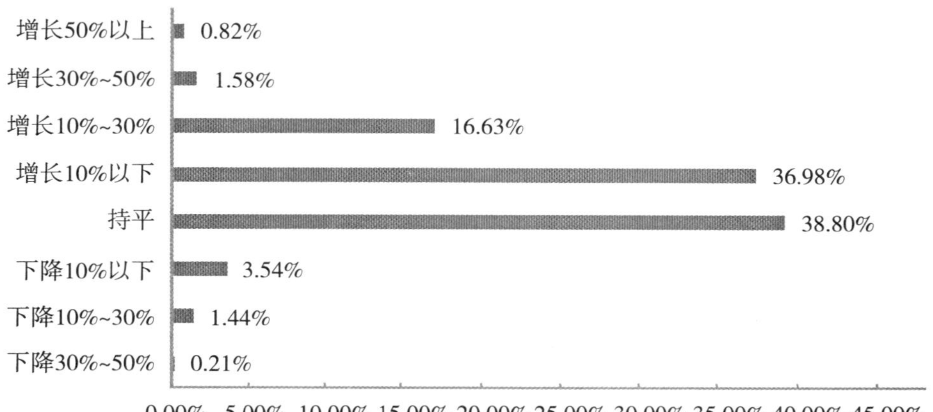

图11 用地成本

1. 从区域分析看：东部地区企业用地成本整体相对较高。

2. 从企业规模分析看：大型企业用地成本基本处于持平状态，中型、小型以及微型企业用地成本基本与总体趋势相同，且呈增长趋势，且增幅在30%以内。

3. 从所在产业分析看：第三产业、多元化经营企业用地成本增长的企业数居多，且多数企业增长10%以下；第一产业和第二产业企业中用地成本呈持平状态的企业最多。

（三）用工成本

由图12分析可知：超过80%的企业用工成本呈增长趋势，其中近47%的企业增幅在10%以下，其次是增幅在10%～30%的企业。

1. 从区域分析看：东部地区企业中用工成本增幅主要在10%以下，用工成本呈持平和增长10%～20%趋势的企业数目基本相同；而中部地区、西部地区和东北地区呈增长10%以下和增长10%～20%趋势的企业数目基本相同。

2. 从企业规模分析看：中型、小型以及微型企业用工成本与总体趋势相同，而大型企业用工成本相对较为稳定。

3. 从所在产业分析看：第一产业用工成本增长的企业数占比最高，为67%；其次是多元化经营企业，占比为61.4%；第三产业占比最低，为57.9%。

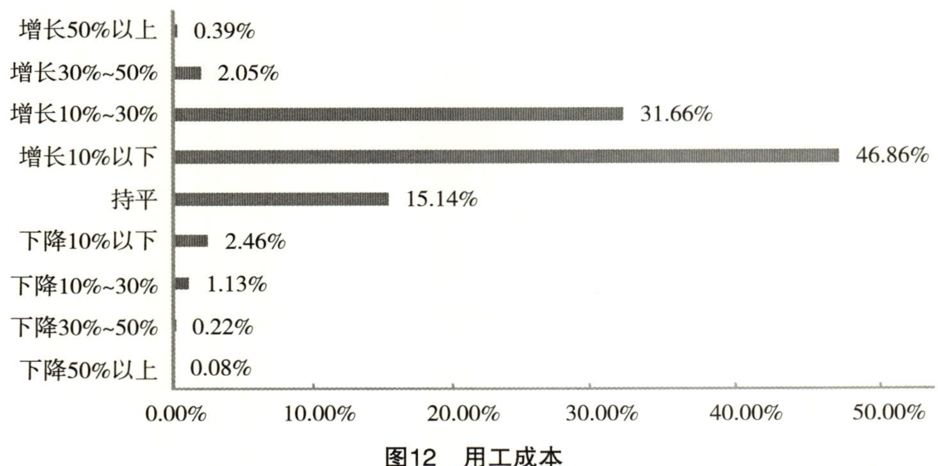

图12　用工成本

（四）融资成本

由图13分析可见，多数企业融资成本呈增长趋势。融资成本呈持平状态的企业占34.24%，增长10%以下的企业占37.56%，增长10%～30%的企业占15.94%。

1. 从区域分析看：西部地区融资成本增长的企业数占比最高，为37.2%，其次是中部，占比为31.6%，东北地区最低，为19.8%。

2. 从企业规模分析看：大型、中型和微型企业中融资成本增长10%以下企业最多。小型企业融资成本持平和减少的企业数占比合计最高，为31.7%。

3. 从所在产业分析看：第一产业融资成本增长的企业数占比最高，为33.1%，其次是第二产业企业，占比为32.3%；第一产业、第二产业以及多元化经营企业中融资成本增长10%以下的企业最多。而第三产业企业中融资成本持平的企业最多。

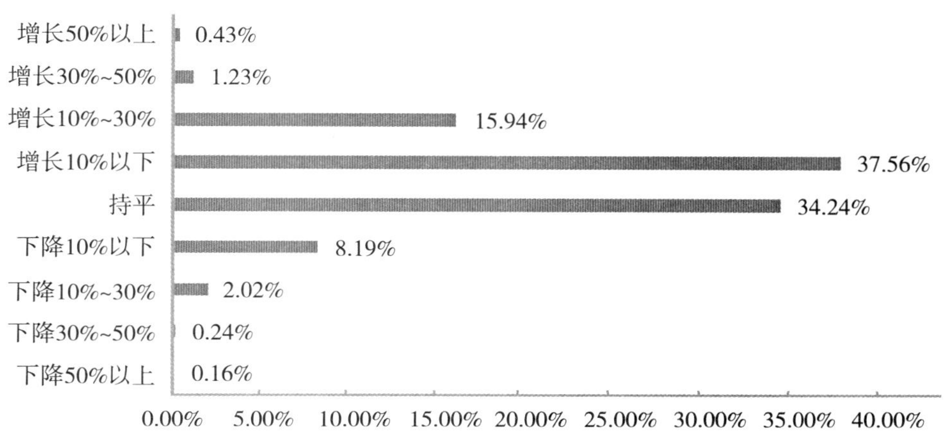

图13 融资成本

（五）当前企业发展中遇到的主要困难

当前企业发展中遇到的主要困难有用工成本增加、原材料成本上涨、市场需求萎缩、融资困难和人才短缺五项。最突出的是用工成本增加、原材料成本上涨和市场需求萎缩（见图14）。

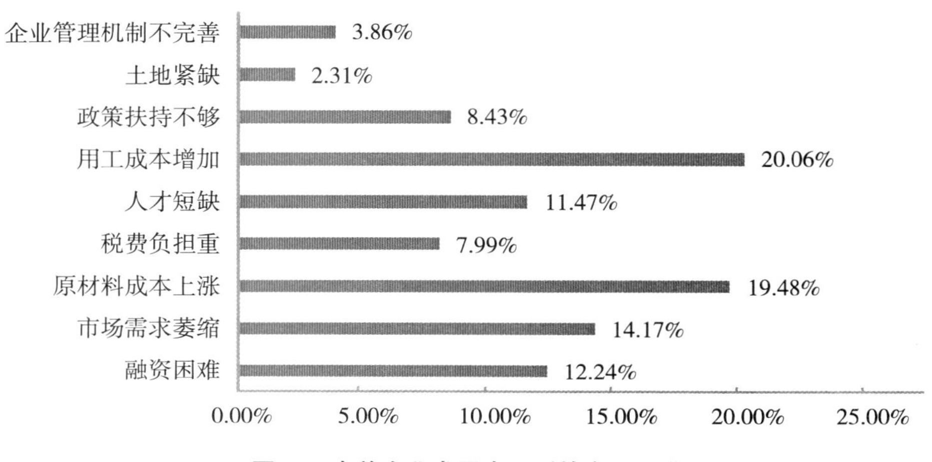

图14 当前企业发展中遇到的主要困难

1. 从区域分析看：各地区被调查企业面临发展困难的前三项选择一致。另有55.8%的中部企业认为原材料成本上涨是主要困难，49.7%的东北企业认为市场需求萎缩是最主要困难，东部、西部企业认为用工成本增加是主要困难。

2. 从企业规模分析看：大型企业认为融资困难、人才短缺、税费负担重困难程度大于市场需求萎缩。28.7%的中型企业认为融资困难程度大于市场需求萎缩程度。

3. 从所在产业分析看：各产业类型企业发展中遇到的三大主要困难与总体分析相同。而各产业类型企业发展中遇到的第四大困难具有一定差异，除第一产业企业遇到的第四大困难为融资困难，其他三类产业企业的第四大困难则为市场需求萎缩。

四、企业家预期

（一）对2017年宏观经济走势的看法

2016年宏观经济的稳定表现也使得绝大多数企业对2017年我国的宏观经济走势保持乐观。总体来看，图15显示，62.79%以上的调查企业持乐观态度；约14.87%的企业家持悲观态度；此外，另有15.82%的企业家表示“说不清”。

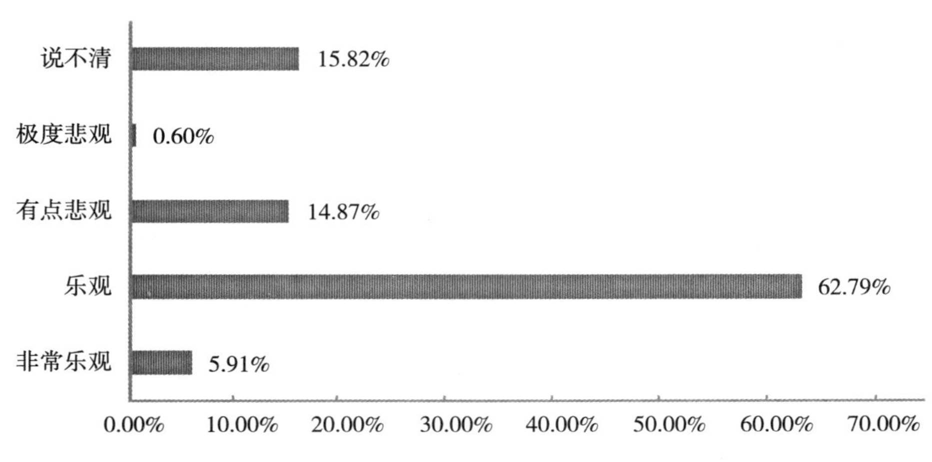

图15 2017年宏观经济走势

1. 从区域分析看：东部地区企业家对经济预期程度明显好于其他地区，

不仅持乐观态度的比重明显高出其他地区，而且持悲观态度的企业比重约为10.5%，明显低于西部（16.4%）、中部（15.5%）和东北（15.2%）地区。

2. 从规模分析看：企业对宏观经济的信心与企业规模呈现一定正比关系，大中型企业对经济预期的态度明显好于小微型企业。大、中、小和微型企业中持乐观态度的比重分别为57.9%、65.7%、60.5%和48.11%。在持悲观态度的企业中，大、中型企业分别为7.3%和9.7%，而小、微型企业分别为15.6%和19.6%，悲观态度明显更重。

3. 从产业分析看：第二、三产业对2017年宏观经济形势持乐观态度占比分别为62.6%和60.5%，高于第一产业的57.6%和多元化经营的52.3%。

（二）对企业扩大再生产的意愿

从图16可见，随着经济下行的压力带来的产业结构调整的阵痛，使得企业扩大投资和再生产的意愿受到影响。总体来看，24%的企业表现出很强的意愿；38.86%的企业意愿为一般；而26.08%的企业表示投资规模与去年持平；而缩减规模和难以判断的企业较为接近。

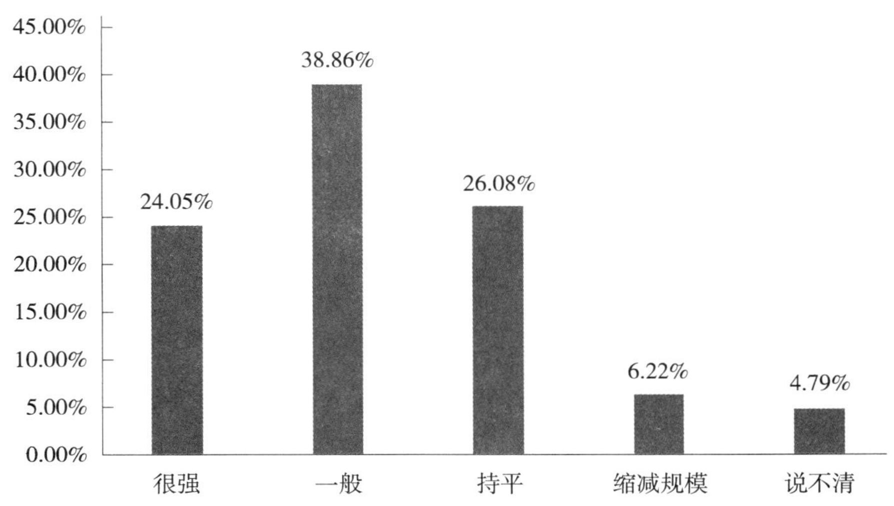

图16 企业在2017年扩大投资和再生产的意愿及比例

2016-2017年中国民营经济税收发展报告

税务总局

摘要：本文描述了2016-2017年中国民营经济税收运行情况，总结了民营经济税收运行的主要特征，同时对未来中国民营经济税收发展进行了展望。通过对民营经济的定性和定量分析全方位描绘了中国民营经济税收全貌，在作出上述分析的基础上，提出了对民营经济税收运行的若干看法，并有针对性地提出了促进民营经济发展的税收政策建议。

关键词：民营经济　私营企业　个体经营　税收收入

2016年以来，全球经济复苏呈现出更多积极因素，经济继续复苏回升，全球贸易呈扩展态势，大宗商品价格有所回升，全球通胀相对稳定，经济信心转向乐观。尤其是美欧日等市场经济发达国家经济复苏好于预期，外部需求明显改善。在经济新常态下，中国经济结构调整加快，经济增长新动力不断积聚，经济增长和税收增长好于预期。全年中国GDP增长6.7%，增速低于上年（6.9%）0.2个百分点，“稳增长”和“三去一补一降”之间的协调平衡难度继续加大。与宏观经济形势相匹配，2016年税收运行中税收收入虽然出现较大波动，基本保持了低于经济增长态势。2016年全年国内税收收入完成140 499.04亿元，比上年增加4 477.56亿元，同比增长3.3%，低于可比价经济增长3.6个百分点；民营经济税收收入实现22 152.26亿元，比上年增加2 622.56亿元，同比增长13.4%，较上年（2015年增速为2.1%）提高11.3个百分点[①]。

① 资料来源：国家税务总局计划统计司：《税收月度快报》，2016年12月。

一、2016年中国私营企业税收收入分析

（一）2016年中国私营企业税收收入分月度分析

2016年，私营企业税收收入存在明显的波动性，1月份最高达到1 859.78亿元，占全年私营企业税收收入的12.3%；8月份最低仅为920.12亿元，占全年私营企业税收收入的6.1%，最高的1月份是最低8月份的2.02倍，其余各月收入相对比较稳定，大部分月份基本维持在月平均收入1 263.9亿元上下波动，占全年私营企业税收收入的比重在6.4%～10.3%。高于平均数的有7个月，低于平均数的有5个月（见表1、图1）。

从私营企业主要税种收入看，国内增值税收入也存在波动性，12月份最高达到863.41亿元，占私营企业增值税全年收入的12.1%，3月份最低为358.20亿元，占私营企业增值税全年收入的5.0%，高于月平均收入的有8个月，低于月平均收入的有4个月。国内消费税收入波动剧烈，最高的10月为9.71亿元，占全年收入的15.5%，而最低的2月份为3.96亿元，占全年收入的6.3%。营业税收入由于受“营改增”的影响，5月份以后开始大幅减少，下半年每个月收入均不到10亿元。企业所得税收入本来应该有较强的季节性，2016年也不例外（见表1、图1）。

表1　2016年私营企业主要税种收入分月度

单位：亿元

月份	国内增值税		国内消费税		营业税		企业所得税		私营企业税收	
	绝对数	占全年比（%）	绝对数	占全年比（%）	绝对数	占全年比（%）	绝对数	占全年比（%）	绝对数	占全年比（%）
1月	604.60	8.5	4.25	6.8	303.97	19.2	537.34	21.3	1 859.78	12.3
2月	446.62	6.3	3.96	6.3	237.85	15.0	45.85	1.8	977.81	6.4
3月	358.20	5.0	4.09	6.5	239.01	15.1	66.33	2.6	986.59	6.5
4月	405.37	5.7	4.20	6.7	362.27	22.9	306.54	12.2	1 431.56	9.4
5月	437.02	6.1	4.28	6.8	354.00	22.4	245.84	9.8	1 346.21	8.9
6月	631.71	8.9	6.07	9.7	31.65	2.0	310.74	12.3	1 309.13	8.6
7月	634.20	8.9	3.99	6.4	8.26	0.5	396.29	15.7	1 372.69	9.1
8月	596.60	8.4	4.41	7.0	9.62	0.6	48.09	1.9	920.12	6.1

续表

月份	国内增值税		国内消费税		营业税		企业所得税		私营企业税收	
	绝对数	占全年比（%）	绝对数	占全年比（%）	绝对数	占全年比（%）	绝对数	占全年比（%）	绝对数	占全年比（%）
9月	663.79	9.3	6.81	10.9	9.40	0.6	56.18	2.2	1 026.60	6.8
10月	749.29	10.5	9.71	15.5	8.53	0.5	423.11	16.8	1 563.01	10.3
11月	736.38	10.3	6.48	10.3	7.15	0.5	50.10	2.0	1 103.91	7.3
12月	863.41	12.1	4.43	7.1	9.15	0.6	33.43	1.3	1 269.41	8.4
合计	7 127.19	100.0	62.68	100.0	1 580.86	100.0	2 519.84	100.0	15 166.82	100.0
月平均	593.93	—	5.22	—	131.74	—	209.99	—	1 263.90	—

资料来源：国家税务总局收入规划核算司：《税收月度快报》，2016年1-12月。

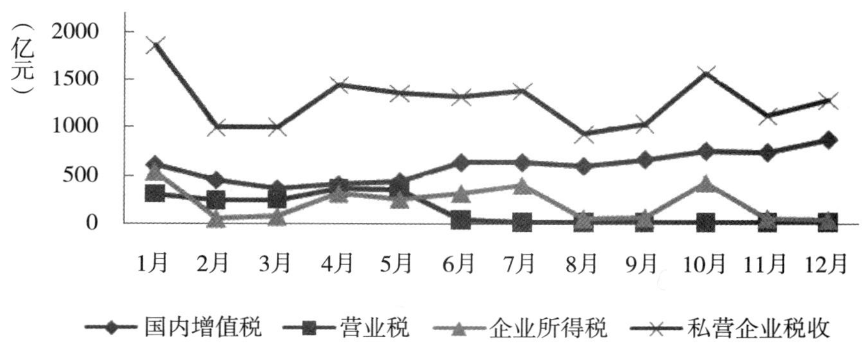

图1　2016年私营企业主要税种收入

（二）2016年中国私营企业税收整体状况分析

2016年，中国私营企业税收收入，主要来自国内增值税、营业税和企业所得税这3个税种。其中，来自国内增值税的收入为7 127.19亿元，占全部私营企业税收收入的47.0%；来自营业税的收入为1 580.86亿元，占全部私营企业税收收入的10.4%；来自企业所得税的收入为2 519.84亿元，占全部私营企业税收收入的16.6%。来自这三大税种的收入占全部私营企业税收收入的74.0%，其余税种收入占26.0%（见表2、图2）。

表2　2016年中国私营企业主要税种收入状况

单位：亿元

税种	税收收入	国内增值税	国内消费税	营业税	企业所得税	其他
2015年收入	12 944.57	5 179.29	43.22	2 399.88	2 174.96	3 147.22
2016年收入	15 166.82	7 127.19	62.68	1 580.86	2 519.84	3 876.25
占比（%）	100.0	47.0	0.4	10.4	16.6	25.6
同比增加	2 222.25	1 947.9	19.46	–819.02	344.88	729.03
同比增长（%）	17.2	37.6	45.0	–34.1	15.9	23.2

注：其他是指除国内增值税、消费税、营业税和企业所得税以外的税种收入。

资料来源：国家税务总局收入规划核算司：《税收月度快报》，2016年12月。

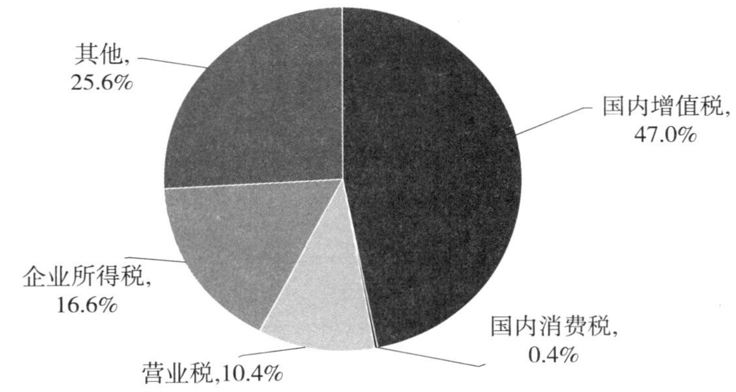

图2　2016年私营企业税收收入构成

2016年，私营企业税收收入比上年增加2 222.25亿元，同比增长17.2%，在私营企业税收收入中，国内增值税比上年增加1 947.90亿元，同比增长37.6%；国内消费税比上年增加19.46亿元，同比增长45.0%；营业税比上年减少819.02亿元，同比下降34.1%；企业所得税比上年增加344.88亿元，同比增长15.9%。私营企业增值税和消费税收入增长率均高于私营企业税收收入增长率，但是作为主体税种的营业税增长率因受营改增的影响为–34.1%。

二、2016年中国个体经营主要税种收入分析

（一）2016年中国个体经营税收收入分月度分析

2016年，个体经营税收收入存在明显的波动性，12月份最高达到750.55亿元，占全年个体经营税收收入的10.7%；2月份最低仅为430.11亿元，占全年

个体经营税收收入的6.2%，最高的12月是最低2月的1.75倍，其余各月收入相对比较稳定，基本在月平均收入582.12亿元上下波动，占全年个体经营税收收入的比重在7.7%～9.2%。高于平均数的有4个月，低于平均数的有8个月（见表3、图3）。

从个体经营主要税种收入看，受营改增的影响，国内增值税收入存在较大波动性，12月份最高达到164.04亿元，占个体经营增值税全年收入的14.9%，3月份最低为43.05亿元，占个体经营增值税全年收入的3.9%，高于月平均收入的有5个月，低于月平均收入的有7个月。国内消费税收入波动剧烈，最高的10月为0.76亿元，占全年收入的19.7%，而最低的6月份和9月份为0.16亿元，仅占全年收入的4.1%。营业税收入最高的4月份为95.51亿元，占全年收入的28.4%，受营改增的影响，下半年营业税收入大幅减少，10月份和11月份甚至出现负增长（见表3、图3）。

表3　2016年个体经营主要税种收入分月度

单位：亿元

月份	国内增值税		国内消费税		营业税		个体经营税收收入合计	
	绝对数	占全年比重（%）	绝对数	占全年比重（%）	绝对数	占全年比重（%）	绝对数	占全年比重（%）
1月	80.48	7.3	0.41	10.6	71.79	21.3	642.57	9.2
2月	46.96	4.3	0.26	6.7	55.61	16.5	430.11	6.2
3月	43.05	3.9	0.33	8.5	73.87	21.9	573.01	8.2
4月	59.22	5.4	0.38	10.1	95.51	28.4	599.44	8.6
5月	74.25	6.8	0.18	4.7	42.96	12.8	563.74	8.1
6月	82.68	7.5	0.16	4.1	4.96	1.5	547.25	7.8
7月	111.69	10.2	0.56	14.8	0.87	0.3	564.09	8.1
8月	85.71	7.8	0.17	4.4	1.44	0.4	541.06	7.7
9月	95.08	8.7	0.16	4.1	0.69	0.2	572.87	8.2
10月	134.25	12.2	0.76	19.7	–5.09	–1.5	555.03	7.9
11月	121.36	11.0	0.31	8.0	–6.89	–2.0	645.72	9.2
12月	164.04	14.9	0.18	4.7	1.05	0.3	750.55	10.7
合计	1 098.77	100.0	3.86	100.0	336.77	100.0	6 985.44	100.0
平均	91.56	—	0.32	—	28.06	—	582.12	—

资料来源：国家税务总局收入规划核算司：《税收月度快报》，2016年1–12月。

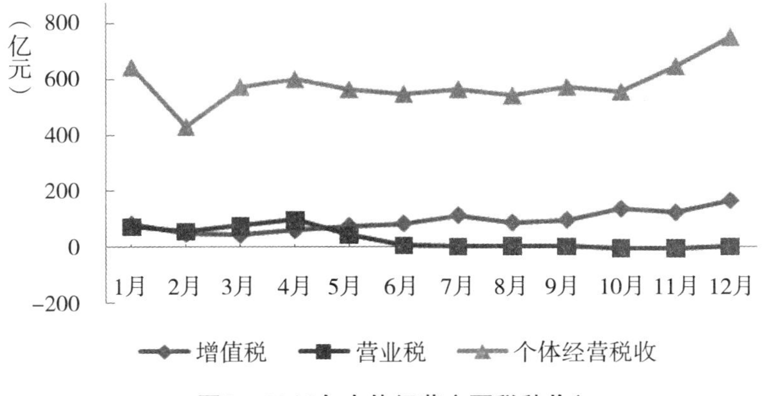

图3　2016年个体经营主要税种收入

（二）2016年中国个体经营税收整体状况分析

2016年，中国个体经营税收收入中，仅有国内增值税、国内消费税和营业税3个税种的分类统计。其中，来自国内增值税的收入为1 098.77亿元，占全部个体经营税收收入的15.7%；来自营业税的收入为336.77亿元，占全部个体经营税收收入的4.8%；来自国内消费税的收入为3.86亿元，占全部个体经营税收收入的0.1%。来自这3个税种的收入仅占全部个体经营税收收入的20.6%，其他未统计税种收入占79.4%（见表4、图4）。

表4　2016年中国个体经营主要税种收入状况

单位：亿元

税种	税收收入	国内增值税	国内消费税	营业税	其他
2015年收入	6 585.13	688.06	5.72	773.12	5 118.23
2016年收入	6 985.44	1 098.77	3.86	336.77	5 546.04
占比（%）	100.0	15.7	0.1	4.8	79.4
同比增加	400.31	410.71	-1.86	-436.35	427.81
同比增长（%）	6.1	59.7	-32.5	-56.4	8.4

注：其他是指除国内增值税、国内消费税、营业税以外的税种收入。

资料来源：国家税务总局收入规划核算司：《税收月度快报》，2016年12月。

2016年，个体经营税收收入比上年增加400.31亿元，同比增长6.1%，在个体经营税收收入中，国内增值税比上年增加410.71亿元，同比增长59.7%；国内消费税比上年减少1.86亿元，同比下降32.5%；营业税比上年减少436.35

亿元，同比下降56.4%，其他税收比上年增加427.81亿元，同比增长8.4%。

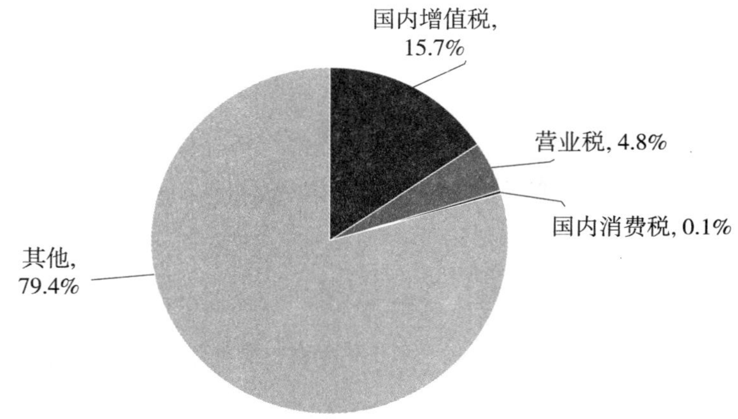

图4　2016年个体经营税收收入构成

三、2016年中国民营经济税收特点分析

（一）2016年民营经济税收收入分月度分析

民营经济税收收入走势受私营企业税收收入和个体经营税收收入走势的双重影响，表现为1月份最高为2 502.35亿元，占全年民营经济税收收入的11.3%，2月份最低为1 407.92亿元，占全年民营经济税收收入的6.4%，最高的1月份是最低的2月份的1.78倍。民营经济税收运行走势受私营企业影响较大，主要原因是大部分的税收收入来自私营企业。

私营企业税收收入占民营经济税收收入的比重平均为68.5%，分月度看最高的1月达到74.3%，最低的12月份为62.8%；个体经济税收收入占民营经济税收收入比重平均为31.5%，分月度看最高的12月达到37.2%，最低的1月份为25.7%（见表5和图5）。

（二）2016年民营经济税收整体运行分析

2016年，中国民营经济税收收入22 152.26亿元①，比上年增加2 622.56亿元，同比增长13.4%，高于税收收入增长速度10.1个百分点，占全国税收收入的15.8%，较上年提高1.4个百分点①。其中，私营企业税收收入为15 166.82

① 民营经济税收收入为私营企业和个体经营合计数。

① 2015年民营经济税收收入占全国税收收入的14.4%。

表5 2016年民营经济税收收入分月度

单位：亿元

<table>
<tr><th rowspan="2">月份</th><th colspan="2">私营企业</th><th colspan="2">个体经营</th><th colspan="2">民营经济</th></tr>
<tr><th>绝对数</th><th>占民营经济比重（%）</th><th>绝对数</th><th>占民营经济比重（%）</th><th>绝对数</th><th>占全年比重（%）</th></tr>
<tr><td>1月</td><td>1 859.78</td><td>74.3</td><td>642.57</td><td>25.7</td><td>2 502.35</td><td>11.3</td></tr>
<tr><td>2月</td><td>977.81</td><td>69.5</td><td>430.11</td><td>30.5</td><td>1 407.92</td><td>6.4</td></tr>
<tr><td>3月</td><td>986.59</td><td>63.3</td><td>573.01</td><td>36.7</td><td>1 559.60</td><td>7.0</td></tr>
<tr><td>4月</td><td>1 431.56</td><td>70.5</td><td>599.44</td><td>29.5</td><td>2 031.00</td><td>9.2</td></tr>
<tr><td>5月</td><td>1 346.21</td><td>70.5</td><td>563.74</td><td>29.5</td><td>1 909.95</td><td>8.6</td></tr>
<tr><td>6月</td><td>1 309.13</td><td>70.5</td><td>547.25</td><td>29.5</td><td>1 856.38</td><td>8.4</td></tr>
<tr><td>7月</td><td>1 372.69</td><td>70.9</td><td>564.09</td><td>29.1</td><td>1 936.78</td><td>8.7</td></tr>
<tr><td>8月</td><td>920.12</td><td>63.0</td><td>541.06</td><td>37.0</td><td>1 461.18</td><td>6.6</td></tr>
<tr><td>9月</td><td>1 026.60</td><td>64.2</td><td>572.87</td><td>35.8</td><td>1 599.47</td><td>7.2</td></tr>
<tr><td>10月</td><td>1 563.01</td><td>73.8</td><td>555.03</td><td>26.2</td><td>2 118.04</td><td>9.6</td></tr>
<tr><td>11月</td><td>1 103.91</td><td>63.1</td><td>645.72</td><td>36.9</td><td>1 749.63</td><td>7.9</td></tr>
<tr><td>12月</td><td>1 269.41</td><td>62.8</td><td>750.55</td><td>37.2</td><td>2 019.96</td><td>9.1</td></tr>
<tr><td>合计</td><td>15 166.82</td><td>68.5</td><td>6 985.44</td><td>31.5</td><td>22 152.26</td><td>100.0</td></tr>
<tr><td>平均</td><td>1 263.90</td><td>—</td><td>582.12</td><td>—</td><td>1 846.02</td><td>—</td></tr>
</table>

资料来源：国家税务总局收入规划核算司：《税收月度快报》，2016年1–12月。

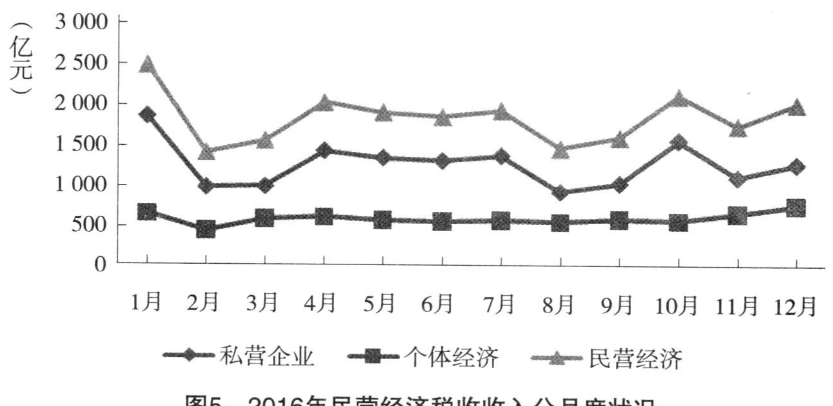

图5 2016年民营经济税收收入分月度状况

亿元，比上年增加2 222.25亿元，同比增长17.2%，占民营经济税收收入的68.5%，占全国税收收入的10.8%；个体经营税收收入6 985.44亿元，比上年增加400.31亿元，同比增长6.1%，较上年提高5.2个百分点，占民营经济税收收入的31.5%，占全国税收收入的5.0%（见表6）。

表6　2016年中国民营经济税收收入状况

单位：亿元

经济类型	税收收入	占民营经济税收收入（%）	2015年	比上年增加	同比增长（%）	占全国税收收入（%）
私营企业	15 166.82	68.5	12 944.57	2 222.25	17.2	10.8
个体经营	6 985.44	31.5	6 585.13	400.31	6.1	5.0
民营经济	22 152.26	100.0	19 529.70	2 622.56	13.4	15.8

资料来源：国家税务总局收入规划核算司：《税收月度快报》，2016年12月。

总之，2016年以来，虽然受国内实体经济下行和税收收入低增长的影响，中国经济增长速度放缓，税收收入增长速度也较上年下降较多，但是，民营经济税收收入绝对数量增加较多，而且，增长速度也保持了大大高于税收增长速度态势。民营经济税收收入在全部税收收入中的地位较上年有所提高，私营企业税收占全部税收收入的比重已超过10%（为10.8%），个体经济税收占全部税收收入的比重也达到5.0%，民营经济税收已经成为税收收入中不可或缺的重要组成部分。

四、2017年民营经济税收收入总量预测

2017年是落实十八届五中、六中全会精神以及十九大召开之年和实施“十三五”规划的关键一年，国内稳增长与调结构相结合的宏观政策组合效果进一步显现，供给侧结构性改革为中国经济发展注入新的动力，“十二五”重点建设项目已初见成效，加之世界经济复苏步伐有望加快等有利因素将推动中国经济企稳回升。2017年继续把握稳中求进的总基调，以提高经济增长质量和效益为中心，实行积极的财政政策和稳健的货币政策，积极稳妥地推进城镇化，增强消费对经济增长的基础作用。

（一）2017年1–9月民营经济税收收入运行情况分析

2017年1–9月，私营企业税收收入累计实现14 991.29亿元，比2016年同

期增加3 760.79亿元，同比增长33.5%，较上年提高17.8个百分点。个体经营税收收入累计实现5 928.23亿元，较上年同期增加894.09亿元，同比增长17.8%，较上年提高14.5个百分点。

2017年1–9月，民营经济税收收入累计实现20 919.52亿元，比2016年同期增加4 654.88亿元，同比增长28.6%，较上年提高17.1个百分点。从民营经济税收收入分月度运行看，1月份3 341.58亿元，2月份1 729.24亿元，3月份1 961.50亿元，4月份2 408.12亿元，5月份2 341.68亿元，6月份2 538.49亿元，7月份2 600.58亿元，8月份1 921.19亿元，9月份2 077.15亿元（见表7）。

表7 2017年1—9月份民营经济税收收入状况

单位：亿元

经济类型 月份	私营企业		个体经营		民营经济	
	2017年	2016年	2017年	2016年	2017年	2016年
1月	2 598.29	1 859.78	743.29	642.58	3 341.58	2 502.36
2月	1 248.63	977.81	480.61	430.11	1 729.24	1 407.92
3月	1 243.74	986.59	717.76	573.01	1 961.5	1 559.60
4月	1 763.26	1 431.56	644.86	599.44	2 408.12	2 031.00
5月	1 688.78	1 346.21	652.90	563.74	2 341.68	1 909.95
6月	1 849.83	1 309.13	688.66	547.25	2 538.49	1 856.38
7月	1 940.55	1 372.69	660.03	564.09	2 600.58	1 936.78
8月	1 261.29	920.12	659.90	541.06	1 921.19	1 461.18
9月	1 396.92	1 026.60	680.23	572.87	2 077.15	1 599.47
1–9月累计	14 991.29	11 230.50	5 928.23	5 034.14	20 919.52	16 264.64
比上年同期增减	3 760.79	1 521.87	894.09	158.86	4 654.88	1 680.73
同比增长（%）	33.5	15.7	17.8	3.3	28.6	11.5

资料来源：国家税务总局收入规划核算司：《税收月度快报》，2017年1–9月。

（二）2017年民营经济税收收入预测

由于对2017年的民营经济税收收入预测属于短期预测，可以简单地按照近年来的民营经济税收收入发展情况进行短期外推预测。

根据表8资料，我们可以采用平均增加额法和平均增长率以及平均弹性系数来预测2017年民营经济税收收入。

表8　2012—2016年中国民营经济税收状况

单位：亿元

年份	税收收入	增加额	增长率（%）
2012	16 164.36	1 400.79	9.5
2013	18 168.90	2 004.54	12.4
2014	19 133.62	964.72	5.3
2015	19 529.70	396.08	2.1
2016	22 152.26	2 622.56	13.4
平均数	—	1 477.54	8.5

1. 增加额法预测。按2012年至2016年5年平均增加额1 477.54亿元，预测2017年民营经济税收收入为23 629.80亿元，比2016年增长6.7%。按2016年增加额2 622.56亿元，预测2017年民营经济税收收入为24 774.82亿元，比2016年增长11.8%（见表9）。

2. 增长率法预测。按2012年至2016年5年平均增长率8.5%，预测2017年民营经济税收收入为24 035.20亿元，比2016年增加1 882.94亿元。按2016年增长率13.4%，预测2017年民营经济税收收入为25 120.66亿元，比2016年增加2 968.40亿元（见表9）。

表9　2016年中国民营经济税收预测值

单位：亿元

方法＼指标	税收收入增长率（%）	税收收入增加额	税收收入预测值
增加额法	6.7	1 477.54（前5年平均）	23 629.80
	11.8	2 622.56（上年数）	24 774.82
增长率法	8.5（前5年平均）	1 882.94	24 035.20
	13.4（上年数）	2 968.40	25 120.66
平均	10.1	2 237.86	24 390.12

综上分析预测结果：2017年民营经济税收收入预测值在23 629.80亿元至25 120.66亿元区间的可能性较大，结论预测值为24 390.12亿元，比2016年增加2 237.86亿元，同比增长10.1%。

五、看法和建议

（一）对民营经济税收运行的几点看法

1. 2016年，民营经济税收实现22152.26亿元，占全国税收收入的15.8%，较上年提高1.4个百分点，同比增长13.4%，较同期税收收入增长提高11.3个百分点。因为民营经济税收的高速增长，进一步提升了民营经济税收在全部税收收入中的地位。2016年，民营经济税收比上年增加2 622.56亿元，比上年多增加2 226.48亿元，占全部税收收入增加额的58.6%，较上年提高52.5个百分点。可以这样说，民营经济税收在税收运行中的作用越来越重要，成为影响税收收入增速第一要素，对税收增速的贡献接近6成（58.6%），日益成为税收运行中不可或缺的重要部分，民营经济税收的运行状况已在很大程度上影响着税收收入的运行态势。

2. 私营企业税收作为民营经济税收的主要来源，其收入结构直接影响了民营经济的税收收入结构。从私营企业税收结构看，2016年，国内增值税是私营企业税收的主要来源，占私营企业税收的47.0%，比上年提高7个百分点，基本保持了平稳运行态势，增值税的平稳运行确保了私营企业税收的平稳运行。受营改增的影响，私营企业营业税较上年下降了8.1个百分点，退居私营企业第三大税种，未来将完全退出。企业所得税受企业经营状况好转的影响，比上年增长15.9%，较上年提高11.5个百分点，但低于私营企业税收增长1.3个百分点，受此影响，企业所得税占私营企业税收的比重较上年下降0.2个百分点。个体经营税收收入结构，由于受营改增和其所处的行业影响，个体经营增值税所占比重回升较多，已达15.7%，较上年提高5.3个百分点，营业税所占比重仅为4.8%，较上年下降6.9个百分点，已让位于增值税，沦落为第二大税种，未来会完全退出。

3. 从民营经济税收两大组成部分看，来自私营企业和个体经营的税收均不同程度增长。2016年，私营企业税收较上年增长17.2%，增速有所提高，较上年3.7%增速，提高了13.5个百分点。2016年，个体经营税收较上年增加400.31亿元，较上年增长6.1%，回升7个百分点。因为私营企业税收增速高于个体经营税收增速，尽管个体经营税收增速是正增长，但是其在民营经济税收中的比重，也较上年下降了2.2个百分点。透过税收看经济，个体经营已经成为民营经济的一支不可或缺的力量。

4. 2017年1−9月份，民营经济税收增长28.6%，高于全国税收收入增长15.8个百分点（注：2016年1−9月全国税收收入增长12.8%）。民营经济税收高速增长的主要原因是私营企业税收增长高达33.5%，比上年同期增加3 760.79亿元。同时，也可以看出，由于2017年是在上年个体经营税收低增长（增长率为3.3%）的情况下的恢复性增长。私营企业税收增长33.5%，高于上年17.8个百分点，正是由于私营企业税收的高增长，才保障了民营经济税收的高增长态势。2017年全年民营经济税收运行态势将继续保持远远高于全部税收增长的势头，并且私营企业税收仍然起主导作用。

（二）民营经济税收政策回顾

民营经济中绝大多数是小型微利企业，它们在增加就业、促进经济增长等方面具有不可替代的作用，对国民经济和社会发展具有重要的战略意义。目前中国没有针对不同所有制类型的税收优惠政策，主要是根据企业大中小（微）不同类型采取差异化的税收政策。因此，对民营经济税收政策大体可以用小微企业税收政策来说明。中国目前的针对小微企业税收政策主要有：

1. 增值税。《财政部、国家税务总局关于暂免征收部分小微企业增值税和营业税的通知》（财税〔2013〕52号）规定，自2013年8月1日起，对增值税小规模纳税人中月销售额不超过2万元的企业或非企业性单位，暂免征收增值税；《财政部、国家税务总局关于进一步支持小微企业增值税和营业税政策的通知》（财税〔2014〕71号）规定，自2014年10月1日起至2015年12月31日，对月销售额2万元（含本数，下同）至3万元的增值税小规模纳税人，免征增值税。《财政部、国家税务总局关于继续执行小微企业增值税和营业税政策的通知》（财税〔2015〕96号）规定，财税〔2014〕71号文件规定的增值税政策继续执行至2017年12月31日。

2. 营业税。《财政部、国家税务总局关于暂免征收部分小微企业增值税和营业税的通知》（财税〔2013〕52号）规定，自2013年8月1日起，对营业税纳税人中月营业额不超过2万元的企业或非企业性单位，暂免征收营业税。《财政部、国家税务总局关于进一步支持小微企业增值税和营业税政策的通知》（财税〔2014〕71号）规定，自2014年10月1日起至2015年12月31日，对月营业额2万元至3万元的营业税纳税人，免征营业税。《财政部、国家税务总局关于继续执行小微企业增值税和营业税政策的通知》（财税〔2015〕96号）规定，财税〔2014〕71号文件规定的营业税政策继续执行至2017年12月

31日。财税〔2013〕52号文件规定的暂免增值税、营业税优惠政策没有设定截止期限，财税〔2014〕71号文件规定的免征增值税、营业税优惠政策却设定了截止期限，即到2015年12月31日。财税〔2015〕96号文件将71号文件规定税收优惠政策延长到了2017年12月31日。

上述增值税、营业税免征政策涉及的小微企业，既不是依据《工业和信息化部、国家统计局、国家发展和改革委员会、财政部关于印发中小企业划型标准规定的通知》（工信部联企业〔2011〕300号）划型确定的小型微型企业，也不是企业所得税法实施条例规定的小型微利企业。增值税除了销售额的限制外，强调必须是增值税小规模纳税人，而一般纳税人不能享受。营业税除了营业额没有其他条件限制。

3. 城市维护建设税、教育费附加、地方教育附加、文化事业建设费。通常情况下，上述小微企业暂免或者免征了增值税、营业税，相应的城市维护建设税、教育费附加、地方教育附加一般也会得到减免。《财政部、国家税务总局关于营业税改征增值税试点有关文化事业建设费征收管理问题的通知》（财综〔2013〕88号）规定，提供应税服务未达到增值税起征点的个人，免征文化事业建设费。增值税小规模纳税人中月销售额不超过2万元（按季度纳税6万元）的企业和非企业性单位提供的应税服务，免征文化事业建设费。《财政部、国家税务总局关于扩大有关政府性基金免征范围的通知》（财税〔2016〕12号），将免征教育费附加、地方教育附加的范围，由现行按月纳税的月销售额或营业额不超过3万元（按季度纳税的季度销售额或营业额不超过9万元）的缴纳义务人，扩大到按月纳税的月销售额或营业额不超过10万元（按季度纳税的季度销售额或营业额不超过30万元）的缴纳义务人。

4. 印花税。《财政部、国家税务总局关于金融机构与小型微型企业签订借款合同免征印花税的通知》（财税〔2014〕78号）规定，自2014年11月1日至2017年12月31日，对金融机构与小型、微型企业签订的借款合同免征印花税。小型、微型企业的认定，按照工信部联企业〔2011〕300号文件的有关规定执行。

（三）对民营小微企业税收政策建议

民营小微企业（以下简称小微企业）数量众多，分布在各个行业，是我国国民经济的重要组成部分，在促进经济增长、扩大就业、推动创新、促进社会和谐稳定等方面具有不可替代的作用。要切实减轻小微企业的税收负担，就必须要结合税制改革，落实和完善结构性减税政策。在现行税制结构下，小微企业的税收优惠政策应以增值税为主，将扶持和鼓励小微企业发展作为长期、稳定的制度安排，进一步减轻小微企业税收负担，建立高效便捷的纳税服务平台，优化细化小微企业税收政策。

1. *将增值税起征点改为免征额*。近年来，在对未达起征点纳税户的管理过程中，逐渐暴露出起征点政策的一些弊端，建议将增值税起征点改为免征额更能减轻纳税人负担、更加彰显社会公平，更有利于税务部门管理服务。将起征点改为免征额后，既能让更多小微企业享受到增值税优惠红利，也能减少起征点临界上下的差异，降低纳税人偷逃税和权力部门寻租动机，提高纳税人建账的积极性和真实性。

2. *免征新办小微企业的企业所得税*。目前我国小微企业的生命周期极短，多数新办企业在3年内难以实现发展和转型。法国政府给小企业提供较为宽松的纳税环境，对新办的小企业取消公司所得税的附加税负担，而且自申请营业执照后免征前3年的公司所得税。韩国专门为小微企业制定相关法律法规，对新创办的中小企业所得税实行“免三减二”的税收政策。加拿大政府对小微企业第一笔20万加元以下的收入，所得税率降低16个百分点。建议免征新办小微企业的企业所得税。

3. *税收优惠政策更加多样化*。现行税收优惠政策多是“一刀切”，未从小微企业长期发展过程中的差异化需求方面加以引导。在支持企业创新、“走出去”等方面税收优惠政策门槛较高，力度不大，相比大中型企业，规模小和实力弱的小微企业无法适用更为优惠的税收政策。法国政府通过研发抵税机制提高小微企业创新积极性，按研发投入总量计算抵税金额，并将原先抵税比例上限的10%提高到30%、超过抵税最高额 1 亿欧元后还可再额外享受抵税5%。日本对小企业大型固定设备等给予特别折旧，比如对数控制造机械和工业用自动机械等采用初期折旧32%，同时给予购置成本的7%抵免所得税。韩国对小企业购进机器设备按购置价值的30%抵免所得税。建议完善研发费用加计扣除政策，提高小微企业研发费用的加计扣除标准，将优惠的重点从对企业的优惠转向对具体研究开发项目的优惠；对小微企业大型设备给予特别折旧，同时给予购置成本的一定比例抵免所得税；完善高新技术企业认定管理办法，降低对小微企业认定高新技术企业的条件；对于节约能源或利用新能源的小企业，在设备折旧等方面给予较大的税收优惠；对小微企业技术转让所得免征企业所得税；允许小微企业按高于一般企业的比例提取职工教育培训经费、科技开发准备金、风险经营准备金等，并在税前扣除。

4. 积极支持小微企业投资融资。进入全球金融危机以后，全世界特别是发达国家的融资成本大多是在降低的，很多国家在鼓励小微企业进行投资时，也出台了很多优惠政策支持其促进社会经济发展。美国对投资500万美元以下的企业给予投资税永久性减免；对向新工厂、新设备投资的企业提供用于研究与开发的长期税收额度减免；对符合条件的小型企业股本获益可以获得至少为期5年豁免5%的所得税优惠。法国小微企业如果把获利所得用于再投资，可减按19%的税率征收公司所得税。对小企业用于固定资产投资的税前资本扣除比例从25%提高到40%。英国则对投资规模在4万英镑以内的小微企业，其投资额60%可以免税。支持小微企业投资融资，需要政府、银行、企业共同努力。从税收优惠政策角度来说，主要有两方面建议：一方面是增加小微企业自有资金，如对企业用税后利润转增资本的投资，或者投资设立新的企业，对再投资部分缴纳的企业所得税给予部分退还；允许小微企业按高于一般企业的比例提取投资减值准备金，并在税前扣除。另一方面是引导外部资金流向小微企业，如免征金融机构对小微企业的小额贷款利息收入的增值税；对小微企业的投资者，尤其是科技创新型小微企业的投资者，给予税收减免、递延等优惠政策。

课题组组长：付广军

课题组成员（排名不分先后）：史书新　李冬梅　付俊伟[①]

① 付广军：国家税务总局税科所研究员；史书新：中国华融资产管理公司高级会计师；李冬梅：北京石油化工学院助理研究员；付俊伟：《会计师》杂志社编辑。

新时代我国民营企业对外经贸发展的新特点、存在问题与对策

商务部国际贸易经济合作研究院

党的十九大郑重宣布中国特色社会主义进入新时代。中国民营经济作为中国特色社会主义经济的重要组成部分，其对外经贸发展也将进入新时代。本报告主要分析了新时代我国民营企业对外经贸发展的新情况和新特点，遇到的主要问题和挑战，并提出了相应的对策建议。

一、新时代我国民营企业对外经贸发展的新特点

（一）当前我国民营企业对外经贸合作的最新状况

本部分主要介绍我国民营企业对外贸易和境外投资的最新发展情况。

1. 民营企业在我国外贸发展中的地位进一步提升

2016年以来，中国民营企业积极适应内外环境变化，继续发挥经营机制灵活、适应环境能力强的原有优势，努力培育以技术、品牌质量、服务为核心的外贸竞争新优势，在创新发展、转型升级方面取得新成效，进出口实现较快增长，为外贸出现回稳向好的势头做出了积极贡献，在中国外贸发展中的地位进一步提升。

2016年，中国货物贸易进出口总值24.3万亿元人民币（下同），同比下降0.9%；其中，出口13.8万亿元，同比下降1.9%；进口10.5万亿元，同比增长0.6%，扭转了2015年大幅下降的态势。同期，中国民营企业进出口9.3万亿元，同比增长2.2%，在全国整体外贸进出口仍然处于负增长的情况下，率先实现恢复性正增长；占全国外贸总值的38.3%；其中，出口6.4万亿元，占全国出口总值的46.4%，较 2015年提高0.8个百分点。同期，国有企业进出口3.8 万亿元，同比下降5.6%；外资企业进出口11.1万亿元，同比下降 2.1%（见表1）。

表1　2016年中国不同性质企业进出口贸易情况

项目		进出口		
		金额（万亿元）	同比增长（%）	占比（%）
总值		24.3	–0.9	100
企业性质	民营企业	9.3	2.2	38.3
	国有企业	3.8	–5.6	15.6
	外商投资企业	11.1	–2.1	45.7

数据来源：商务部综合司、国际贸易经济合作研究院：《中国对外贸易形势报告（2017年春季）》。

2017年以来，全球经济回暖，国际市场需求总体回升，我国外贸发展面临的国内外环境有所改善。2017年前三季度，中国进出口总值20.29万亿元，同比增长16.6%；其中，出口11.16万亿元，增长12.4%；进口9.13万亿元，增长22.3%。同期，中国民营企业进出口7.81万亿元，同比增长17.8%，占进出口总值的38.5%，较2016年同期提升0.4个百分点；其中，出口5.23万亿元，增长14.7%，占出口总值的46.9%，比重较2016年同期提高0.9个百分点，继续超过外资企业（42.8%）和国有企业（10.3%），出口第一大经营主体的地位进一步巩固；进口2.58万亿元，增长24.4%，高于进口整体增速（22.3%），也高于外资企业进口的增速（17.4%）（见表2）。

表2　2017年前三季度中国不同性质企业进出口贸易情况

项目		出口			进口		
		金额（万亿元）	同比增长（%）	占比（%）	金额（万亿元）	同比增长（%）	占比（%）
总值		11.16	12.4	100	9.13	22.3	100
企业性质	国有企业	1.15	10.0	10.3	2.20	30.1	24.1
	外商投资企业	4.78	10.5	42.8	4.28	17.4	46.8
	民营企业	5.23	14.7	46.9	2.58	24.4	29.0

数据来源：商务部综合司、国际贸易经济合作研究院：《中国对外贸易形势报告（2017年秋季）》。

2. 民营企业境外投资呈现更积极的发展态势

2016年来，我国民营企业境外投资呈现更加积极的发展态势。根据商务部、国家统计局和国家外汇管理局发布的《2016年度中国对外直接投资统计公报》公布的统计数据，截至2016年年末，中国对外非金融类直接投资存量为11 800.5亿美元，其中以民营企业为主的非国有企业占比为45.7%，继续成为对外投资的主力军。

我国民营企业在国内实体经济增速持续放缓以及海外投资相对低成本的情况下，积极地参与海外并购，以寻求业务增长及板块多元化，取得非常明显的成效。据《2016年度中国对外直接投资统计公报》显示，2016年是中国企业对外投资并购极为活跃的年份，共实施完成并购项目765起，涉及74个国家（地区），实际交易总额1 353.3亿美元，其中直接投资865亿美元，占当年中国对外直接投资总额的44.1%；境外融资488.3亿美元。

根据普华永道（PWC）2017年11月23日发布的《2017年前三季度中国内地企业海外并购市场回顾与前瞻》报告，2017年前三季度，中国内地企业海外并购交易达572宗，金额977亿美元，同比2016年前三季度则分别下降14.8%和38.9%，相较2016年的爆发式增长，回归理性增长。从并购交易数量来看，民营企业在2017年前三季度的交易达359宗，占比为63%，呈现更积极的态势。从交易金额来看，万科以116亿美元收购新加坡物流地产巨头普洛斯（GLP）成为由民营巨头主导的现代物流行业的大额交易。

（二）我国民营企业对外经贸发展的新特点

近年来，我国民营企业对外经贸在各个领域全面开花，形成点面结合、大中小企业协同发展的格局，呈现出如下若干新特点：

1. 率先实现进出口恢复性增长，进一步巩固出口第一大经营主体地位

2016年以来，中国民营企业进出口均实现较快增长，为外贸出现回稳向好的势头做出了积极贡献，在中国外贸发展中的地位进一步提升。2016年，中国民营企业进出口同比增长2.2%，相比国企和外资企业，率先实现恢复性正增长。2017年前三季度，民营企业出口占出口总值的比重，较2016年同期提高0.9个百分点，继续超过外资企业和国有企业，进一步巩固了出口第一大经营主体的地位；民营企业进口增长24.4%，高于中国进口整体增速。

2. 境外投资优势明显，非金融类对外投资流量中占近七成

相比国内的国有企业及发达国家的跨国公司，民营企业在境外投资中的独特优势日益凸显。与国企相比，民营企业海外并购在国内核准环节受限相

对较少，民营企业在境外因政治和舆论等因素造成的投资障碍也相对较少；相对于发达国家的跨国企业，中国民营企业“船小好调头”，结构简单、经营灵活、适应性快，管理成本较低。因而，民营企业占国内对外投资流量的比重大幅提升，2016年非金融类对外投资流量近七成来自民营企业。2016年中国对外非金融类投资流量中，民营企业（非公有经济控股的境内企业）对外投资1 232.4亿美元，占68%，公有经济控股 579.9亿美元，占32%（见图1）。

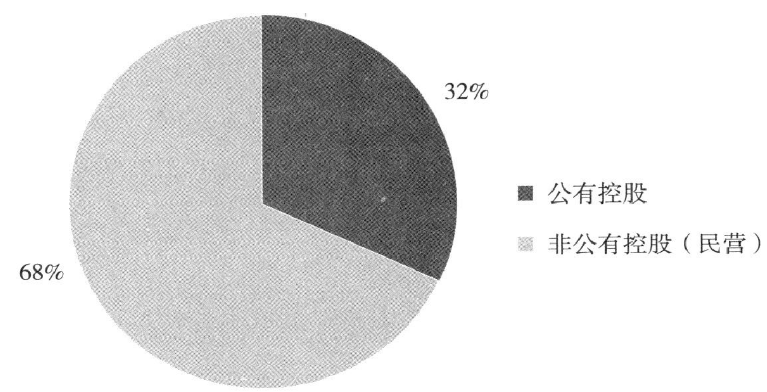

图1　2016 年中国公有控股和非公有控股（民营）对外投资流量构成

数据来源：根据商务部、国家统计局和国家外汇管理局《2016年度中国对外直接投资统计公报》相关数据整理。

3. 境外并购活跃度远超国企，依然成为主力军

尽管受2017年前三季度相关领域调控的影响，各类投资者活跃度增速放缓，但民营企业仍然是中国企业“走出去”的主力军。根据前面提到的普华永道发布的《2017年前三季度中国内地企业海外并购市场回顾与前瞻》报告，2017年前三季度，民营企业的交易数量高达359宗，占中国内地企业海外并购交易数量的比重为63%，并购活跃度远超国有企业，继续呈现积极的发展态势，依然为主力军。

4. 境外投资涉及行业广泛，但投资行业仍相对集中

我国民营企业境外投资已由最初的以矿产资源和商业服务为主逐渐向农业经营、科技、高端制造和房地产等附加值更高的行业进行拓展。中国现有近万家民营企业在全球160多个国家和地区投资建立了1万多家企业，几乎涵

盖了衣、食、住、行、乐等各个经济领域。不过，投资行业仍相对集中，商业服务、金融、采矿、批发零售、交通及制造业6个行业占比最大，占全部行业的八成以上。

5. 并购逐渐转向规模大、涉及高端技术与品牌的项目

我国民营企业的海外并购初期的项目普遍规模小、技术含量低，近年来逐渐转向项目规模大、涉及高端技术与品牌的并购。这其中不乏并购金额超大、涉及高端技术与品牌的成功案例，如2016年5月腾讯控股有限公司以41亿美元收购芬兰手游开发商Supercell 公司84.3%股权，成为截至2016年年底中国企业在信息传输/软件和信息技术服务领域最大的对外投资并购项目。又如，2017年7月，万科等组成的联合体以116亿美元收购新加坡物流地产巨头普洛斯（GLP），成为由民营巨头主导的现代物流行业的大额交易。

6. 并购重点在先进制造业和高科技等领域

中国民营企业的海外并购更多地倾向于获取先进技术和管理经验、人才、品牌、服务以及海外市场份额，重点关注高端制造业、高科技行业以及拥有品牌和供应链或客户资源的消费品行业。随着“一带一路”建设的深入推进，供给侧改革进一步深入和国内产业结构升级，以及工业4.0概念的普及，与先进制造业相关的并购交易数量和金额双双增长。在2017年前三季度的大额海外并购交易中，先进制造业相关的并购交易呈现活跃态势，成为民营企业的并购主要目标之一。

二、新时代我国民营企业对外经贸面临的问题与挑战

新时代我国民营企业对外经贸呈现更加活跃的发展态势，其发展前景将更加美好，同时也遇到了亟待解决的一些问题与挑战。

（一）主要发达国家贸易保护主义重新抬头趋势越发明显

近期全球主要发达国家的贸易保护主义重新抬头趋势越发明显，对我国民营企业对外贸易发展带来严峻的挑战。随着世界经济恢复艰难，主要发达国家反全球化浪潮上升，出现英国公投脱欧和代表美国右翼保守势力的特朗普上台等孤立主义“黑天鹅”。2016年6月，英国举行“脱欧”公投，2017年3月16日，英国女王批准“脱欧”法案，授权英国首相特雷莎·梅正式启动

脱欧程序。英国脱欧，可能导致欧盟失去英国之后贸易保护主义倾向增强。2017年5月，法国马克龙当选总统，虽然暂时避免了勒庞代表的法国极右翼势力上台，但马克龙也有贸易保护主义色彩，主张欧盟实施“买欧洲产品法案”，保护欧洲产业不受国际竞争威胁，主张建立统一的能源与数码市场，同时在建立管制机制，构建一个保护战略性产业的欧洲。美国总统特朗普有比较明显的反全球化、贸易保护主义倾向，2017年8月14日，特朗普签署行政备忘录，授权美国贸易代表莱特希泽审查所谓的“中国不公平贸易行为”；8月18日，美国贸易代表莱特希泽宣布，美国正式对中国发起“301调查”。这些发达国家作为我国主要出口市场，民营企业作为我国出口的主力军，贸易保护主义重新抬头，我国民营企业出口可谓首当其冲。

（二）海外并购遭遇的国际投资保护主义明显增多

随着民营企业对外投资的快速增长，民营企业对外直接投资遭遇各种形式的国际投资保护主义也明显增多。对走出去的中国民营企业来说，遭遇美国的安全审查或许习以为常，而德国一直以来被认为对外国投资开放和友好，但中国民营企业在德国并购也遇到前所未有的阻力。以往很少干预经济的德国如今也加强了审查。2016年10月24日，德国经济部以担心收购会导致与安全相关的技术、尤其是与国防相关的技术公开为由，撤销了对中国福建宏芯基金收购德国半导体设备生产商爱思强的许可，将对该案重新审核。德国经济部还拒绝了中国芯片厂商三安光电拟收购照明设备巨头欧司朗出具无异议证明的申请。2016年5月，美的集团收购德国机器人巨头库卡（KUKA）虽然最终得到德国政府的审批，但德国联邦经济部部长Sigmar Gabriel呼吁欧盟采取措施，赋予欧盟成员国在指定情况下否决非欧盟资本收购的权力。德国政治界关于限制中国投资的呼声在一定程度上导致德国的外资审查制度收紧，使得中国企业在德国的并购受到了近年来前所未有的严格审查。

（三）融资难的问题依然没有得到好的解决

我国民营企业在境外投资过程中普遍遇到的融资难问题依然没有得到较好解决。首要问题是融资成本偏高。即便是政策性银行，融资利率也偏高。由于综合成本很高，往往导致企业在国际投标活动中缺乏竞争力。其次，中资银行在境外的分支机构网点少、规模小，综合金融服务能力难以满足企业需求。另外，融资难的问题还表现在风险分担机制尚待完善；普遍遭遇后续融资难问题；国际商业融资管理相对严格；政策性金融支持相对滞后等。

（四）境外履行社会责任有较大提升空间

根据商务部研究院、国资委研究中心和联合国驻华代表处联合发布的《中国企业海外可持续报告2017》当前我国民营企业在境外履行国际社会责任的总体表现尚可，部分中国民营企业通过公益投入来履行社会责任，促进东道国的社会发展。但本报告认为中国民营企业境外履行社会责任仍有较大提升空间，主要存在如下问题：法律意识较为淡薄，商业道德和文明经商操守有待提升；合作共赢的理念不强，在参与当地公益事业，促进当地社会发展方面做得不够；对与当地社会在价值观念、文化传统、宗教习俗等诸多方面的差异重视不够，对本地风俗习惯尊重不够；遵守当地劳工法做得也不够，部分企业存在不尊重本地员工人格、不同工同酬以及雇用低于当地法定年龄的劳工等行为；保护生态环境，实现良性互动做得也不够；缺乏完备的社会责任管理体系和机制。

（五）企业和人员的安全保障问题日益突出

近年来民营企业境外投资遇到的企业和人员的安全保障问题日益突出。国际安全形势依然复杂严峻，各种地区冲突和局部战争此起彼伏，部分国家和地区（如中东北非地区）安全局势恶化，社会治安较差，恐怖活动频繁，对开展对外投资合作的中国民营企业的人员和资产安全构成威胁。如2016年6月28日，土耳其伊斯坦布尔阿塔图尔克国际机场发生连环自杀式爆炸袭击，造成至少43人死亡，另有约240人受伤；同年7月14日法国国庆日当晚，一辆卡车冲入南部旅游城市尼斯漫步大道上的人群中，造成至少80人死亡、50余人受伤。2017年10月1日晚10点20分左右，美国拉斯维加斯曼德勒海湾赌场附近举行的一场乡村音乐节发生枪击事件，造成59人死亡，527人受伤，是美国历史上死亡人数最多的枪击案件。2017年11月24日下午，埃及西奈半岛阿里什一所清真寺发生恐怖袭击，造成300多人丧生，上百人受伤。面对安全保障问题日益突出的形势，我国民营企业在安全防范方面普遍投入不足，大多数项目预算计划不含安全成本；部分民营企业片面重项目经济效益，对“走出去”人员安全保障培训、教育重视不够，造成派出人员素质参差不齐。

三、对策建议

新时代面临新任务。我们要以习近平时代中国特色社会主义思想为指导，贯彻落实党的十九大精神，清理废除妨碍统一市场和公平竞争的各种规定和做法，为民营企业对外经贸合作发展进一步创造良好的内外部环境；同时引导民营企业创新对外投资方式，加快培育国际经济合作和竞争新优势，克服国际贸易和投资保护主义，实现民营企业对外经贸合作量质齐升。具体而言，本报告提出如下对策建议：

（一）优化政府服务，为民营企业提供更有利的国内外环境

1. 加快清理妨碍统一市场和公平竞争的政策法规，为民营企业发展提供公平竞争的国内环境。落实十九大报告提出的“全面实施市场准入负面清单制度，清理废除妨碍统一市场和公平竞争的各种规定和做法，支持民营企业发展，激发各类市场主体活力”，以及2016年6月1日国务院印发的《关于在市场体系建设中建立公平竞争审查制度的意见》（以下简称34号文），规范各级政府有关行为，禁止继续出台妨碍全国统一市场、限制公平竞争的政策法规,并加快清理废除妨碍全国统一市场和公平竞争的相关政策法规、已有规定和做法，为民营企业国内发展提供公平竞争的环境。

2. 积极参与全球投资规则的制定，确立高标准的投资保护体系，为民营企业对外投资合作营造更有利的国际环境。加快推进同有关各国、地区的投资协定谈判，加快实施自由贸易区战略，确立高标准的投资保护体系，推进贸易投资自由化和便利化，为我国民营企业参与对外投资提供充分的制度保障和法制保护。同时要通过援外和外交公关讲好“中国故事”，化解“中国威胁论”等政治风险，传播正面的国家形象，阻止保护主义倾向，构筑和谐共赢的对外经贸关系，从而为民营企业对外投资营造更有利的国际环境。

（二）引导民营企业培育贸易新业态和新模式，提升外贸竞争新优势

政府部门要落实十九大精神，引导民营企业拓展对外贸易，培育贸易新业态和新模式，为贸易强国建设做贡献。本报告认为可从三方面积极推进落实：一是积极推进民营企业外贸新旧动能转换，培育外贸新业态，进一步健全和完善外贸综合服务平台和跨境电商平台，为中小微企业提供通关、收

汇、退税、外贸托管等专业化服务。二是全力支持民营企业开拓国际市场，引导民营企业积极参与“一带一路”建设。加快推进与“一带一路”沿线国家的经贸洽谈与合作，借机推介我国民营企业的优质产品。三是培育和引导民营企业优化出口产品结构，提高高新技术产品和服务贸易出口比重，大幅度提高民营企业出口产品的技术含量和附加值，保持民营企业出口活力。

（三）妥善应对贸易保护主义，捍卫民营企业对外贸易合法权益

面对主要发达国家贸易保护主义重新抬头的态势，我国政府部门、行业商协会和民营企业应多方合作，积极妥善应对。

1. 政府部门坚持市场导向改革，合理构筑补贴机制

第一，政府应继续以市场经济为导向，遵守加入世界贸易组织时候的承诺，不触碰世贸组织规则中补贴纪律的“红线”，不搞进口替代补贴和出口补贴。第二，认真研究主要贸易伙伴的国内相关法律，从而在政策制定过程中，不触碰他们国内有关补贴的法律“红线”。第三，相关部门应当加强对于补贴政策性质的审查，特别是“专向性”审查。在符合我国市场经济要求的前提下，选择接受补贴的对象和范围，从而防止不合理的财政资助对政策的市场经济秩序产生干扰。第四，政府部门还应规范支持特定产业发展的政策性文件的用语，防止授人以柄。特别是在对外公开的文件中，尽量避免出现“提供优惠贷款”“对关键领域、重点项目给予资金支持”等容易引发非议的表述，应慎重使用“政府资助、政府支持”等措辞，以防止贸易伙伴以此为证据指控我国政府存在补贴行为。

2. 行业商协会等机构牵头捍卫民营企业对外贸易合法权益

行业商协会等机构牵头，利用法律手段妥善应对发达国家发起的反补贴、反倾销调查案件，捍卫我国民营企业对外贸易的合法权益。

一是全国工商联下属的行业商协会可以组织本行业民营企业集体应诉。如全国工商联纺织服装商会，可以组织纺织服装行业的民营企业集体应诉，建立本行业企业集体应诉基金，不仅解决单个企业应诉力量弱小、难以形成影响力的问题，而且会降低单个企业的应诉成本，同时解决一些企业不应诉“搭便车”的现象。

二是积极建立我国贸易摩擦预警体系。商协会利用自身所具备的信息优

势，与政府企业共同建立我国贸易摩擦预警体系。一方面，行业商协会建立完整的出口指标监测体系，加强监测本行业出口产品的数量、价格和市场变化等，避免过度依赖某个国家市场，对出口产品可能遭受的贸易保护及时预警。另一方面，行业商协会还应建立专门机构负责收集和研究各主要贸易国的贸易壁垒信息，尤其是正在制定中的规则，以便尽快制定应对策略。

3. 民营企业应主动实施市场多元化战略，积极开拓新兴市场

我国民营企业应合理分配出口额度，避免“把所有鸡蛋都放入同一个篮子里”的过度依赖某个发达国家市场的局面。要积极拓展“一带一路”国家的市场业务，既符合国家战略导向，也符合规避发达国家贸易保护主义风险的要求。另外，非洲、拉丁美洲、大洋洲等地区的市场也应积极开拓，从而降低对欧美发达国家市场的依赖，减少贸易摩擦风险。

（四）提升贸易投资的联动效益，打造面向全球的贸易、投资、生产及服务网络

应按照十九大报告的精神，积极鼓励民营企业创新对外投资方式，从产业链、供应链角度提升贸易投资的联动效益，形成面向全球的贸易、投融资、生产、服务网络。为克服民营企业对外投资合作项目的“碎片化”现象以及同贸易的联动性不强，需鼓励民营企业通过链条式转移、集群式发展、园区化经营等方式走出去。第一，支持民营企业组成联合体或采用联盟方式抱团走出去，发挥骨干企业的带动作用，实行资源开发与基础设施建设相结合、工程承包与建设运营相结合，探索“资源、工程、融资”捆绑模式，进行跨领域、跨行业项目打捆投资，扩大投资影响力，实现综合投资效益最大化。第二，鼓励建设境外经贸合作区、跨境经济合作区等各类产业园区，通过专业化园区运营，整合各类生产要素，搭建产业合作平台，吸引国内民营企业入园投资，促进集中分布、集群发展。第三，贯彻落实《国际产能合作指导意见》和《中国制造2025》，支持装备制造“走出去”过程中，鼓励民营企业提升跟随性服务水平，在境外设立加工组装、境外分销、售后服务基地和全球维修体系，带动装备和服务出口。

（五）多渠道解决民营企业对外经贸合作的融资难题

第一，建议加大财政、税收的支持力度，为民营企业境外投资提供资

金支持。第二，建议进一步放宽外汇管制，为民营企业境外投资提供汇兑便利。第三，建议完善境外投资的金融服务体系，金融机构将业务重点转向对外投资的方向，不断强化银行系统对民营企业境外投资支持。第四，建议银行建立和完善对民营企业评价标准和审批流程，制定适合民营企业的评价标准、授信方法、信贷政策和审批程序。第五，建议银行改变营销思路，创新营销模式，积极搭建各种服务平台，为民营企业提供更加高效快捷的服务。

（六）构建完善对外投资国家风险评级、预警和管理体系

第一，国家财政应加大对研究机构和高校在国家风险识别与评估方面研究的支持力度。加强对安全问题突出的国家和地区有关政治经济形势、民族宗教矛盾、社会治安状况、恐怖主义活动等信息的收集工作，适时以相应方式经授权发布，提醒我境外企业和人员采取适当预防和自我保护措施。进一步完善政府对外经贸合作公共服务，加强对相关企业的风险防范培训，提供准确、前沿、全面的信息支持。第二，引导境外投资的民营企业要将一定比例的费用用于境外安保支出。在国家支持下成立民间化、市场化、国际化的国际安保机构以服务和保障民营企业走出去的安全防范。第三，加强对出国企业人员的防战、防恐、防疫、防盗等领保、安保工作的教育与培训。第四，加快《对外直接投资保险法》的立法，适度提高中国出口信用保险公司的注册资金规模，强化其海外投资保险业务。

（七）加大对民营企业境外履行社会责任的监督执行和宣传力度

第一，建议政府部门加强规范、引导和监督。建议政府部门制定和完善有关企业社会责任的法律和配套细则，让企业在社会责任的实践中有章可循；建立符合我国实际的企业社会责任标准和评价体系等。第二，建议商协会充分发挥好平台作用、加强自律。商协会作为政府和市场之外的第三种治理机构，在促进企业履行社会责任方面有着不可替代的重要作用。第三，通过多种方式正面引导东道国舆论对中国民营企业在当地投资合作的宣传报道，讲好“中国故事”，塑造中国民营企业的友好形象，与东道国建立牢固的利益、责任和命运共同体，获得东道国社会的普遍认同。

闫实强（博士、副研究员）

区域报告

2016-2017年京津冀民营经济发展报告

摘要：2016年，京津冀民营经济继续保持平稳健康发展态势，整体规模不断扩大，实力不断增强，结构调整力度持续加大，对促进地区经济发展、转型升级，特别是京津冀协同发展等重大国家战略实施发挥了积极作用。但还存在整体实力不够强、质量效益不够高、创新活力不足、企业管理水平较低等问题，造成问题的主要原因包括思想不够解放、“三座大山”阻碍、负担较重、营商环境待优化等。展望未来，京津冀民营经济面临蓬勃发展的大好时机，将迎来新的发展机遇。报告围绕提高民营经济发展工作摆位、增强金融支持民营经济发展力度、减轻民营企业负担、营造良好发展环境等方面提出建议。

关键词：京津冀　民营经济　发展报告

2016年，在京津冀三地党委、政府领导下，京津冀民营经济发展取得显著成绩，区域民营经济保持平稳健康发展态势，整体规模不断扩大，实力不断增强，结构调整力度持续加大，对促进地区经济发展、转型升级，特别是京津冀协同发展等重大国家战略实施发挥了积极作用。

一、2016年京津冀民营经济发展基本情况及主要特点

（一）基本情况

截至2016年年底，京津冀民营经济市场主体545.14万户，上缴税金5 180.61亿元，民间固定资产投资29 733亿元，从业人员3 640.93万人，实现外贸出口总额467.4亿美元，43家企业入选2016年全国民营企业500强（见表1）。

表1 2016年京津冀民营经济发展情况

指标	总量	北京市	天津市	河北省
生产总值（万亿元）	7.46	2.49	1.79	3.18
民营经济增加值（亿元）	—	—	8 579.9	21 583.1
民营经济增加值占比（%）	—	—	48.0	67.8
民营经济市场主体数量（万户）	545.14	181.78	76.26	287.10
其中：民营企业（万户）	195.53	120.97	36.06	38.50
个体工商户（万户）	349.51	60.81	40.20	248.60
民营经济注册资本金（万亿元）	—	12.52	3.48	—
上缴税金（亿元）	5 180.61	1 192.19	1 322.22	2 666.20
民间固定资产投资（亿元）	29 733	2766	8168	18 799
从业就业人员（万人）	3 640.93	1 046.74	413.09	2 181.10
外贸出口（亿美元）	467.4	91.7	113.8	261.9
全国民营企业500强数量（家）	43	11	13	19

注：本表民营经济市场主体主要包含民营企业和个体工商户。

数据来源：①北京市数据来自《北京市2016年国民经济和社会发展统计公报》、北京市工商行政管理局；

②天津市数据来自《天津统计月报》（2016年12月）、《天津市中小企业民营经济运行情况》（2016年四季度）；

③河北省数据来自《河北省2016年国民经济和社会发展统计公报》《2016年河北省民营经济运行分析》。

（二）2016年京津冀民营经济发展主要特点

1. 规模实力不断增强，拉动地区经济平稳较快增长

2016年，京津冀民营经济规模实力不断增强，对促进地区经济发展发挥了重要作用。截至2016年年底，北京市民营经济市场主体181.78万户，注册资本125 209.9亿元，分别同比增长7.11%和48.68%。其中，私营企业120.97万户，注册资本124 989.66亿元，分别同比增长16.57%和48.82%；个体工商户60.81万户，注册资本220.25亿元，分别同比下降7.77%和2.84%。天津市民营经济市场主体76.26万户，实现增加值8 579.87亿元，同比增长13.2%，占全市经济总量的比重达到48%，同比提高0.9个百分点。规模以上民营工业企业完

成总产值13 735.78亿元，同比增长13.5%，高于全市规模以上工业7.8个百分点，占全市的46.7%。河北省民营经济单位个数达287.1万个，增加11.5万个；其中，民营法人企业38.5万个，增加3.4万个。民营经济实现增加值21 583.1亿元，同比增长7.2%，占全省GDP比重为67.8%，比上年提高0.1个百分点；实现营业收入107 105.8亿元，同比增长6.5%，利润总额7 542.1亿元，同比增长4.9%。

2. 投资结构持续优化，带动产业结构调整

2016年，京津冀民间固定资产投资达29 733亿元，增加1 349亿元，同比增长4.75%。北京市民间投资完成2 766亿元，同比下降5.6%，而符合首都城市功能定位的相关行业民间投资保持了较快增长，民间投资的“含金量”进一步提高。其中，教育增长2倍，金融业增长1.1倍，租赁和商务服务业增长69.3%。北京民营经济发展紧扣首都战略定位，不断转方式、调结构、促创新，产业结构调整取得明显成效。主要表现为都市型农业稳步发展、工业生产稳步回升、第三产业发展稳定、重点领域投资快速增长等。天津市拓宽民间投资行业领域，优化产业结构布局，出台一系列支持民间资本进入相关行业和领域的政策措施，形成向社会公开推介项目的长效机制，支持民间资本进入社会事业和金融服务等领域。截至2016年，民办教育及培训机构达916所，社会办医机构3 700多家，民营企业参与出资的法人金融机构达40家，占60.6%，民营小额贷款公司达144家，占82%。同时，支持民间资本参与国企改革，集中组织国有企业股权合作项目公开推介，发布渤海财险、大沽化工、利民调料等50个招商项目，广泛吸引民营资本等外部投资者合资合作。河北省2016年民营经济完成固定资产投资18 799亿元，占全社会固定资产投资总额近六成，逐步有效地推动了民营经济产业布局优化和结构调整转变，战略新兴产业、科技新能源、现代服务业等投资呈现较快增长，传统优势产业科技创新、转型升级投资逐步增大，产业结构加快转向高精尖和中高端层次。全省高新技术产业投资同比增长10.7%，高出全社会固定资产投资2.3个百分点。民营企业投资亿元（含）以上施工项目3 600多个，全省民营经济第二产业占比较2010年下降9.02个百分点，第三产业占比由2010年的27.05%上升到35.17%。

3. 创新创业效应凸显，促进转型升级步伐加快

京津冀三地认真落实“大众创业、万众创新”“互联网+”和“中国制造2025”等政策举措，为民营经济创新发展创造良好环境和条件。2016年，北京市民营企业科技投入和产出持续增加，在民营企业密集的中关村，开展科技活动的规模以上高新技术企业占比高达73.2%，企业研发经费支出、发明专利申请量、新产品销售和技术收入都呈较快增长态势；北京民营上市文化创意企业占比超过八成，挂牌企业中民营企业占比超过95%，民营企业成为文化产业主力军，文化创意产业整体实力不断增强；2016年，北京新设企业22.2万家，增长9.4%。其中，文化、科技类新设企业合计占比接近一半，分别增长27.7%和23.2%，创业“高精尖”态势越发明显；战略性新兴产业、互联网金融等新经济实现增加值8 132.4亿元，比上年增长10.1%，占全市地区生产总值的比重为32.7%，新经济成为经济增长新动能。天津市积极落实支持各类人员创业政策，发放创业担保贷款，加强创业载体和服务体系建设，截至2016年，认定众创空间累计达139个，支持小微企业创业创新示范基地项目累计达114个。同时，通过实施推进百户民营企业集团发展壮大行动、创新驱动发展战略、民企品牌培育行动，推动民营企业做优做强做大、转型升级和创新发展。民营科技型企业过去一年新增1.38万家，累计达8.3万家，占全市科技型企业的95%，民营高新技术企业达到2 971家，占全市的91%。河北省大力支持重点产业集群集聚发展、提升发展、智慧发展，累计确定51个河北省中小企业示范产业集群，开展智慧集群试点工作，加快培育产业集群区域品牌，创建特色产业名县名镇，强力推动县域经济稳定较快增长。全省县域287个重点产业集群（年营业收入5亿元以上）直接带动企业17.1万家，吸纳从业人员385万人，完成增加值5 304.7亿元，占县域GDP和民营经济比重分别为27.2%和36.5%；上缴税金393亿元，占县域财政收入和民营经济比重分别为22.4%和31.8%。121个县（市）中，84个民营经济增加值占本地GDP比重超过70%。

4. 积极履行社会责任，助力社会和谐健康发展

京津冀民营企业在实现自身发展壮大的同时，积极履行社会责任，在吸纳就业、上缴税收、参与扶贫等方面贡献了重要力量。北京市民营企业从业

人员1 046.74万人，同比增长9.98%，上缴税金1 192.19亿元，同比增长31%；天津市民营企业从业人员413.09万人，上缴税金1 322.22亿元，同比增长18.73%，占全市的43.96%，同比提高0.71个百分点；河北省民营企业从业人员2 181.1万人，同比增长2.3%，上缴税金2 666.2亿元，同比增长10.7%，占全部财政收入比重61%，比上年提高1.5个百分点。京津冀广大民营企业积极投身光彩事业和公益慈善事业，参与“万企帮万村”精准扶贫行动，积极构建和谐劳动关系，主动参与生态文明建设，推动京津冀地区生态环境质量改善。

5. 区域合作和走出去步伐加快，有力促进重大国家战略实施

京津冀民营企业积极开展区域合作，主动服务京津冀协同发展战略。据统计，2016年，北京企业在津冀两地投资认缴额分别增长26%和100%；天津引进京冀投资项目2 701个，投资额1 994.09亿元；河北在2013年至2016年，引进京津资金11 041亿元，占全省同期引进省外资金的一半以上。同时，京津冀民营企业加快“走出去”步伐，投身“一带一路”建设，2016年实现外贸出口总额467.4亿美元。其中北京市民营企业实现进出口逆势增长，完成进出口257.5亿美元，同比增长3.1%，高于全市平均水平14.9个百分点。天津市民营企业实现外贸出口总额113.82亿美元，同比提高2.45%，占全市的25.7%，同比提高3.99个百分点，河北省民营企业实现外贸出口总额261.9亿美元。

二、京津冀民营经济发展不足及原因分析

尽管京津冀民营经济发展取得了一定成绩，但与先进地区相比，还存在一些不足。一是整体实力还不够强。京津冀民营经济市场主体数量、增加值、注册资本金近几年都有所增长，但与民营经济发达地区比还不够强。例如，2016年广东省、江苏省民营经济实现增加值分别为42 578.76亿元、41 999.58亿元，高于京津冀总和。二是质量效益还不够高。京津冀多数民营企业从事传统产业和劳动密集型产业，处于产业链、价值链低端，品牌影响力大、竞争实力强的知名民企和科技型领军企业偏少。2016年中国民营企业500强京津冀只有43家，与浙江省134家相比还存在不小差距。三是创新活力不足。一些民营企业家存在小富即安、小富即满思想，缺乏企业家拼搏奋进精

神，创新意识不强，多数民营企业自主创新能力较弱，产品竞争力不强，仅有少数企业拥有专利、软件著作权或专有技术等自主知识产权。全社会创新创业氛围不浓，打工的多、创业的少，保守求稳的多、敢闯敢试的少。四是企业管理水平较低。表现在产权不够清晰，职业经理人市场发育不健全；利用资本市场融资能力不强；经营管理模式较为陈旧，多数民营企业热衷家族式管理，经营管理仍较为简单粗放。

造成京津冀民营经济发展不足的原因主要有：

（一）思想解放不够、观念落后

受历史因素影响，一直以来京津冀国有企业和外资企业所占比重较大，存有“官大商小、官重商轻”“重大轻小”观念，多年来，对民营经济的认识存在偏差、观念落后守旧。一是有的领导干部对发展民营经济重视还不够，没有把发展民营经济工作摆到重要位置；二是有的民营企业家存在小富即满、大富不安的观念，满足于够吃够喝，怕风险，怕麻烦，不想做大做强；三是社会还存在歧视民营企业现象，比如有的年轻人不愿到民营企业，担心不稳定等。

（二）“三座大山”阻碍发展

1. *市场的冰山难消除*。虽然近年来京津冀三地党委政府在降低市场准入方面出台一系列政策文件，市场准入逐步放宽，但民营企业进入交通、电信、金融、电力、市政设施等行业门槛仍然较高，民间投资中“玻璃门”“弹簧门”“旋转门”等“隐形门槛”和“身份歧视”问题仍然存在，导致民间投资活力下降。北京市2016年民间投资2 766亿元，同比下降5.6%，民间投资增速首次大幅度下滑；天津市民间投资同比增长7.6%，比2015年降低4.9个百分点；河北省民营企业固定资产投资增幅由上年10.6%下降到7.4%，占全社会固定资产投资比重59.2%，比上年下降0.2个百分点。

2. *融资的高山难转移*。“缺钱”是民营企业“老大难”问题，特别是面对经济下行压力，民营企业市场需求不足，经营环境恶化，融资难问题愈加凸显。根据北京市工商联调查，中小企业融资难主要是融资成本高昂和融资渠道缺乏。一方面，民营中小企业一般规模小，信用等级低，抵押物少。另一方面，国有银行融资手续太烦琐，放贷周期太短。同时，银行为加大风险防控力度，对“高限”行业企业采取抽贷、压贷措施，部分续贷承诺不兑现，致使涉及企业资金无法筹措。2016年河北省民营企业固定资产投资中自有资金占比高达74%，而从金融机构贷款的比重不到12%。

3. 转型的火山难跨越。从企业内部看，民营企业普遍规模偏小、实力较弱、信用水平偏低，很难满足高端人才的薪资和福利待遇，导致人才匮乏，缺少先进的管理人才和经验，内部管理体制转型难。从企业对外转型升级看，一方面，民营企业自主创新能力普遍较弱，产品竞争力不强，仅有少数企业拥有专利、软件著作权或专有技术等自主知识产权。另一方面很多民营企业对转型的市场前景把握不准，应对市场风险的能力较弱。根据北京市工商联调查，接近三分之二的被调查企业认为当前转型升级面临的主要困难是市场风险较大。

（三）税费、用工成本等负担较重

一是税费负担重影响民营企业发展。税费占利润比例过高，多数传统产业企业税费年均增长速度高于利润增长，企业盈利空间逐年下降。而税费优惠因手续复杂、知晓率低使效应大打折扣。比如，天津企业反映，社保基数每年调增幅度过大，负担逐年增长，感到申请各级财政补贴需要耗费较多的人力、物力，有的需要请中介机构，增加了企业负担，减少了补贴效率。二是用工成本上涨过快。河北省近三年民营经济劳动者报酬年均增长10%，分别高出营业收入和利润总额5.3个和6.1个百分点。据调查，2016年河北工业企业一般工人工资普遍上涨20%左右，部分行业高级技工工资成倍上浮，压缩企业盈利空间。三是企业生产经营的交通运输、包装和配套服务等中间费用呈现较快增长。据调查，这些中间费用年均增长在15%左右，远远超过了企业利润上涨速度，占中小企业经营支出比重提升较大，部分重点企业服务费用支出占到了运营成本的25%以上，加重了企业经营困难。

（四）营商环境有待优化

从政策环境看，政策传递不顺畅、落实不到位，企业缺乏获得感。比如，有的部门在管理服务上存在“上热下冷”，使政策执行力度和实施效果大打折扣；一些政策措施缺乏协同性、配套性、可操作性，难以实际执行。从政务环境看，办事效率、服务水平不够高。比如，个别部门重审批轻服务，有的仍然存在“门好进、脸难看、事难办”和不担当、不作为、慢作为问题等。从法治环境看，执法越位、选择性执法等时有发生，企业缺乏公平感。河北省调查显示，过半数企业认为涉企检查不公开不透明，选择性执法等问题突出，三分之一的企业反映多头或重复检查多，以罚代管、重罚款轻监管。从信用环境看，存有招商引资失信问题，社会诚信体系不健全，企业缺乏安全感。企业反映有的地方领导变动后，“新官不理旧事”，原有招商引资政策优惠不兑现；信用评价应用体系没有建立，在民营企业急需的融资、投资和开拓市场等方面，不能满足需求。

三、京津冀民营经济发展趋势展望

当前，国内外经济形势错综复杂，影响发展的不确定不稳定因素很多，受此影响，民营经济发展面临一定风险和挑战，在未来的一段时间，制约和困扰京津冀民营经济发展的问题仍不容忽视，但随着新发展理念的贯彻落实和供给侧结构性改革深入推进，这些问题将得到改善。从整体来看，京津冀民营经济面临蓬勃发展的大好时机，将迎来新的发展机遇。

一是以习近平同志为核心的党中央始终坚持“两个毫不动摇”，为京津冀民营经济发展营造良好环境。习近平总书记在2016年参加全国政协十二届四次会议民建、工商联界联组会上发表重要讲话，重申“两个毫不动摇”，提出“三个没有变”，为民营企业家解除了思想顾虑，进一步激活民营经济发展的动力，为新时期民营经济健康发展指明了前进方向，提供了根本遵循。京津冀三地党委政府深入贯彻落实总书记的重要讲话精神，未来推动民营经济发展力度会继续加大。比如，北京市聚焦民营经济发展面临的“三座大山”及政策“最后一公里”难打通问题，围绕首都“四个中心”战略定位，努力营造良好的民营经济发展环境；天津市实施新一轮民营经济发展行动计划，将大力推进民营经济发展作为经济工作的重头戏，召开民营经济发展工作会议，出台《关于大力推进民营经济发展的意见》；河北省聚焦营商环境的“痛点”“堵点”和“难点”问题，加强部门联合协作，营造亲商、重商、安商、扶商良好氛围。

二是京津冀协同发展等重大国家战略扎实推进以及雄安新区规划建设，

为京津冀民营经济发展提供有利契机。当前，京津冀发展处于重要的历史时期，多重机遇叠加，市场空间广阔，发展潜力巨大，京津冀民营经济发展面临难得机遇，特别是2017年党中央、国务院决定设立河北雄安新区，对于集中疏解北京非首都功能，探索人口经济密集地区优化开发新模式，调整优化京津冀城市布局和空间结构，培育创新驱动发展新引擎，具有重大现实意义和深远历史意义。未来，京津冀三地中小企业、民营经济、合作交流等工作主管部门将深化交流合作，为民营企业搭建发展平台，三地产业转移对接、京津集中优势资源支持雄安新区建设为民营企业提供更大发展空间。

三是强化实施创新驱动发展战略，为京津冀民营经济发展注入强劲动力。2017年7月，国务院印发《关于强化实施创新驱动发展战略进一步推进大众创业万众创新深入发展的意见》，提出加快科技成果转化、拓展企业融资渠道、促进实体经济转型升级、完善人才流动激励机制、创新政府管理方式五个领域的政策措施。随着创新驱动发展战略强化实施，京津冀三地将深入落实鼓励企业技术创新各项政策，加强对中小企业技术创新支持力度，加大培养勇于创新、善于创新的企业家和高技能人才，有利于民营企业进一步提升发展质量效益，适应新常态、引领新常态，实现可持续发展。

四是全面从严治党，为京津冀民营经济发展提供坚强保证。党的十八大以来，以习近平同志为核心的党中央把全面从严治党提到“四个全面”战略布局高度，集中整饬党风，严厉惩治腐败，净化党内政治生态，为谱写党和国家事业新篇章提供了重要保证。京津冀三地党委政府认真落实全面从严治党决策部署，强化监督执纪问责，特别把落实民营经济政策、服务民营企业发展情况作为重要内容，不断加强党对民营经济工作的领导，为民营经济发展提供了更加坚强的政治保证。

四、进一步加快京津冀民营经济发展的建议

（一）解放思想、更新理念，不断提高民营经济发展工作摆位

推动民营经济发展，必须抓住解放思想这个根本。要充分认识民营经济是社会主义市场经济的重要组成部分，是经济社会发展的重要基础，充分认识民营经济在推动经济发展、增加财政收入、扩大社会就业等方面的积极作

用。牢固树立和落实新发展理念，消除对民营经济的各种歧视和偏见，弘扬敢闯敢试、爱拼会赢的创业精神，支持更多的人和更多的企业创业。要从讲政治的高度，把加快民营经济发展摆在更加突出的位置，定期组织召开民营经济发展大会，总结成绩和不足，统一思想，明确目标，完善措施。要加强党对民营经济工作的领导，建立完善领导体制和工作机制，确保民营经济各项政策落实到位。

（二）拓宽渠道、完善体系，大力增强金融支持民营经济发展力度

深入贯彻落实全国金融工作会议精神，发挥市场在金融资源配置中的决定性作用，将金融资源配置向民营企业倾斜。要积极稳妥发展面向小微民营企业金融机构，支持银行机构开发针对小微企业的金融产品，努力推进金融服务创新，鼓励金融机构利用互联网等科技力量，增加金融供给，促进市场竞争。要创新融资方式，鼓励民营企业股改上市挂牌融资，对完成股改、新三板挂牌、在境内外资本市场上市的企业给予资金扶持和奖励。积极推进民企融资平台建设，化解银企信息不对称问题，完善差异化信贷和续贷政策，规范清理金融机构信贷资金“通道”和“过桥”环节，降低中小微企业信贷融资成本。

（三）深化改革、简政放权，切实减轻民营企业负担

要进一步加大“放管服”改革力度。一是在审批上做“减法”。继续精简审批事项，专门设立民营企业服务窗口，优化审批流程，全面推进行政许可网上审批，提高审批效率，完善投资项目联合审批，推行非主审要件容缺后补机制，为民营企业开通审批流程绿色通道。二是在监管上做“加法”。强化事中事后监管，推进市场主体信用公示系统与审批平台和执法监督平台对接，健全失信企业跨部门联合惩戒机制。规范政府部门执法行为，加强行政执法监督，推行行政执法公示、执法全过程记录、重大执法决定法制审核制度。三是在服务上做“乘法”。按照非禁即入、非禁即准的原则，进一步放宽民间投资领域，支持民间资本进入清单以外的行业和领域。加强政府采购支持，逐步提高民企产品和服务比重。严格依法保护民营经济市场主体的物权、债权、股权、知识产权和各种新型财产权益。

（四）落实政策、改善服务，积极营造民营经济发展良好环境

扶持民营企业成长，关键要营造良好发展环境。一方面，要抓好政策落实，创造有利于企业发展的政策环境。全面落实中央和京津冀地区民营经济政策，对出台的涉及民营经济发展的政策措施进行梳理，按照“要管用、能落地”标准，进行完善、修订、补充。要广泛开展政策宣传，利用“互联网+政务服务”模式，构建企业政策服务平台，积极开展政策宣讲活动，帮助民营企业用对用好用足便企政策。另一方面，要积极构建“亲”“清”政商关系，创造有利于企业发展的政务环境。建立党政干部容错免责机制，保护敢做敢为、勇于担当的干部。建立各级党政领导干部联系和服务民营企业、与民营企业家交友制度。定期组织召开民营企业家座谈会，及时了解并切实帮助解决企业生产经营中的问题和困难。

编委：苑庆彬　王报换　马　强

课题组负责人：苑庆彬

课题组成员：（排名不分先后）

杨　雨　高振中　倪建学　侯力永

刘亚娟　朱效荣　李金舟　王新春

柴　彬　张一鸣　唐　宁　赵　星

李明辉　畅彦周　刘思绮

2016-2017年长三角地区民营经济发展报告

上海市工商联、江苏省工商联、浙江省工商联

（2017年9月）

摘要：2016年，长三角三地党委政府在党中央、国务院坚强领导下，主动作为，积极引导广大民营企业主动适应经济发展新常态，着力推进供给侧结构性改革，民营经济保持平稳较快发展势头。

2016年，长三角地区民营经济实现增加值79 314.25亿元，同比增长7.74%，其中浙江、江苏民营经济均已超过半壁江山。企业综合实力和规模不断壮大，2017年度全国民营企业500强中，长三角占215席，占比43%。民间投资增速放缓，但对税收和就业贡献依然不减。

2016年，长三角地区民营经济还面临着企业税费负担仍比较重，民间投资增长乏力，融资难仍未有效缓解，转型升级比较艰难，市场准入有待放宽等一些挑战。为进一步促进民营经济健康发展，我们从减轻税费负担、优化金融服务、完善科创体系、推进智能制造、推进开放发展等方面，提出促进民营经济转型升级的五条对策建议。

关键词：长三角　民营经济　发展成就　存在问题　对策建议

2016年，面对错综复杂的外部发展环境，长三角地区认真贯彻落实党中央和国务院各项决策部署，坚持稳中求进工作总基调，积极推进供给侧结构性改革，自觉践行发展新理念，主动适应引领发展新常态，持续推进大众创业、万众创新，民营经济呈现提质增效、稳中向好的态势，为地区经济社会发展做出重要贡献。

一、2016年长三角民营经济发展总体概况

（一）发展稳健，经济总量持续增加

2016年，长三角地区民营经济发展较为平稳，总量稳步提升。全年实现经济增加值79 314.25亿元，占三地生产总值的52.86%，同比上年增长7.74%。其中，上海实现民营经济增加值7 314.25亿元，同比增长6.1%，民营经济增加值在全市生产总值中的比重为26.6%。江苏省民营经济完成增加值4.2万亿元，同比增长8.1%，高于全省GDP增幅0.3个百分点，对全省GDP增长的贡献率达55.2%。浙江民营经济创造了3万亿元的增加值，占全省GDP比重为65%，同比增长7.65%。

（二）实力增强，企业规模不断扩大

目前，长三角地区民营经济发展已经逐步由过去分散粗放型经营，走向规模化集约式发展，规模实力不断增强。至2016年年末，长三角私营企业共计525万户，比上年增加80万户，同比增长17.98%。其中，上海私营企业共计149.51万户，同比增长11.74%，注册资本10.03万亿元，同比增长43.2%。江苏省私营企业共计222.9万户，同比增长22.39%，位居全国第二；私营企业注册资本总额达9.8万亿元，同比增长34.4%，注册资本总额位列全国第三。浙江民营经济市场主体528.6万户，其中私营企业152.6万户，同比增长18%，每千人拥有民营企业28家；个体户353万户，同比增长10.5%。2017年全国工商联公布的民营企业500强榜单，长三角占215席，占全国40%以上。

（三）投资趋稳，增速有所回落

2016年，长三角地区民营经济完成投资52 114.38亿元，同比增长4.82%。其中，上海民营企业完成固定资产投资1 673.38亿元，同比增速由上年下降5.4%转为增长4.0%，占全社会固定资产投资比重24.8%。江苏完成民间投资3.4万亿元，同比增长6.8%，占全部投资的比重为69.3%。浙江民间投资16 441亿元，同比增长2.1%，占全省固定资产投资总额的55.6%。

（四）外向发展，对外贸易成效显著

经过多年的发展实践，长三角民营经济在扩大进出口规模、积极利用外资、“走出去”等方面，都取得了优异的成绩。2016年，三地民营企业总计

实现进出口总额4 575.34亿美元。其中，上海民营企业进出口总额782.54亿美元，占全市进出口总额的18.02%；进口额410.21亿美元，增长11.6%；出口额372.33亿美元，同比增长0.2%。江苏民营企业实现进出口总额1 412.8亿美元，同比下降13.85%，占全省进出口总额的27.74%；出口总额1 039.7亿美元，同比下降8.1%，占全省出口总额的32.6%；进口总额373.1亿美元，同比下降21.8%，占全省进口总额的19.6%。浙江民营企业进出口总额2 380亿美元，同比增长0.21%，占全省进出口总额比重为70.7%；民营企业出口2 028亿美元，同比增长0.27%，占全省出口的76%；进口352亿美元，与上年持平。

（五）贡献突出，引擎作用日益增强

随着民营经济总量占比越来越高，对全省经济社会发展的贡献越来越大，已成为推动地方经济增长的新引擎。2016年，长三角民营经济实现税收15 828.6亿元，同比增长5.9%。其中，上海市民营经济完成税收收入3 840.6亿元，较上年增长44.1%，增速较上年增加28个百分点，快于全市平均水平29个百分点，税收收入占全市比重33.8%。江苏民营经济上缴税金6 921亿元，同比增长4%，占全省税务部门直接征收总额的58.4%，占比同比提高1.3个百分点。浙江民营经济创造税收5 666亿元，占全省国地税征收额的65.3%。

江苏全省私营企业和个体工商户登记的从业人数达到3 114万人，比2015年年底增长11.6%。其中，私营企业从业人数达到2 312万人，比2015年年底增长10.5%；个体工商户从业人数达到802万人，比2015年年底增长14.9%。浙江民营经济就业人员3 017万人，占全省就业人员80.2%，其中私营企业从业人员1 678.16万人。

二、2016年长三角民营经济发展特点

2016年，在各地党委政府正确引导下，广大民营企业主动适应经济发展新常态，着力推进供给侧结构性改革，加快转变发展方式，在矛盾中破解难题，积极保持平稳较快发展势头。三地民营经济发展呈现各不相同的发展特色。

上海：三驾马车并驾齐驱，服务业引领发展，创新转型势头良好。

消费继续发挥“稳定器”作用，但增速有所放缓。全年实现限额以上商

品零售额2 341.37亿元 ，同比增长7.0%，增速较2015年回落6.8个百分点，且略低于全市社会消费品零售总额1.0个百分点。受房地产投资拉动，民营投资由降转增。全年，民营企业完成固定资产投资1 673.38亿元，同比增速由上年下降5.4%转为增长4.0%，但增速仍低于同期全市平均水平2.3个百分点。进出口企稳回升，表现优于全市。全年实现进出口总额5 464.77亿元 ,同比增长5.9%，增速快于全市平均3.2个百分点。其中，出口额增长0.2%，进口额增长11.6%，表现均优于全市平均水平。

服务业引领经济增长，比重高于全市。全年民营经济实现服务业增加值5 221.07亿元，同比增长8.6%，增速快于各产业平均水平2.5个百分点。服务业增加值占民营经济增加值的比重达71.4%，高于全市该项指标0.9个百分点。现代服务业积极开拓创新，质量、效益取得进一步提高。批发零售等主要传统服务业亦由降转增。工业生产同比微降，但企业效益明显改善。全年实现规模以上工业总产值4 681.53亿元，同比小幅下降0.5%，降速较2015年放缓1.4个百分点。同期全市规模以上工业总产值同比增长0.8%。民营工业总产值在全市工业的占比为15.1%，较2015年下降0.2个百分点。

目前，全市民营科技企业的数量占全部科技企业的比重超过九成，近半数的专利授权量由民营企业获得。2016年，全市紧紧围绕建设具有全球影响力的科技创新中心开展科技创新工作，着力增强科技创新能力，加快培育良好创新生态；民营企业也积极探索和实践着一条科技创新、转型升级之路，并取得了新的成效。民营企业坚持服务于国家“一带一路”战略，近年来已成为全市对外投资的主体，尤以海外并购为特点。

江苏：中小企业成长形势喜人，企业创业创新活跃，大企业充分发挥龙头作用。

江苏切实转变政府职能，完善服务体系，助力中小微企业发展。加强省、市、县（区）三级中小企业服务中心网络建设。全省各级中小企业服务中心开展专项服务活动900多场次，带动各类社会服务资源，服务企业超20万家次。培育一批星级中小企业公共服务平台。全省累计培育省级中小企业公共服务星级平台485家，创建国家级中小企业公共服务示范平台28家，整合带动3 000多家服务机构面向小微企业开展各类服务。推进中小企业公共服务联盟建设。全省80%设区市、60%县（市）建立了中小企业服务联盟。加强中小企业公共服务平台网络建设。已建成1个全省枢纽平台、31个市县综合窗口平台和29家产业集群区窗口平台，整合服务机构1 800多家，服务项目达3 300多个。强化人才支撑服务。通过系列举措，全省中小微企业快速发展，景气指数为106.9，处于绿灯区，较去年有所提升。

江苏不断扩大准入领域，从放宽从业人员标准、放宽企业经营范围限制、放宽登记要求等方面拓展民营经济发展空间，提供办事绿色通道。鼓励和推动民间资本进入国防工业领域、融资性担保行业和信息基础设施行业。抓好专精特新小巨人企业培育认定，培育单项冠军，实施“互联网+小微企业”行动，开展信息化软件免费送活动，建设一批小企业创业载体，举办全省中小企业创业创新大赛等，进一步激发了民营企业创业创新的活力，推动民营企业不断从传统产业走向新兴产业，从制造业走向服务业，从产业低端向产业中高端延伸。

江苏组织实施“企业制造装备升级”和“企业互联网化提升”两大计划，引导和支持骨干民营企业继续壮大规模优势、创新优势、品牌优势和竞争优势，加快实现创新转型发展，成为全省民营经济发展排头兵，发挥示范引领作用。营收总额超千亿元的企业达6家，超500亿元的有12家。全省百强民企营业全年实现营业收入30 221亿元，同比增长10.5%，户均实现营业收入302亿元，比上年提高29亿元。其中，年营业收入百亿元以上的民营企业有94家。百强民企全年实现利润总额1010亿元，其中42家企业利润总额超过10亿元。截至2015年年末，百强民企拥有资产总额22 866亿元，户均资产规模达到229亿元，百强民企中资产规模超百亿元的有61家、50亿元～100亿元的有16家。

浙江：传统产业转型升级步伐加快，“三新经济”蓬勃发展，开放发展取得新进展。

广大民营企业按照供给侧结构性改革要求，大力推进三去一降工作。去产能方面，全省淘汰改造2 527家企业落后产能，整治3.5万多家脏乱差小作坊，处置“僵尸企业”555家。去库存方面，规模以上工业企业产成品存货3 312亿元，占全国的比重由上年的8.5%回落到8.3%，产成品存货比上年末增长

1.7%，增速低于全国1.5个百分点。去杠杆方面，规模以上工业企业资产负债率为55.4%，低于全国平均水平0.4个百分点，比上年年末下降1.8个百分点。降成本方面，省政府制定实施《企业减负三年行动计划》和50条减负举措，直接为企业减负1 010亿。

以新产业、新业态、新模式为特点的民营经济发展迅猛。新产业加快增长。八大产业中，信息经济核心产业、高端装备、健康产业制造业增加值增长较快，全年信息经济核心产业增加值比上年增长12%以上，旅游业增加值增长10.6%。新业态蓬勃发展。网络消费快速增长，2016年，网络零售额突破万亿，达10 307亿元，比上年增长35.4%；省内居民网络消费5 252亿元，增长30.9%。限额以上批零业通过公共网络实现的商品零售额增长58.3%。跨境电商零售出口320亿元，增长41.6%。网络销售带动了信息消费和快递业务快速增长。服务贸易增长较快，全年服务贸易进出口额3 173亿元，增长15.2%，其中出口增长17%，服务贸易总额占外贸总额的12.5%左右，比上年提高约1.2个百分点。新模式不断涌现。基于大数据、云计算、物联网的服务应用和创业创新日益活跃，创意设计、网络约车、在线医疗、远程教育、网上银行等新型服务模式对居民生活带来便利，进一步拓展了消费领域。

并购重组活跃，全年一共并购重组375起，金额1 616亿元。货物出口增长较快。2016年货物出口17 666亿元，比上年增长3.0%，增速高于全国平均水平4.9个百分点，出口增速连续四年居沿海主要省市之首。出口产品结构升级优化，机电、高新技术产品出口高于平均水平。对“一带一路”沿线国家出口快速增长，合计出口1 506亿元，增长18.6%。境外直接投资快速增长。2016年，经备案、核准的境外企业和机构共计803家，境外直接投资备案额1 172亿元，比上年增长29.0%。

三、长三角民营经济发展挑战与展望

2016年，国际环境复杂多变，世界经济疲弱复苏，国际市场波动再度加剧，发达经济体增长势头有所减弱，新兴市场经济体和低收入国家继续面临增长阻力。国内经济增速换挡、结构调整阵痛、新旧动能转换衔接不畅的深层次矛盾相互交织且日益凸显，经济平稳运行的基础还不稳固。

2016年，长三角地区民营企业还遇到一些挑战。尽管三地党委政府按照中央降成本的工作部署，进一步加大减负力度，但减负工作与企业期待还有较大差距。民营企业融资难问题仍未缓解，特别是小微企业融资问题更为突出。不少民营企业既想通过转型升级提升自己，又怕转型升级拖垮自己，一些企业在转与不转的两难选择中备受煎熬。目前对民营企业市场准入的限制仍然较多，政策执行中的“玻璃门”“弹簧门”“旋转门”现象大量存在，民营经济信心不足和有市难入交织在一起，导致民间投资增速放缓。为进一步促进长三角民营经济健康发展，我们提出如下建议：

（一）进一步大力减税降费，减轻企业负担

一要建立减负长效机制。制定“涉企税费目录清单”，清单之外的涉企收费一律不得执行；加强日常监督检查力度，查处各种侵害企业合法权益的违规行为。推进“费改税”改革。二要深化税收制度改革。加快研究推行直接税为主的税制改革，加大财产保有环节的税收，减轻企业生产流转环节的税收负担，适时研究降低企业综合税率。三要合理调整社保缴费水平。一方面，在不影响参保人员待遇水平的情况下，适当降低企业和职工当期缴费水平，激发企业用工意愿。另一方面，加强监管，对故意不缴、少缴的企业加大惩罚力度。同时，探索建立初创期小微企业社会保险缓（补）缴实施办法，允许其在经营困难期间免缴或缓缴各类社保费用。

（二）进一步优化金融服务，缓解融资难问题

一要加大现有金融机构对民营经济的扶持力度，鼓励银行进一步降低利率、增加授信额度。大力培育天使投资、风险投资等机构，完善风险投资的制度，引导市场资金进入创新创业领域。二要鼓励银行通过债转股方式，与企业风险共担，及时化解和处置不良贷款，增强企业发展后劲。通过产融结合，推动企业转型升级。三要建立若干金融创新中心，促进民营经济转型升级。上海市继续发挥金融中心的引领作用，江苏和浙江要布局若干金融中心，吸引全球创投公司、基金小镇、资产管理中心、股权交易中心等入驻本省，为实体经济转型发展提供强大资金保障。

（三）进一步推进智能制造，加快转型升级

要将智能制造作为传统行业民营企业转型升级的主攻方向。一要加快推进行业龙头企业示范引领。通过土地、金融、税收等优惠政策，鼓励具有技术基础、市场效益好、经济实力强的行业龙头企业开展智能制造示范点建设，发挥示范引领作用。二要推动企业上市融资。一方面，在行业龙头企业智能化改造项目成功后，鼓励通过股市增发募集资本，投入研究开发，进一步提升智能制造水平。另一方面，要积极支持具备条件的企业上市融资，增强企业发展实力，将股市募集的资金用于智能化改造项目，促进传统产业转型升级。三要引导龙头企业开展行业内兼并重组，以其智能化改造经验带动行业企业转型升级，鼓励行业内优势中小企业为龙头企业提供配套生产服务。

（四）进一步完善科创体系，推进创新驱动发展

一要健全公共技术服务体系。提升公共技术研发服务平台功能，依托国家技术转移东部中心、众创空间联盟等，加快建立多元化、多层次、网络化的综合创新创业服务体系。瞄准主导产业，培育一批具有行业主导力和产业控制力的技术创新服务平台；依托转制科研院所、企业研发机构等，建立新型研发机构；重点培育一批推动科技与产业对接的高层次、市场化的科技中介服务机构和平台，为民营企业提供知识产权管理，成果转化等专业化的精准服务。二要推进制造业创新中心建设。在产业集群和重点行业内，加快推进省级制造业创新中心，并在此基础上，对照国家创建条件，争创若干家国家级制造业创新中心，为民营经济转型升级提供关键共性技术和前沿技术的强大支撑。三要支持创办国际水平科技创新小镇。鼓励支持民营企业牵头创办各类科技创新小镇，把全球顶尖的创新技术吸引过来，进行产业化研发，最后完成产品或者服务的转化，开创“全球技术—中国创新”的产业链新模式。

（五）进一步推进开放发展，提升国际化水平

以推进“一带一路”倡议为统领，引导企业实施开放发展。一要更大规模“走出去”。支持建设境外合作园区。总结推广目前在国外建立工业区的成功经验，帮助民营企业抱团出海、全方位“走出去”。二要更高层次“引进来”。鼓励民营企业走出国门，通过兼并重组、收购等，将世界产业链高端的设计、工艺流程、研发团队等“引进来”。三要加强业务培训和教育引导，引导民营企业有序走出去。注重发挥驻外使领馆和涉外智库在为民企“走出去”培训中的独特作用。

编委：徐惠明　周　洁　黄正强

课题组负责人：黄正强

课题组成员（排名不分先后）：张　捍　高寿凯　景柏春
韩　莹　李卓霖　王新喜

2016年中部六省民营经济发展报告

一、中部六省民营经济发展状况

2016年，中部地区党委、政府深入学习贯彻习近平总书记系列重要讲话精神和治国理政新理念新思想新战略，深入学习贯彻习近平总书记3月4日重要讲话精神，坚持“两个毫不动摇、三个没有变”，推动构建“亲”“清”新型政商关系，深化供给侧结构性改革，大力促进民营经济发展。中部地区民营经济面对经济下行压力、成本居高不下、民间投资下滑等诸多困难和考验，克难奋进，展示出强劲生机与活力，呈现出稳中有进，稳中向好的良好态势，为地方经济增长、增加税收、扩大就业和推进共同富裕贡献了积极力量。

（一）民营经济总量稳步提升

2016年，中部六省民营经济发展平稳，总量稳步提升。全年民营经济增加值达到97 225.4亿元，比上年增加7 342.9亿元；同比增长8.2%，增速比上年提高了1.9个百分点；占中部地区GDP的比重达到61.0%，比上年下降0.1个百分点。其中，河南省民营经济完成增加值最多、在本地区GDP中所占比重最高，湖北省增速最快。安徽、江西、湖南民营经济增加值增速出现不同程度下滑。在困难形势下，民营经济发挥了快速适应市场、灵活机动的特点，发展趋好，但是回暖的基础还不够牢固。

表1　2016年中部地区民营经济增加情况

单位：亿元、%

分类 地区	本地区GDP总额	民营经济增加值情况		
		总额	同比	占本地区GDP比重
山西	12 928.3	6 231.1	4.4	48.2
安徽	24 117.9	13 907.5	9.4	57.7
江西	18 364.4	10 745.3	9.6	58.5
河南	40 160.0	29 799.9	8.0	74.2

续表

地区＼分类	本地区GDP总额	民营经济增加值情况		
		总额	同比	占本地区GDP比重
湖北	32 298.0	17 801.7	9.8	55.1
湖南	31 551.4	18 739.9	8.7	59.4
合计	159 420.0	97 225.4	8.2	61.0

（二）民间投资增速放缓

2016年，中部六省民间投资总额达到107 865.9亿元；占全国民间投资的29.5%，只有东部地区民间投资的65.5%；同比增长5.9%，比上年降低9.6个百分点，比全国高2.7个百分点，比东部地区低0.9个百分点；民间投资占中部地区固定资产投资的68.8%，比上年下降3.8个百分点，比全国平均占比高7.6个百分点。其中，河南省民间投资总额最多，占本地区固定资产投资比例最高；江西省增速最快。值得注意的是，中部六省民间投资增速首次出现断崖式下滑，均跌破两位数增长，处于近年来的最低水平，除山西外，其余五省民间投资增速均低于同期本地区固定资产投资增速，占本地区固定资产投资比重较上年均有所减少。民间投资不提速，中部地区固定资产投资难以保持中高速增长（见表2）。

表2　2016年中部地区民间投资情况

单位：亿元、%

地区＼分类	固定资产投资总额（不含农户）	民间投资		
		总额	同比	占本地区固定资产投资比重
山西	13 859.4	9 024.1	7.4	65.1
安徽	26 577.4	18 375.4	6.5	69.1
江西	19 378.7	13 830.2	9.8	71.4
河南	39 753.9	31 414.7	5.9	79.0
湖北	29 503.9	18 840.2	2.5	63.9
湖南	27 688.5	16 381.3	3.8	59.2
合计	156 761.8	107 865.9	5.9	68.8

（三）民营经济吸纳就业仍然较强

2016年，中部六省民营经济为当地安置就业做出了很大贡献，有效地缓解了社会就业压力，为保稳定、保民生发挥了重要作用。个体工商户和私营企业合计从业人员5 983.2万人，比上年增加113.8万人，同比增长1.9%，增速比上年降低14.8个百分点。其中，私营企业吸纳就业2 748.5万人，比上年减少78.1万人，同比减少2.8%；个体工商户吸纳就业3 234.7万人，比上年增加191.9万人，同比增长6.3%。私营企业中，湖南省从业人数比2015年减少了265.1万人，同比降低55.2%，河南省增速最快，湖北从业人数最多。个体工商户中，湖北省从业人员最多，但较上年略有减少，河南省增速最快，湖南省增速比上年度提高了13个百分点（见表3）。

表3　中部地区2016年民营经济吸纳就业情况

单位：万人、%

指标 地区	私营企业		个体工商户	
	从业人员	同比	从业人员	同比
山西	306.0	5.6	247.4	16.4
安徽	496.7	15.7	559.5	14.1
江西	490.9	6.9	407.7	0.5
河南	529.4	16.7	645.4	19.2
湖北	620.8	9.0	944.4	–1.6
湖南	304.7	–55.2	430.3	12.4
合计	2 748.5	–2.8	3 234.7	6.3

（四）民营经济市场主体数量快速增长

2016年，中部六省实有个体私营企业1 763.8万户，比上年增加168.8万户，占全国个体私营企业总数的21.4%，占全国市场主体总数的20.3%，同比增长10.6%。其中，实有私营企业总数达384.9万户，比上年增加69.6万户，占全国私营企业总户数的16.7%，同比增长22.1%，高于全国私营企业增速1.1个百分点；私营企业注册资本金202 130.7亿元，比上年增加59 438.7亿元，占全国注册资本的15.5%，同比增长41.7%，低于全国增长率2.4个百分点；户均注册资本525.2万元，同比增长16%，比上年增加72.6万元。实有个体工商户总数达1 378.9万户，比上年增加99.2万户，占全国个体工商户总数的23.3%，同比增长7.8%，低于全国平均增速1.9个百分点；资产总额11 685.1亿元，比上年增加1 904.4亿元，占全国注册资本的26.3%，同比增长19.5%，低于全国平均增长率0.5个百分点；户均资产总额8.5万元，同比增长11.8%，比上年增加0.9万元。其中，私营企业方面，河南省实有户数最多、增速最快、注册资本最高、户均注册资本金最高，安徽省注册资本增速最快。个体工商户方面，江西、湖北两省户数较上年有所降低，河南省实有户数最多、增速最快、资产总额最多，安徽省注册资产总额增速最快，江西省户均资产总额最高（见表4）。

表4 中部地区2016年个体私营经济发展情况

单位：万户、亿元、%

分类 地区	私营企业				个体工商户			
	户数	同比	注册资本	同比	户数	同比	资产总额	同比
山西	38.9	18.29	19 268.4	28.1	140.2	11.5	807.4	4.0
安徽	73.3	27.7	39 942.0	54.9	235.7	15.2	2 186.2	32.4
江西	48.0	18.6	23 410.1	40.4	165.6	–0.2	1 946.6	17.0
河南	90.9	28.9	51 662.0	38.7	307.4	17.5	2 436.9	26.0
湖北	81.2	15.3	38 286.1	47.4	304.9	–4.6	2 380.2	4.4
湖南	52.6	18.4	29 562.1	34.5	225.1	11.2	1 927.8	30.8
合计	384.9	22.1	202 130.7	41.7	1 378.9	7.8	11 685.1	19.5

（五）私营企业规模实力日益增强

2016年，中部六省私营企业规模不断扩大，涌现出一大批实力雄厚的大型企业，成为产业、行业的龙头和骨干。注册资本在100万～500万元的私营企业有1 132 072户，占本地区私营企业总数的29.4%，比上年增加269 704户，同比增长31.3%；注册资本在500万～1 000万元的私营企业有386 056户，占本地区私营企业总数的10.0%，比上年增加107 423户，同比增长38.6%；注册资本在1 000万元至1亿元的私营企业有389 562户，占本地区私营企业总数的10.1%，比上年增加91 523户，同比增长30.7%；注册资本在1亿元以上的私营企业有20 237户，占本地区私营企业总数的0.5%，比上年增加4 901户，同比增长32.0%（见表5）。

表5　2016年中部地区私营企业注册资本情况

单位：户、%

分类 地区	100万～500万元			500万～1 000万元			1 000万元至1亿元			1亿元以上		
	户数	同比增长	占本地区比重	户数	同比增长	占本地区比重	户数	同比增长	占本地区比重	户数	同比增长	占本地区比重
山西	140 562	23.6	36.1	52 810	50.7	13.57	46 257	15.3	11.9	2 430	14.0	0.6
安徽	201 575	27.6	27.5	57 907	25.7	7.9	60 839	29.3	8.3	4 105	32.2	0.5
江西	165 100	29.8	34.4	51 500	32.7	10.7	50 600	25.5	10.6	2 466	46.8	0.5
河南	315 287	37.5	34.7	125 001	37.9	13.7	136 190	32.9	15.0	5 535	33.8	0.6
湖北	124 921	34.3	15.4	42 115	42.2	5.2	30 746	32.1	3.8	2 122	25.5	0.3
湖南	184 627	30.10	35.1	56 723	38.1	10.78	64 930	30.0	12.3	3 579	27.5	0.7
合计	1 132 072	31.3	29.4	386 056	38.6	10.0	389 562	30.7	10.1	20 237	32.0	0.5

在2017年全国民营企业500强中，中部六省共有59家企业入围，占总数的11.8%，比上年增加4户。其中，中部六省上榜企业数量、排名均有所提高，湖北省上榜数量居中部第一。从上榜企业排名来看，59家上榜企业中仅1家进入全国前50强，为湖南省的新华联集团有限公司，排名第二的为湖南省的三一集团有限公司，全国排名55，排名第三的为江西省的正邦集团有限公司，全国排名60（见表6）。

表6　2017年中部地区进入全国民营企业500强情况

单位：户、名

分类 地区	进入全国民营企业500强情况		
	户数	同比增加户数	排名
山西	5	1	19
安徽	5	2	19
江西	7	1	15
河南	15	3	7
湖北	19	1	5
湖南	8	1	14
合计	59	9	—

（六）私营企业产业布局更加合理

2016年，中部六省三次产业结构进一步优化，三次产业私营企业数量结构由2015年的5.9∶20.3∶73.8转化为2016年的5.9∶19.3∶74.8，“三、二、一”产业格局更趋稳固。第三产业增长最快，从事第三产业的私营企业287.9万户，比上年增加55.1万户，同比增长23.7%；第一产业发展速度高于第二产业，从事第一产业的有22.9万户，比上年增加4.3万户，同比增长23.1%；从事第二产业的有74.2万户，比上年增加10.3万户，同比增长16.1%（见表7）。

表7　2016年中部地区私营企业产业分布情况

单位：万户、%

分类 / 地区	第一产业			第二产业			第三产业		
	户数	同比增长	比重	户数	同比增长	比重	户数	同比增长	比重
山西	2.2	17.4	5.6	6.4	11.9	16.4	30.4	19.9	77.9
安徽	4.7	31.8	6.4	15.5	12.3	21.2	53.1	32.6	72.4
江西	3.0	17.4	6.3	10.8	9.9	22.5	34.1	21.7	71.2
河南	5.4	29.6	5.9	16.2	26.6	17.8	69.3	29.5	76.3
湖北	4.4	12.8	5.4	15.8	15.3	19.5	61.0	15.3	75.1
湖南	3.2	34.0	6.0	9.5	14.8	18.0	40.0	18.2	76.0
合计	22.9	23.1	5.9	74.2	16.1	19.3	287.9	23.7	74.8

（七）民营企业对外贸易有所回落

2016年，中部六省民营企业累计实现外贸进出口额达6 681.4亿元人民币，比上年底减少150.2亿元，同比减少2.2%，低于全国平均增速4.4个百分点；占我国民营企业进出口总额的7.2%，占中部六省进出口总额的42.4%，比2015年年底下降了0.7个百分点（见表8）。其中，河南省、江西省民营企业进出口保持正增长，河南省增速最快，江西省民营企业进出口总额最高、占本地进口总额比例最大。

表8　2016年中部地区民营企业进出口情况

单位：亿元、%

地区＼分类	进出口总额		民营企业进出口情况		
	总额	同比	总额	同比	占进出口总额比例
山西	1 099.0	20.5	167.7	-8.8	15.3
安徽	2 933.8	-1.4	1 292.5	-7.5	44.1
江西	2 643.9	0.6	1 750.3	3.2	76.0
河南	4 714.7	2.6	1 035.1	7.7	22.0
湖北	2 600.1	-8.3	1 344.7	-8.5	51.7
湖南	1 782.2	-2.1	1 091.1	-1.9	61.2
合计	15 773.7	-0.5	6 681.4	-2.2	42.4

二、中部六省民营经济发展中存在的突出问题和困难

（一）整体发展水平仍然不强

一是中部六省民营企业整体实力与东部发达地区相比，差距不容忽视。从上榜全国民企500强企业的数量上看，浙江、江苏、广东和山东分别有120家、82家、60家和57家，中部六省共入围59家，占全国入围企业总数的11.8%，资产总额1.34万亿元，仅占全国500强总额的5.75%，与入围企业数量不匹配。从区域分布看，中部地区民营经济发展水平不平衡，主要集中在省会城市，县域普遍较为薄弱。二是产业层次偏低，转型任务较重。据统计，此次中部六省上榜的59家企业分布在26个行业，其中数量最多的则为有色金属冶炼和压延加工业、黑色金属冶炼和压延加工业、房屋建筑业以及综合行业，各有5家。河南上榜最多为有色金属冶炼和压延加工业，湖北为房屋建筑业。上述情形，是中部地区民营企业的一个缩影，反映了民营企业在产业层次上的普遍性问题，“小、散、弱”局面没有根本改观，绝大多数处于产业链和价值链中低端，缺乏增长竞争力，转型升级的任务还相当繁重。三是缺乏龙头企业，带动效应欠佳。中部仅有湖南新华联集团1家企业进入全国民营企业前50强。整体来看，中部六省上榜企业排名集中在全国民营企业500强300～500名，总共有31家企业。前100名中部六省共有7家上榜。由于缺少

"航母级"的龙头企业，中部地区民营企业发展难以形成产业链（群）的规模效应，对于中小微企业的带动作用不明显。同一个产业的竞争关系明显大于合作关系，远远未能实现产业集群的协同发展。

（二）民间投资活力仍然不足

一是成本高、负担重降低了企业扩大投资的意愿。近年来，国际大宗商品价格持续上涨、高位震荡，能源、原材料等生产要素的购进价格持续攀升，新产品价格进高出低，企业用工等成本增加、利润减少的"两头受挤"现象日益加剧。持续的高成本、低利润，导致实体经济投资回报持续下行，"脱实向虚"、房地产行业"高烧"对实体经济产生明显"挤出效应"。二是项目落地难、政策兑现难削弱了企业投资动力。各级党委、政府对招商引资高度重视，但是受领导换届、环评、项目服务、项目自身等多重因素影响，对招商引资项目政策，很多领导不敢决策、不敢拍板，招商引资承诺、政策有时兑现不了。很多企业家说，一些好的市场项目不是死于市场竞争，而是死于项目长期拖延、最后失去市场。三是融资难、融资贵问题限制了企业投资规模和投资能力。民营企业长期依赖间接融资，银行对民营中小企业的实际贷款利率会根据贷款企业所处行业、规模等特点，在基准利率上上浮20%～30%甚至更高，"以贷转存""存贷挂钩"等现象比较突出。民营企业负债率、杆杠率较高，企业扩大投资缺乏金融资本支持。

（三）新旧动力转续衔接仍然不够

中部地区民营企业大多数是中小微企业，量大面广，所处产业层次较低，拥有发明专利比例较小，创新驱动缺乏技术支持，是转型升级的重点、难点、痛点所在。随着"互联网+"的迅猛发展，新的商业模式对传统民营企业的生存发展带来颠覆性挑战，很多企业处于不敢转型、不愿转型、不会转型，陷于"转型找死，不转型等死"的焦虑状态。政府和企业投入技术研发经费与全国平均水平有一定差距，对新兴产业发展支持力度有待加大。根据《2016年全国科技经费投入统计公报》数据，2016年，中部六省共投入研究与试验发展（R&D）经费2 378亿元，占全国总投入的15.2%，山西省、安徽省、江西省、河南省、湖北省、湖南省投入研究与试验发展（R&D）经费强度分别为1.03%、1.97%、1.13%、1.23%、1.86%、1.50%，均低于全国2.2%的平均水平。产学研结合成果虽然较多，但是深度合作机制没有建立起来，高校专家和企业技术人员的技术水平并不高。对民营企业创新成果保护力度不够，存在“劣币驱逐良币”现象。

（四）营商环境仍有改善空间

一是政府部门主动服务民营经济的意识不到位。中央八项规定出台后，党政机关工作人员服务态度有较大改善，但“不作为”“慢作为”现象多了，政企“亲”“清”政商关系难以真正建立。一些党政部门干部在与企业家交往中“怕”字当头，怕工作失误冒风险，怕触及利益得罪人，怕媒体炒作引火烧身、承担责任。特别是具体经办的工作人员，没有领导的签字坚决不办，“按程序来、按规定办”成为不担责的借口。二是行政审批制度改革落实不到位。一些政策法规不配套、整体联动、落细落小落地不够，部门之间“扯皮打架”让企业无所适从。中介服务的机构太少、瓜葛太深、利益太大、收费太高，改革涉及特定利益群体，推进阻力较大。事中事后监管不够科学有效。企业对政府“多个婆婆管一个媳妇”的交叉管理模式感觉疲惫，企业遇到困难，政府及有关部门存在选择性服务现象，貌似在管，其实都不管，导致企业陷入“问题始终在解决，但始终也解决不了”的怪圈。三是民营企业生产经营法治环境有待改善。过头执法、选择性执法、钓鱼执法的现象仍未杜绝，“重处罚轻引导”“以罚代管”的现象仍时有发生。“打官司”难的问题没有得到有效解决。一些民营企业反映，企业周边治安环境总体是好的，但社会闲散人员扯皮闹事、强买强卖现象仍未杜绝，许多问题虽然够不上犯罪，上不了法院，但极大影响企业正常经营活动，企业时间、精力又耗不起，只能选择忍气吞声，息事宁人。四是市场准入存在不公平。一些地方和单位在投资核准、融资服务、财税政策、土地使用等方面，对民营企业不能一视同仁，民营企业遭遇不少体制性和政策性障碍，在规模上“重大轻小”，在身份上“喜公怕私”，在地域上“先外后内”。民营企业争取专项建设基金支持需要国有投融资平台担保；PPP项目政策很好，但是民营企业“看得见、摸得着、进不去”；很多好政策并不为民营企业所知，导致政策效力难以充分发挥，企业获得感不强。

三、中部六省民营经济发展面临的机遇

（一）宏观经济筑底企稳，带动民间投资复苏

由中国企业家调查系统近日公布的《2016中国企业经营者问卷跟踪调查报告》显示，从目前和未来的订货情况看，市场需求有所回暖，企业家对未来经营状况的预期温和改善。企业家对当前宏观经济形势的判断也趋于乐观，信心有所恢复。创新驱动发展战略加速布局，新一轮科技和产业革命正在孕育兴起，新兴市场的形成将孕育新的发展契机，这些都为民营经济的转型升级和蓬勃发展提供了广阔舞台。

（二）全面深化改革红利，激发民营经济发展新活力

党的十九大重申了“两个毫不动摇”的大政方针，提出了“支持民营企业发展”等许多新的重大论述，为民营企业发展吃下“定心丸”，标志着我国民营经济将迎来新的历史机遇和进入一个新的发展阶段。行政审批制度改革、国有企业改革、混合所有制改革等，将打破市场准入壁垒，营造机会公平、权利公平、规则公平的投资环境，带来新的投资领域和投资机会。随着供给侧结构性改革不断深化，要素配置更加优化，经济结构更加合理，必将对民营经济的创新发展、健康发展带来更多的机遇

（三）民营企业转型升级步伐加快，成为新的驱动引擎

根据“内生增长”理论，人力资本水平的提高、物质资本中技术进步成分的提高，都会减缓资本回报率下降的速度。而这恰恰是中部地区的潜在优势。中部地区民间资本大多集中于传统制造业，在国家转方式、调结构及大力推进供给侧结构性改革，大力实施《中国制造2025》和“互联网+”等宏观背景下，一些企业开始重新定位，调整产品设计。从整体进程上看，中部地区民营企业对新型产业的投资处于探索与成长阶段，转型升级与结构调整的任务重、困难多，但经过阵痛后转型升级和结构调整的效果也会逐步显现。

（四）区域布局协调优化，为民营经济发展提供新机遇

国际金融危机引发国内外经济格局深刻调整，我国发展重点由沿海地区向中西部地区梯度推进，经济增长模式由外需拉动为主向内需拉动为主转变，中部地区是拓展内需市场的前沿阵地，国家层次战略机遇累积，宏观层

面全局使命叠加，在全国发展格局中的战略地位更加突出。国家“一带一路”倡议、长江经济带发展战略和中部崛起新十年规划，推进长江中游城市群建设，着力推动大通道、大平台、大通关建设，推进中部地区内外联动、东西双向开放，深处中部省份将与国外市场有效对接。《长江中游区域市场发展规划（2016—2020年）》，进一步优化区域商业功能布局。这些优越的政策条件，有利于中部地区发挥区域优势，为民营企业发展开辟新的领域、拓展广阔的空间。

（五）城镇化带来新的投资机会，为民营经济发展创造新的空间

据有关资料初步测算，城镇化率每递增1%，经济就增长1.2%。中部地区保持着较快的城镇化增速，存在巨大发展空间，新型城镇化、特色小镇和新农村建设带来的消费拉动、投资带动、产业集群等，都将为民营经济发展创造更多机会、提供更大舞台，改善民生的市场空间十分广阔。

四、促进中部六省民营经济发展的对策建议

（一）优化民营经济发展环境

中部地区各省要加快推进改革步伐，持续加强干部作风建设，真正把重商崇企的理念落到实处，让民营企业家得到应有的社会地位。推进“互联网+政务”服务，建立统一的电子政务网络和数据共享平台，进一步优化审批流程，保证在改革过程中不再产生过多的中介服务需求。建立公共服务清单和中介机构库，实行随机抽选、成果互认。探索审慎监管方式，全面推行“双随机、一公开”监管。推进产权保护法治化，依法保护民营企业和民营企业家的财产权和人身权。加强工商联与公检法司等部门的沟通联系，建立联席会议、联合调研、预警通报、投诉核查、日常联系等制度，依法保障企业家的合法权益。加强知识产权类民事、刑事和行政案件的审理，积极探索建立知识产权侵权惩罚性赔偿制度。提高涉企执法效率，切实解决执行难问题。

（二）激活有效民间投资

积极抢抓国家实施重大战略机遇，大力实施中国制造2025行动计划，发挥中部地区制造业的优势，加快促进中部制造业转型发展。推广企业投资项目负面清单管理制度，并出台配套政策和实施细则，真正打破投资市场准

入的“玻璃门”“弹簧门”“旋转门”。鼓励、支持社会资本特别是民间资本，重点通过PPP、BOT、委托运营、政府采购等多种方式参与重点项目建设。加大对低收益公共基础设施和社会服务领域民营企业补贴力度，对经营运转良好的基础性项目，以政府购买服务的方式提高对经营业主的补贴标准。坚持“靓女先嫁”，科学优选一批盈利预期好的项目抓紧实施，发挥示范引领作用。

（三）培育民营经济发展新动能

加强产学研合作平台建设，加大技术创新力度，支持企业技术创新和转型升级。重点打造若干区域科技创新中心和各行各业科技创新中心，促进科技成果转化和产业化。加大对服务中小企业中介机构的扶持力度，推动建立完善的中小企业服务体系。鼓励大中型企业加大研发投入，加大对小微企业创新的优惠政策支持，鼓励民间资本进入创新研发领域。建立多层次的间接融资体系和直接融资体系，鼓励民营资本进入金融服务领域，健全完善金融服务机构体系，推广符合民营企业特点的金融产品，切实解决民营企业融资难、融资贵、融资险等难题。

（四）推动构建“亲”“清”政商关系

普遍搭建政商交往、政企沟通的制度化平台。建立领导干部直接联系重点民营企业和商会制度，健全直通车服务民营企业制度，促进政商正常交往和良性互动。建立领导干部商事活动报告备案制度，倡导领导干部坦荡真诚同民营企业接触交往。建立领导干部正向激励和担责容错机制，对在促进民营经济发展中出现的工作失误和无意过失，注意把握执纪执法政策界限。加快推进企业诚信评价体系建设，推进市场主体信用信息公示系统与审批平台及执法监督平台对接，完善失信企业跨部门联合惩戒制度。

（五）加强民营企业家队伍建设

把民营企业家队伍建设纳入中部地区各级党委政府人才队伍建设总体规划，纳入各级组织部门教育培训规划。继续深入开展非公有制经济人士理想信念教育实践活动，引导广大民营企业家知党恩、听党话、跟党走，坚定“四信”。加强法制宣传和法律服务，引导民营企业学法、知法、守法。加强民营企业廉政文化和风险防控体系建设，引导民营企业建立现代企业管理制度，完善企业法人治理结构。

（六）加大涉企政策落实力度

把优化营商环境纳入中部地区各级党政领导班子和领导干部考核体系，推动形成齐抓共管的整体合力。建立完善政府守信践诺机制，严格涉企政策调整程序，保持涉企政策的稳定性和延续性。扩大民营企业政策知情权和参与度，重大经济工作会议邀请民营企业家参加，重大经济决策邀请民营企业家参与。完善政策贯彻落实的第三方评估和问责机制，普遍建立民营企业评议党政部门、非公有制经济服务投诉中心等机制平台。

（七）加强中部地区民营经济交流合作

发挥中部各省非公有制经济的比较优势，支持大型企业集团在中部地区跨省域战略合作和兼并重组，形成合理的区域分工合作体系。加强中部地区政策协同，建立中部地区政策、产业、企业层面的合作协商机制，降低区域协调成本，提高区域政策的执行效率。注重发挥异地商会作用，建立中部地区异地商会联席会议，定期举办各类经贸洽谈活动，搭建以商招商平台，促进区域经贸交流。

编委：李剑英　李俊波　周华爱　程国平　江　浩　吴曙光

课题组负责人：唐万金

课题组成员（排名不分先后）：

郭卫东　王小东　吴晋臣　李增流　凌　冰

李晓雯　杨　旭　林　繁　李　莉　孙同军

张　涛　唐万金　陶　兴　谢商文　李　明

2016年珠三角民营经济发展报告

广东省工商业联合会

摘要：2016年，广东省委省政府认真贯彻落实党中央、国务院的各项决策部署，主动适应和引领经济新常态，坚持稳中求进工作总基调，主动作为，精准发力，坚持以推进供给侧结构性改革为主线，适度扩大总需求，加快创新驱动发展，较好缓解了经济下行压力。全年经济运行平稳，稳中有进、稳中向好、稳中提质，社会预期良好，广东经济实现“十三五”的良好开局。珠三角民营经济在面对国内较大的经济下行压力和复杂多变的国际经济形势下，依然保持领先发展的良好趋势，迎难而上，实现较快增长，取得了良好成效，民营经济实力和发展地位进一步增强，为推动广东经济加快发展做出了重要贡献。展望未来，珠三角民营经济将继续保持领先优势，在建立现代产业体系、打造国家自主创新示范区、建设世界级城市群和构建开放型经济新体制等方面持续发力，不断创造新成绩。

关键词：创新驱动　领先发展　较快增长

一、2016年珠三角民营经济发展概况及特点

2016年，珠三角民营经济发展“稳”字凸显，经济结构持续深化调整，新旧动力转换加快，经济内生动力不断增强，经济质量和效益进一步提升。珠三角地区全年实现民营经济增加值31 529.6亿元，同比增长8.7%；民营经济单位数达到681.22万个，同比增长17.1%；固定资产投资12 867.16亿元，同比增长17.1%；税收收入6 626.79亿元，同比增长8.8%；从业人员2 447.87万人，同比增长2.1%；规模以上工业企业利润3 004.95亿元，同比增长10.8%。

（一）领先发展趋势明显

一是总体比重不断提高。2016年，广东民营经济增加值突破4万亿元，

全年实现民营经济增加值42 578.76亿元，增长7.8%，增幅高于同期GDP增幅0.3个百分点。民营经济占GDP的比重为53.6%，比上年提高0.2个百分点，比2010年提高3.9个百分点，占比逐步提高。其中珠三角地区全年实现民营经济增加值31 529.6亿元，同比增长8.7%，增幅比同期全省民营经济增加值增幅高0.9个百分点，比同期全省GDP增幅高1.2个百分点，占全省民营经济比重达74.1%。二是民间投资增速领先。2016年，全省民间固定资产投资完成20 504.39亿元，增长13.5%，高于同期固定资产增速3.5个百分点，比全国民间投资增速高10.3个百分点，占整体投资比重达62.1%，比上年提高2个百分点，对整体投资增长的贡献率为73 .0%。其中，珠三角地区民间固定资产投资12 867.16亿元，同比增长17.1%，增速比全省民间固定资产投资增速高3.6个百分点，比全国民间投资增速高13.9个百分点，占全省民间固定资产投资的比重达62.8%。三是民营进出口逆势增长。2016年，在广东外贸进出口总值小幅下滑0.8个百分点的大背景下，民营企业实现逆势增长，成为稳外贸增长的重要力量。广东民营企业进出口2.7万亿元人民币，比上年同期增长10.4%，占同期广东外贸进出口总值的43.5%。其中，出口1.7万亿元，增长8.1%；进口9 923.1亿元，增长14.8%。

（二）发展质量稳步提升

一是结构持续优化。全省民营经济三次产业结构为8.5：40.7：50.8，第三产业比重比上年提高0.4个百分点，占比持续上升。三次产业民营增加值占对应全部经济类型增加值的比重分别为98.3%、50.3%和52.2%，其中民营二产占比同比提高1.4个百分点，撑起第二产业半边天。其中珠三角地区民营经济第一、二、三产业分别同比增长2.5%、9.0%、8.9%，增速最快的为第三产业中的其他服务业和金融业，增速分别达15.4%和11%；三次产业结构为3.34：40.97：55.68，与全省民营经济三次产业结构相比，第三产业的比重更高。二是自主创新能力不断提升。 广东全面推进创新发展战略，将创新驱动作为经济发展的“第一动力”，产业结构向中高端迈进势头加快，创新转型成果明显。2016年广东规模以上工业累计完成增加值突破3万亿元，达到31 917.39亿元。先进制造业和高技术制造业增速分别为9.5%和11.7%，高于规模以上工业增速2.8个和5.0个百分点；占规模以上工业比重分别为49.3%和

27.6%，同比提升0.8个和0.6个百分点。珠三角作为国家自主创新示范区起到龙头带动作用，先进制造业和高技术制造业增加值占珠三角规模以上工业比重达到54.9%和32.5%，同比提升1.0个和0.7个百分点。珠江西岸“六市一区”先进装备制造业增加值增长13.3%。先进制造业及高技术制造业发展后劲不断增强，其投资均高于整体投资增速。2016年全省高技术制造业和先进制造业完成投资1 647.71亿元和4 329.19亿元，增长20.6%和11.0%，增幅分别比整体投资高10.6个和1.0个百分点。三是骨干企业数量快速增长。2016年入围全国500强的民营企业达50家，首次进入全国前三，较2015年增加10家，增数全国第一。新增主营业务收入超百亿的民营大型骨干企业16家，总数达96家，远超预定目标。四是高新技术企业加快培育。全省新增国家高新技术企业8 752家，总量达到19 857家，跃居全国第一，同时高新技术企业培育库入库企业超1.1万家，累计补助经费达19.13亿元，其中民营企业占比超过85%；新三板挂牌企业累计超1 500家，总量全国第一，其中科技型企业占比近80%。

（三）民营领域不断拓宽

一是国有企业混合所有制改革成效明显。截至2016年年底，全省（不含深圳市）国有企业11 166户，混合所有制企业4 258户、注册资本7 620.47亿元，混合所有制企业户数占比38.13%；其中，省属国有企业2 748户，混合所有制企业1 392户、注册资本2 744.65亿元，混合所有制企业户数占比50.66%。二是民办教育办学规模大。民办教育在校生总数已连续多年居全国第一。截至2016年年底，全省共有各级各类民办学校（含幼儿园，不含培训机构）1.44万所，约占全省学校总数的43.96%，占全国各级各类民办学校的8.32%，在校生657.95万人，约占全省在校生总数的30.3%，约占全国各级各类民办学校在校生的20.61%。三是社会办医规模较快增长。截至2016年年底，全省民营医疗机构2.35万家，占全省医疗机构总数的49.3%；床位数6.9万张，占全省床位总数的14.8%；卫生技术人员14.8万人，占全省卫生技术人员总数的18.6%。四是积极参与交通基础设施建设。截至2016年年底，全省高速公路通车里程达到7 673公里，其中民间资本独资或控股通车营运项目11条，总里程约575公里，总投资约540亿元。另外，在建和拟建民间投资项目（独资或控股）共6条，总里程约303公里，项目总投资约448亿元。普通公路项目纳入PPP项目库共有

15项，总投资约217亿元。“十二五”期间，民营资本投资建设港口项目共41项，总投资约105. 3亿元。五是社会组织蓬勃发展。截至2016年年底，全省在各级民政部门登记注册的社会组织59 520个，其中社会团体27 156个、民办非企业单位31 557个、基金会807个。省本级登记的社会组织3 095个，其中行业协会266个、异地商会252个。

二、民营经济发展中存在的问题和制约因素

当前，珠三角民营经济在取得显著成绩的同时，也存在一些问题和制约发展的因素，主要表现在：

（一）经济下行压力仍较大

当前，国内外经济形势依然错综复杂，世界经济和贸易持续低迷，宏观经济增长动力不足，民营企业经营压力持续加大。2016年，广东工业增加值、投资等指标均没有达到预期增长目标，离预期目标分别差0.5个、5个百分点。投资资金来源进一步趋紧，外贸面临较为不利的外部环境，全年进出口仍处于下降区间，受全球跨国投资低迷影响，实际利用外资下降13.1%。特别是由于广东外贸出口型企业较多，外需不足、贸易保护主义抬头对广东民营企业经营带来较大影响。加上近年国内生产要素成本不断上升，土地、能源、资源和环境约束越来越紧，广东民营企业所面临的转型升级压力进一步显现，企业经营和盈利难度加大。

（二）区域发展不平衡加剧

由于珠三角地区在经济新常态下率先转型、率先调整，获得更多的发展机遇，而粤东西北地区受传统发展模式影响，经济发展活力不足，经济面临更大的下行压力，地区间差异加大。2016年，粤东西北GDP增速比珠三角低0.9个百分点；粤东西北投资增长7.1%，比珠三角低4.2个百分点。在珠三角内部，区域发展不平衡现象也比较严重。2016年地市民营经济增加值排在前二的深圳和广州分别达8 319.51亿元和7 821.43亿元，而同为珠三角地区的珠海市仅为776.72亿元，不到深圳和广州的十分之一。

（三）民营经济产业层次有待进一步提升

经过改革开放三十多年的发展，广东民营经济已经形成一批在国内外知

名的龙头企业，如华为、美的、格兰仕等。但从整体看，广东民营经济产业层次不高，产业结构仍待进一步优化。从广东民营工业的行业分布看，主要集中在传统优势行业，而高技术制造业、先进制造业比重偏低。2016年，广东规模以上民营先进制造业占规模以上民营工业增加值的比重为46.3%，比全省规模以上先进制造业占规模以上工业增加值的比重低3.0个百分点；规模以上民营高技术制造业占规模以上民营工业增加值的比重仅为27.3%，比全省规模以上高技术制造业占规模以上工业增加值的比重还低0.3个百分点。

（四）民营经济营商环境仍待进一步优化

民营经济作为国民经济重要组成部分已在全社会形成共识，社会各界也高度评价民营经济的重要作用。党的十八大以来，党中央、国务院陆续出台有关政策文件，确立平等市场主体地位，为民营经济发展创造公平环境。但从目前的情况看，民营经济平等竞争的主体地位仍未完全确立。在产业政策方面，一些市场领域对民营经济开放的制度障碍尚未彻底消除，即使在已开放领域，非制度障碍仍然存在。如在教育、医疗、养老等社会事业领域，放开准入后由于缺少配套政策支持，民营企业仍然难以享受公平待遇。在金融政策方面，银行贷款仍是民营企业融资的主要途径，但由于财务信息不透明，缺少可抵押或质押资产，民营企业从银行取得贷款的难度仍然较大，年贷款利率也往往高于正常市场利率。为适应民营经济进一步发展的要求，涉及民营经济发展保障的法律法规、政策措施仍需进一步完善，束缚民营经济发展的体制机制障碍仍需进一步破除。

（五）民营企业自身发展中的问题

一是企业管理体制不够完善，制约转型升级。当前，大多数民营企业在产权主体上具有强烈的血缘性、亲缘性、地缘性，存在产权界定不清和产权结构单一等问题，在企业管理上以传统的家族式管理为主，“家企合一”的现象比较普遍，甚至流行“家长制”“一言堂”，不利于企业的长期健康发展和成长，产权相对封闭、自主创新能力不强、经营模式保守，已经成为制约企业转型升级的最重要因素。二是不少民营企业进入代际传承期，面临可持续发展的考验。伴随改革开放成长起来的民营企业，多数已经度过初创期，进入成长成熟期，不少特别是大型企业正面临世代交替，能否顺利实现过渡重新出发，成为企业必须面对的问题。民营企业代际传承的成功与否和质量高低，将很大程度决定未来30年民营经济发展，对民营企业转型升级产生重大影响。但是企业的代际传承意识还相对比较薄弱，不利于企业的持续健康发展。三是人才瓶颈，正成为制约企业发展的重大因素。一方面，民营企业在吸引人才特别是高尖端人才上的竞争力相对较弱，加上生存环境和生活压力等因素的制约，人才引进难。另一方面，受到民营家长式领导风格和管理模式的影响，此前因高薪吸引而一腔热血加盟的人才，由于无法满足其自身发展需求，使他们对企业产生不满，对自己的发展失去信心而大量流失。目前，大多数民营企业都急缺高级管理人才和熟练技术人才。

三、珠三角民营经济发展趋势展望与建议

珠三角地区是我国改革开放的先行地区，是我国重要的经济中心区域，在全国经济社会发展和改革开放大局中具有突出的带动作用和举足轻重的战略地位。当前，国内外经济形势发生深刻变化，珠三角地区正处在经济结构转型和发展方式转变的关键时期，进一步的发展既面临严峻挑战，也孕育着重大机遇。珠三角民营经济要充分抓住粤港澳大湾区、广东自由贸易区、国家自主创新示范区建设等重大战略机遇，继续保持领先发展。

（一）重塑营商环境广东优势，提振发展信心

一是保持政策稳定性，切实维护企业合法权益。对民营企业的扶持政策不能摇摆不定，过去证明对企业发展有利的政策要一以贯之，保持政策的稳定性和连续性。加强民营企业产权保护，依法保护企业家的合法权益，积极营造依法保护企业家合法权益的法治环境、促进企业家公平竞争诚信经营的市场环境和尊重激励企业家干事创业的社会环境。二是提升政务服务水平。推进供给侧结构性改革，进一步简政放权，放宽市场准入，全面落实负面清单，简化手续、缩短流程，全面优化政府管理，促进政府公共服务职能的转变，切实提高行政服务效率，更充分释放改革红利。三是切实减轻企业税费与成本负担。认真落实国家税费改革措施，推进税制结构改革和税率优化，确保所有行业税负只减不增。合理控制最低工资增长，拓宽社保资金的筹集渠道，降低企业社保费。加快实施电力、石油、天然气等能源领域市场化改

革，大力推进售电侧改革试点，逐步扩大直购电交易规模和范围，切实减低用能成本。四是着力缓解融资难题。创新完善中小微企业融资机制，确保各项措施惠及中小微企业。鼓励大型民营骨干企业发起设立民营银行，重点向上下游产业链配套的小微企业提供融资服务，支持民营企业上市融资。完善动产权利保护制度，支持民营企业用存货、设备、知识产权、金融资产等动产融资。

（二）推进供给侧结构性改革，建立现代产业体系

促进信息化与工业化相融合，建设以现代服务业和先进制造业双轮驱动的主体产业群，形成产业结构高级化、产业发展集聚化、产业竞争力高端化的现代产业体系。一是优先发展现代服务业。加强珠三角地区与港澳地区在现代服务业领域的深度合作，加快构建粤港澳大湾区现代服务业一体化协同发展标准体系，推动生产性服务业向专业化和价值链高端延伸，重点发展金融业、会展业、物流业、信息服务业、文化创意产业和总部经济等，全面提升服务业发展水平。支持广州市、深圳市建设区域金融中心，构建多层次的资本市场体系和多样化、比较完善的金融综合服务体系。推进白云空港、宝安空港、广州港、深圳港等一批枢纽型现代物流园区建设，完善与现代物流业相匹配的基础设施，带动广东建设世界一流的物流中心。建设以珠三角地区为中心的南方物流信息交换中枢，进一步确立珠三角地区的国际电子商务中心地位。二是加快发展先进制造业。充分利用现有基础和港口条件，重点发展资金技术密集、关联度高、带动性强的先进制造产业，坚持走新型工业化道路。加快发展装备制造业，在核电设备、风电设备、输变电重大装备、数控机床及系统、海洋工程设备等关键领域实现突破，形成世界级重大成套和技术装备制造产业基地。加快珠江西岸先进装备制造产业发展，培育骨干企业，形成产业集群。强化通信设备在全球的竞争优势，建设现代信息产业基地，提升珠江东岸电子信息产业集群竞争力。三是大力发展高技术产业。坚持全面提升与重点突破相结合，突出自主创新和产业集聚，培育壮大新兴产业，建成全球重要的高技术产业带。着力发展高端产业和产业链高端环节，加快提升高技术产业核心竞争力。引导生产要素向优势地区、产业基地和产业园区集聚，促进形成产业特色鲜明、配套体系完备的高技术产业群。

重点发展电子信息、生物、新材料、新能源等产业。四是改造提升优势传统产业。实施改造提升、名牌带动、以质取胜、转型升级战略，做优家用电器、纺织服装、轻工食品、建材、造纸、中药等优势传统产业，提高产业集中度，提升产品质量，增强整体竞争力。加快优势传统产业组织结构调整，打造一批具有知名品牌的龙头企业，打造佛山家电和建材、东莞服装、中山灯饰、江门造纸等具有国际影响力的区域品牌，做大做强产业集群。提高产业准入门槛，促进资源型低端产业逐步退出，淘汰落后产业和落后生产能力。五是提升企业整体竞争力。通过淘汰一批落后企业，转移一批劳动密集型企业，提升一批优势企业，培育一批潜力企业，推动企业组织结构调整。大力推进企业信息化，切实提高企业管理水平。鼓励和支持优势企业围绕主业实施行业并购和重组，形成一批拥有自主知识产权和世界级品牌、具有国际竞争力的大企业。发挥大企业在产业链中的核心作用，带动中小企业发展，形成以大企业为龙头、中小企业专业化配套的协作体系。

（三）坚持创新驱动，打造国家自主创新示范区

完善自主创新的体制机制和政策环境，构建以企业为主体、以市场为导向、产学研结合的开放型区域创新体系，率先建成全国创新型区域，成为亚太地区重要的创新中心和成果转化基地，全面提升国际竞争力。一是高标准推进创新示范区建设。加快编制珠三角自主创新示范区发展规划纲要和相关配套规划，重点出台引进境外高层次创新人才、企业研发设备进口税收优惠、境外风险投资基金直接投资创新型企业、开展专利保险试点等领域政策。总结推广广州、深圳国家创新型城市建设经验，推动其他七市创建国家创新型城市。二是加快创新主体培育和创新平台建设。建立高新技术企业数据库，完善和落实高新技术企业培育的奖补政策，支持珠三角各市全面参与广东国家大科学中心、国家重点实验室、广东省实验室、制造业创新中心等重大创新平台建设。加强行业公共技术平台和创新服务体系建设，为企业自主创新提供公共服务支撑。培育一批创新能力强、经济效益好的创新型企业，重点支持打造国家级和世界领先的创新型龙头企业。三是推进核心技术的创新和转化。围绕现代产业发展需求，着力抓好关键领域的自主创新，加快创新成果转化，实现产业技术跨越式发展，掌握一批行业核心和共性技

术。加强大学科技园、科技成果孵化器和中试基地建设，新建一批创新成果产业化基地，组织实施高技术产业化示范工程，支持国家重大创新成果在珠三角地区转化。四是加强自主创新环境建设。加强自主创新投入、知识产权保护、人才等支撑体系建设，形成要素完备、支撑有力、开放包容的自主创新环境。完善创新创业融资环境，积极发展知识产权质押、租赁融资和创业投资，探索组建服务自主创新的新型金融组织，开展科技保险试点。创新人才引进、培养、评价、任用、表彰激励和服务保障机制，实施高端人才引进计划和培养工程，建设一支高层次、国际化的优秀人才队伍。

（四）统筹区域协调发展，建设珠三角世界级城市群

优化珠江三角洲地区空间布局，以广州、深圳为中心，以珠江口东岸、西岸为重点，推进珠三角地区区域经济一体化，形成资源要素优化配置、地区优势充分发挥的协调发展新格局。一是发挥中心城市的辐射带动作用。广州市要充分发挥省会城市的优势，增强高端要素集聚、科技创新、文化引领和综合服务功能，进一步优化功能分区和产业布局，建成珠江三角洲地区一小时城市圈的核心。强化广州佛山同城效应，携领珠江三角洲地区打造布局合理、功能完善、联系紧密的城市群。深圳市要继续发挥经济特区的窗口、试验田和示范区作用，增强科技研发、高端服务功能，强化全国经济中心城市和国家创新型城市的地位，建设中国特色社会主义示范市和国际化城市。二是优化珠江东岸地区功能布局。以深圳市为核心，以东莞、惠州市为节点的珠江东岸地区，要加快发展电子信息高端产品制造业，打造全球电子信息产业基地，促进要素集聚和集约化发展，提高核心竞争力和辐射带动能力。大力发展金融、商务会展、物流、科技服务、文化创意等现代服务业，推进产业结构优化升级，构建区域服务和创新中心。三是提升珠江西岸地区发展水平。以珠海市为核心，以佛山、江门、中山、肇庆市为节点的珠江西岸地区，要规模化发展先进装备制造业，大力发展生产性服务业，做大做强主导产业，打造若干具有国际竞争力的产业集群，形成新的经济增长极。四是推进珠三角区域经济一体化。珠三角地区九市要打破行政体制障碍，遵循政府推动、市场主导，资源共享、优势互补，协调发展、互利共赢的原则，创新合作机制，优化资源配置。探索建立有利于促进一体化发展的行政管理体制、财政体制和考核奖惩机制。在省委省政府的统一领导和协调下，建立有关城市之间、部门之间、企业之间及社会广泛参与的多层次合作机制。以广州佛山同城化为示范，以交通基础设施一体化为切入点，积极稳妥地推进一体化发展格局，提升整体竞争力。五是带动环珠三角地区加快发展。要充分发挥珠三角地区的辐射、服务和带动功能，促进要素流动和产业转移，形成梯度发展、分工合理的多层次产业群和优势互补、互利共赢的产业协作体系，推动珠三角地区劳动密集型产业梯度转移。加快建设粤东、粤西地区石化、钢铁、船舶制造、能源生产基地，形成沿海重化产业带，培育粤北地区成为珠三角地区先进制造业的配套基地。健全珠三角地区对粤东、粤西、粤北地区的挂钩帮扶机制，创新帮扶方式，促进产业和劳动力“双转移”。

（五）深化交流合作，构建开放型经济新体制

推进粤港澳大湾区建设，与港澳紧密合作、融合发展。创新国际区域合作机制，全面提升经济国际化水平，积极参与“一带一路”，完善内外联动、互利共赢、安全高效的开放型经济体系。一是深入推进自贸试验区建设。深化重点领域制度创新，突出抓好口岸执法部门综合监管、项目综合审批等改革试点，加快形成可复制可推广的制度样本和改革模式，努力将自贸试验区打造成广东高水平对外开放的门户枢纽。研究制订推动自贸试验区与珠三角自主创新示范区“双自联动”发展相关政策，推动东莞市开展国家开放型经济新体制综合试点试验，实现与自贸试验区联动发展。打造中拉经贸博览会、国际产能合作论坛暨中国对外投资合作洽谈会等高水平国际经贸合作品牌，建设自贸区信息港。二是深入推进粤港澳大湾区建设。根据国家粤港澳大湾区城市群发展规划，加快粤澳新通道、珠澳轻轨对接等基础设施项目建设。支持三地机场、港口等强化资源共享、航线联动和协同发展。继续深入实施粤港澳服务贸易自由化，推动在人流、物流、资金流和信息流等方面的标准融合与协调。推进粤港创新圈、粤港创新和研发联盟建设，加强与港澳产业、城市功能的对接。加强水、大气、土壤环境协同治理，建立绿色低碳发展合作机制，实施粤港清洁生产伙伴计划，共建粤港澳大湾区优质生活圈。三是积极参与“一带一路”倡议。推进“一带一路”沿线国家、地区物流标准体系和基础设施互联互通，发展海铁、江铁等多式联运，力争珠三角新增一批国际客货运航线。支持广州、深圳、珠海等城市与沿线友好城市共建空港和港口联盟。大力推进中俄贸易产业园物流仓储、双边贸易和商品展示交易中心建设。支持广州、深圳、东莞等市加强与内蒙古自治区、新疆维吾尔自治区等沿边地区的口岸通关协作。建立参与“一带一路”建设重点项目信息资料库。

编委：李汉峰

课题组负责人（排名不分先后）：王叶英　周海堂　宁绿华

2016-2017年西南四省市民营经济发展报告

摘要：2016年，西南四省市民营经济实现增加值达40 077.6亿元，比上年增长10.67%，呈现出稳步回升向上的发展态势，亮点纷呈，特点鲜明。一是党委政府高度重视，支持民营经济发展的一系列政策拿出新举措；二是积极参与，主动适应，民营经济供给侧结构性改革呈现新亮点；三是创新驱动，转型升级，民营企业创新发展迈出新步伐；四是因地制宜，发挥优势，培育民营经济重点产业取得新突破。同时，也存在着民营企业规模普遍较小实力普遍较弱、主动融入国家战略和对未来市场的信心不足、“融资难、融资贵”、营商环境和创新环境亟待优化提升、人才缺用工难等困难和问题。今后的工作中要进一步提升政府服务质量，营造优良发展环境；构建“亲”“清”新型政商关系，增强民营企业发展信心；进一步疏通融资渠道，切实解决“融资难、融资贵”问题；围绕供给侧结构性改革，加快推进民营经济转型升级。

关键词：数据分析　主要特点　主要问题　建议

2016年，面对错综复杂的国内外经济环境和经济下行压力，西南四省市（重庆市、四川省、贵州省、云南省）民营经济工作紧紧围绕创新、协调、绿色、开放、共享的发展理念，认真贯彻落实国家和本省市有关促进民营经济、中小企业发展的政策措施，扎实推进稳增长、促改革、调结构、惠民生、防风险各项工作，进一步完善措施，改善环境，提振信心，释放活力，加大工作力度，破解发展难题，推进民营经济缓中趋稳，回升向好。

一、2016年西南四省市民营经济发展主要数据分析

1. 民营经济总量

2016年，西南四省市民营经济实现增加值达40 077.6亿元，比上年增长10.67%，呈现出稳步回升向上的发展态势。其中，重庆市民营经济实现增加值8 760.5亿元，增长12.1%，高出全市GDP增速1.4个百分点；民营经济增加值占GDP比重49.9%，比上年提高0.2个百分点，再创直辖以来新高。四川省2016年全省非公有制经济增加值达18 252.3亿元，非公有制经济增加值占GDP的比重达60.8%，是四省市占比最高的省份，比2015年增长8.1%。贵州省2016年民营经济实现增加值6 097亿元，比上年增长16.1%，是四省市发展最快的省份，占全省GDP比重达到52%，比2015年提高2个百分点；对全省经济增长贡献率为68%，拉动全省GDP增长7.1个百分点。云南省2016年民营经济完成增加值6 967.8亿元，比2015年增长9.9%，占GDP比重达到46.9%，对全省经济增长的贡献率52.9%，比2015年提高4个百分点（见表1、表2）。

表1　西南四省市民营经济生产总值

单位：亿元

地区 年份	重庆市	四川省	贵州省	云南省	合计
2015	7 809.4	16 763.3	5 251.3	6 389.7	36 213.7
2016	8 760.5	18 252.3	6 097	6 967.8	40 077.6
增长率（%）	12.1	8.0	16.1	9.9	10.67

表2　民营经济生产总值占国民生产总值比重

单位：%

地区 年份	重庆市	四川省	贵州省	云南省
2015	49.7	55.7	50	46.6
2016	49.9	55.9	52	46.9
增长（百分点）	0.2	0.2	2	0.3

2. 民营经济户数增长情况

商事制度改革以来，大众创业热情持续高涨，市场主体不断增加。截至

2016年年底，西南四省市民营经济达1 076.58万户，比2015年增长10.43%。其中，重庆市民营经济市场主体达207.2万户，同比增长10.9%，占全市市场主体的96.6%。特别是全市私营企业实现大幅增长，占全市民营经济市场主体的比重从2011年的21.2%提升到2016年的30.3%。四川省民营经济市场主体共406.68万户，同比增长7.02%。其中私营企业92.01万户，同比增长17.83%；个体工商户314.67万户，同比增长4.40%。贵州省个体私营经济达214.31万户，其中私营企业43.34户，占个体私营经济总量的20.23%，个体工商户1 662 281户，占个体私营经济总量的77.56%，农民专业合作社47 357户，占个体私营经济总量的2.21%；民营经济户数较2015年同期增长17.1%。云南省民营经济户数248.4万户，比2015年年底增加23.4万户，增长10.4%。其中，个体工商户199.1万户，比2015年增长7.5%；私营企业48.9万户，比2015年增长23.8%（见表3）。

表3　民营经济户数及增长率（含个体工商户和民营企业）

单位：万户

年份＼地区	重庆市	四川省	贵州省	云南省	合计
2015	186.9	380	183	225	974.9
2016	207.2	406.68	214.3	248.4	1 076.58
增长率（%）	10.9	7.02	17.1	10.4	10.43

3. 民间投资情况

2016年，西南四省市民间投资总额为34 284.36亿元。其中，重庆市民间投资完成8 858.5亿元，同比增长11%。从投资领域看，全市民间投资中三次产业结构比例为4.2∶45.7∶50.1，第三产业仍是民间投资的重头，比上年增长9.4%；第二产业民间投资较2015年增长22.9%，民营企业对制造业发展的信心不断增强。四川省完成民间投资14 649.96亿元，同比增长4.9%。民间投资对全社会固定资产投资的贡献率为21.8%，拉动全社会固定资产投资增长2.6个百分点。贵州省民间固定资产投资5 395.5亿元，比上年增长11.9%，比全省固定资产投资增速低9.2个百分点，占全省固定资产投资比重41.7%，全省民间固定资产投资呈现稳定增长态势。受经济下行压力、产能过剩、行业投资需求放缓等因素的影响，云南民间投资有所滑落，主要原因是受资源型企业占比过高，“三去”压力持续影响过大，2016年全省民间投资5 380.4亿元，比2015年下降4.1%，占全社会固定资产投资的34.4 %，比2015年减少8.5个百分点（见表4）。

表4 民间投资情况

单位：亿元

年份＼地区	重庆市	四川省	贵州省	云南省	合计
2015	7 731.6	13 964.22	4 823.8	5 612.7	32 132.32
2016	8 858.5	14 649.96	5 395.5	5 380.4	34 284.36
增长（%）	14.58	4.9	11.9	–4.1	6.7
2016年占全省投资总额（%）	51	50.3	41.7	34.4	—

4. 民营经济进出口情况

由于受世界经济深度调整、复苏乏力、国际贸易保护主义等因素影响，西南四省市民营企业参与“一带一路”建设总体力度还不够大，民营经济进出口仅实现488.6亿美元贸易额，比2015年下滑近三分之一，四个省市全部出现负增长。重庆市由2015年的269.6亿美元下降至2016年的205亿美元，下降幅度达到31.5%。四川省2016年民营企业进出口总额126.1亿美元，占全省进出口总额的26%，同比下降29.8个百分点。贵州省2016年民营经济进出口总额为29.6亿美元，同比下降66.2%，占全省进出口总额的51.9%，比重比2015年下降19.6个百分点。云南省民营企业2016年共完成进出口总额127.9亿美元，比上年减少27.1%。其中，完成进口总额30.7亿美元，比上年增长1.7%；完成出口总额97.2亿美元，比上年减少33.1%（见表5）。

表5 民营企业进出口情况

单位：亿美元

年份＼地区	重庆市	四川省	贵州省	云南省	合计
2015	269.6	179.7	87.4	192.3	729
2016	205	126.1	29.6	127.9	488.6
增长率（%）	–31.5	–29.8	–66.2	–27.1	–32.98

5. 民营经济吸纳就业情况

随着总量不断扩大，民营经济已成为西南四省市促进社会经济发展和带动就业的主力军。2016年四省市个体工商户和民营企业从业总人数达3 447.5万人，比2015年增长10.52%。四川省注册登记个体私营企业共吸纳就业人员1229.98万人，占四川省就业人口的25.31%，同比增长3.21%。其中个体工商户从业人员为588.85万人，私营企业雇工总数641.13万人。贵州省民营经济从业人员641万人，比上年增长29.4%。其中，私营企业从业人员295万人，比上年增长22%，个体工商户从业人员289万人，比上年增长14%。云南省个体私营经济从业人员748.7万人，其中，个体工商户从业人员369万人，私营企业从业人员379.7万人。全年累计新增就业123.8万人，增长18.4%（见表6）。

表6　个体工商户和民营企业从业人数情况及增长率

单位：万人

年份＼地区	重庆市	四川省	贵州省	云南省	合计
2015	761.7	1190	495.5	672.1	3 119.3
2016	828.8	1 229.98	641	748.7	3 447.5
增长率（%）	8.8	3.21	29.4	18.4	10.52

6. 民营经济上缴税收情况

从税收贡献看，2016年西南四省市民营经济完成税收5 544.97亿元，比上年增长4.88%。重庆市民营经济纳税1 620.8亿元，增长16.1%，占全市税收总收入的64.8%，对全市税收增长的贡献率高达200.8%。四川省民营经济税收2 273.77亿元，同比增长3.1%，占全省税收总收入的52.8%。贵州省在结构性降税和各项优惠扶持政策的叠加效应影响下，2016年民营经济上缴税金1 108.3亿元，较2015年减少6.1%，占全省税收总额的56.4%，占比减少3.7个百分点。云南省民营经济上缴税金542.1亿元，比2015年增长8.3%，增幅比2015年提升12.3个百分点，相当于全省地方财政收入的29.9%，占全省税收的18.3%，比重比上年提高2.3个百分点（见表7）。

表7 民营经济完成税收状况

单位：亿元

年份＼地区	重庆市	四川省	贵州省	云南省	合计
2015	1 395.5	2 204.65	1 186.5	500.5	5 287.15
2016	1 620.8	2 273.77	1 108.3	542.1	5 544.97
增长（%）	16.1	3.1	-6.1	8.3	4.88
2016年占全省税收比例（%）	64.8	52.8	56.4	18.3	—

二、2016年西南四省市民营经济发展的主要特点

（一）党委政府高度重视，支持民营经济发展的一系列政策拿出新举措

为新常态下进一步促进民营经济加快发展，西南四省市党委政府高度重视，出台了一系列新的政策措施支持民营经济发展。贵州省委、省政府出台了《关于进一步促进民营经济加快发展的若干意见》，明确要求继续实施“百企引进”工程、完善扶持微型企业发展政策、支持中小企业发展基金等方式加快民营经济市场主体培育，丰富产业门类，优化产业机构，壮大产业规模，提高企业核心竞争力，增强全省发展动力和活力。云南省委省政府高度重视民营经济，将加快民营经济发展摆在突出位置，省第十次党代会明确提出要继续打好民营经济战役，为民营经济人士鼓舞士气、提振信心；借助“一带一路”倡议、长江经济带、孟中印缅经济走廊建设等，结合滇中新区及沿边金融综合改革试验区建设、五网建设、脱贫攻坚、八大民生工程的推进，为各类产业发展设立基金，适时发布大批PPP项目，给云南民营经济的发展创造条件。省委办公厅、省政府办公厅下发了《关于进一步抓好政策落实支持民营经济发展的通知》《关于印发〈领导干部挂钩联系民营企业工作方案〉的通知》，积极破解民营经济发展中的突出问题，从实施领导干部挂钩联系民营企业制度、加大政策落实督查督办力度、完善民营经济发展考核评议制度等方面强化政策措施的落实。四川省按照政府引导、规范服务的原则，健全创业、信息、法律服务体系，为民营经济发展提供优质服务。相关部门制定更加具体化、标准化的支持民营经济发展的政策措施，增强可操作

性和针对性，加大政策解读、宣传力度，简化办事流程，提高服务效率，确保各项政策落实到位。重庆市委、市政府毫不动摇地鼓励、支持、引导民营经济健康发展，持续激发民营经济发展潜力和活力。随着国家长江经济带发展以及中新（重庆）战略性互联互通项目的持续推进，重庆市投资空间和市场容量的潜力正持续不断地激发和释放，全市民营经济发展空间日益拓展。特别是近年来市委市政府实施鼓励、支持和引导民营经济发展政策措施的持续落地，民营经济发展的政务环境、营商环境、法治环境、金融环境和人才环境等有新的较大改善，民营经济发展的活力和动力不断增强。

（二）积极参与，主动适应，民营经济供给侧结构性改革呈现新亮点

西南四省市民营企业认真贯彻落实中央经济工作会议精神，积极参与供给侧结构性改革，着力提升民营经济有效供给能力。重庆市着力去除无效供给，按照产业禁投负面清单，严格执行能耗、环保、安全和质量技术标准，重点压缩煤炭、钢铁、造船等过剩产能；民营房地产企业积极配合政府不新增库存，促进住房消费，调整部分商业地产项目功能和用途，改善供给结构。四川省引导民营企业积极践行新发展理念，培育发展新动能，实现提质增效升级。综合运用市场、经济、法律、行政手段，倒逼民营企业过剩产能退出市场，鼓励民营企业通过兼并重组优化产业布局，化解过剩产能。认真贯彻落实国家各项税收优惠政策，全面实施“营改增”，确保所有行业税负只减不增。实施涉企收费清单制度，建立常态化公示机制和政策跟踪监督机制。贵州省围绕供给侧结构性改革，推进民营经济转型升级，探索进一步深化民营经济改革的新思路、新举措，适时制定民营经济发展改革工作方案。大力打造电商平台，推进家有在线电商建设工作，指导企业在阿里巴巴、淘宝网、京东网等线上全面铺开；发挥各类展会平台作用，加强对民营企业特色品牌的推介，推动“黔货出山”；推动企业转变经营观念，注重生产和服务质量，树立精品意识和品牌意识，引导中小企业提炼品牌并增强品牌的核心价值，建立品牌战略规划，提升产品附加值和市场竞争力，实现企业的由小变大、由大变强。云南省坚持需求牵引，深化供给侧改革，分业施策、分类指导、错位发展，通过产业产品结构调整，引导企业重新进行市场定位，在企业管理理念、产业结构、产品结构、企业组织结构等方面进行整合升级，增加有效供给。

（三）创新驱动，转型升级，民营企业创新发展迈出新步伐

2016年，西南四省市民营企业注重动能转换，创新发展取得了新的成效。重庆市民营企业加强与高校、科研院所建立产学研用相结合的市场化协同创新机制，加快科研成果转化；通过合作组建、参股控股等形式参与发展混合所有制经济，推动传统产业改造升级，民营经济核心竞争力全面提升。截至2016年年底，全市民营企业有11家建立院士专家工作站，1 000余家成立科研机构，全市高技术产业中民营类工业总产值增幅高于全市平均水平。四川省引导大型民营企业加强产业关键共性技术创新平台建设，充分发挥优势企业创新发展示范作用，引领全省民营企业转型升级。积极发展技术交易市场，健全公共技术服务体系，实现高精尖技术在国企民企间双向转化，助力民营企业创新发展。截至2016年年底，全省已认定2 707家高新技术企业，其中民营企业占96%；在111家省级以上技术创新联盟中，民营企业占65%；168家省级以上工程技术研究中心，以民营企业为依托的占64%。贵州省支持职业技工院校与民营企业开展校企合作，建立实训基地，共建重点专业，逐步扩大民营经济专业技术人才职称评定专业领域；创新政府支持方式，鼓励中小企业加大研发投入，加强技术改造，引进先进适用技术、工艺和设备，改造传统工艺，优化生产流程；鼓励中小企业与各类重点实验室、制造业创新中心、高校、科研院所等开展产学研用合作，走“专、精、特、新”发展之路；鼓励中小企业积极参与国企改革，推动中小微企业与龙头企业专业化配套协作，着力培育行业“单项冠军”和“小巨人”企业。云南省强化创新平台建设，为中小企业提供技术研发、人才、融资等支撑，形成企业为主体、政府引导、产研结合、多方投入的中小企业创新支撑体系；加大对中小企业创新的支持力度，鼓励中小企业为大企业配套服务、推动大中小企业协同发展；实施中小企业信息化推进工程、中小企业成长工程、微型企业培育工程，加大对企业技术创新、技术改造、品牌培育的投入和扶持力度，增强核心竞争能力，促进转型升级，带动民营经济提质增效。

（四）因地制宜，发挥优势，培育民营经济重点产业取得新突破

西南四省市注重从自身特点和优势出发，因地制宜，抢抓机遇，努力

培育地方民营经济重点产业，重庆的先进装备制造业、四川的战略性新兴产业、贵州的大数据大健康产业、云南的高原特色产业等一批具有省市地方发展优势的民营经济重点产业异军突起。重庆市民营经济支柱产业技术升级和产业集聚进程加快，战略性新兴制造业核心产业链加快成型，先进制造业与生产性服务业融合加速，一批民营企业积极改造升级传统产业，发展战略性新兴产业，调优存量、做优增量，比如宗申、隆鑫向通用航空、无人机等高端产业升级。四川瞄准市场消费需求和技术发展前沿，引导民营企业进入战略性新兴产业领域，加快打造一批先导产业，引导社会资本投资重点产业、园区新建创业辅导基地、众创空间、科技孵化器等多层次创业载体。贵州省重点发展以大数据、大健康为引领的新兴产业，加快引进大数据电子信息等领域高新技术企业、农业产业化龙头企业、旅游和物流等现代服务业企业以及经过转型升级后的企业，鼓励民间资本、外商投资进入大健康、大旅游领域，大力支持大健康为重点的医药养生产业、以山地旅游业为重点的服务业发展，培育一批医养结合、“银发经济”等龙头企业；实施“千企改造”工程，在白酒、医药、装备制造、特色食品、建材等民营经济相对集中的重点产业，推动产业成龙配套，优化重点产业结构，提高产业核心竞争力。云南省围绕生物医药、文化旅游、健康养生等“八大产业”建设，借助两化融合、军民融合等平台，加快实施“中国制造2025”“互联网+”行动等战略，通过提升改造一批、转型升级一批、承接转移一批、国际化促进一批、创新示范一批，打造民营经济产业发展新形态；充分抓住沪昆高铁、云桂铁路开通运营，运输成本大大降低的历史机遇，积极推动民营工业经济发展，促进民营经济深度参与以文化旅游和健康养生产业为主的第三产业发展。

三、2016年西南四省市民营经济发展存在的主要问题

由于区位劣势制约、历史积累不足、发展基础薄弱、传统观念束缚、国内外经济走势等各方面因素的综合影响，西南四省市民营经济的发展仍然面临不少困难和挑战。

（一）民营企业规模普遍较小、实力普遍较弱

西南四省市民营经济以中小微企业为主，缺乏领军企业和大项目支撑，

市场竞争力不强。民营市场主体70%以上是个体工商户，民营企业规模普遍偏小，同行业市场占有率偏低，大多从事低附加值产品的简单加工生产，研发创新能力弱，高技术产业、战略性新兴产业投资规模偏低，导致部分行业产能过剩、产能利用率不高、产业竞争力弱，投资效益低。在2017年全国民营企业500强评选中，西南四省市仅有23家入选，其中重庆市11家、四川省10家、云南省2家；而排名前四的省份为浙江省120家、江苏省82家、广东省60家、山东省57家，与东部沿海地区的差距由此可见。2016年西南四省市民营经济增加值总和为40 077.6亿元，不及广东一省的42 578.76亿元。

（二）主动融入国家战略和对未来市场的信心不足

由于受国际地缘政治矛盾频发、全球经济复苏缓慢、逆全球化思潮泛起、国际贸易保护主义抬头等因素影响，西南四省市民营企业融入和服务“一带一路”建设及“澜湄合作”和“长江经济带”等国家战略不够主动，民营经济进出口贸易比2015年大幅下滑，利用国际资源和市场开放加快发展面临新的考验。随着国内经济进入新常态、供给侧结构性改革不断深入，由于要素成本上升、利润下降，市场需求低迷、订单减少，企业开工不足、效益下滑，速度换挡、结构调整、动力转换更加紧迫，“三去”任务更加繁重，民营企业转型升级面临新的挑战。在持续的经济下行压力、多重困难叠加、多重风险交织的情况下，多数民营企业家发展信心仍然不足，民间投资意愿和能力不强，民间投资增长乏力、低位运行，民营经济发展后劲不足。

（三）“融资难、融资贵”仍是制约民营经济发展的最大瓶颈

中小微企业融资难、融资贵的问题未得到根本解决，银行抽贷、压贷、断贷的现象仍然不断发生，融资成本居高不下，资产负债率偏高。如重庆市中小企业银行融资综合成本在13%～15%，且贷款手续繁杂，需要1～2个月时间。四川省民企贷款利率普遍高于全国平均水平，并且贷款需求满足率仅为30%～40%，由于银行只开放了短期信贷业务，民营企业获得贷款的难度和成本不断加大，存在“短贷长投”的财务风险，民企用钱“既贵又难”。贵州、云南两省金融业发展相对落后，民营企业尤其是小微企业融资难、融资贵问题更加突出，虽然政府和有关部门出台了向中小企业倾斜的信贷政策，设立了相应引导基金，但在商业银行信贷风控程序面前，民企很难获得扩大

生产所需的新增贷款。同时贷款利率和中间费用过高，一般是基准利率上浮20%～30%，融资环节增多、中介加价、担保复杂，大幅抬高了融资成本。

（四）营商环境和创新环境亟待优化提升

部分民营企业家认为，在公平竞争、政策优惠、行政效率等方面亟待进一步改善。通过四川省民营经济政策督查调研与效果评估调查发现，70%以上民营企业家认为权益保护不平等，35%以上认为在市场准入上被差别对待，50%以上认为审批手续繁多、程序复杂，40%以上认为有关部门怕担责任、不愿作为。民营企业参与PPP项目有歧视，制度性交易成本偏高，行政事业性收费及办理各类手续产生的隐形费用给企业造成很大负担，其中包括教育费附加、水资源费、社会保险费、电价附加等多达30余种，涉及50余个部门，大量资金都沉淀到政府账户，没有发挥资金的使用效率效益。各省市中小企业公共服务平台涉及的各职能部门协调配合不够，难以实现公共服务资源的有效整合和共享。各级政府及相关部门出台的大众创业万众创新政策措施交叉重叠，难以形成合力，政策效力发挥不明显。

（五）人才缺用工难仍是民营企业发展面临的突出问题

西南地区民营企业普遍存在高级人才难引进，技术工人难留住，创新发展能力低下的问题。如发展较快的四川省全省私营企业平均每户雇工不超过11人，低于全国平均14人的水平。同时，用工成本大幅上升，重庆市工业制造业人工工资已占到企业全部成本的30%左右。工人流动性大，技术型熟练工人难招的问题普遍存在。招工企业与新生代农民工的供需诉求结构矛盾，形成企业用工难与劳动力就业难的畸形现象，一些大学生不愿到中小民营企业就业。民营中小企业吸附高新技术人才能力更弱，地处市郊和乡镇的民营企业，更难招聘到相应人才，尤其是“走出去”企业严重缺乏国际贸易专业人才支撑。很多企业中高层管理和科技人才任职时间平均不到3年，民营企业普遍面临研发、管理和技术人才引进难、留不住的困境，创新人才短缺严重制约了企业的创新发展和转型升级。

四、促进西南四省市民营经济加快发展的建议

（一）提升政府服务质量，营造优良发展环境

针对“中梗阻”普遍，“微循环”困难，切实解决好政策落地“最后一公里”问题，制定更加具体化、标准化的支持民营经济发展的政策措施，增强可操作性和针对性，加大政策解读、宣传、督查力度，简化办事流程，提高服务效率，确保各项政策落实到位。推进电子政务建设，注重权威信息“第一时间”发布，减少企业来回奔波的烦恼，提高政府部门办事效率。对修订后的《中华人民共和国中小企业促进法》进行大力宣传，加强落实督查。建立多渠道政企对话沟通机制，加强政府部门与民营企业特别是小微企业之间的联系，坚持问题导向，梳理民营企业反映的突出困难和问题，加强综合协调，形成工作合力，为民营企业提供“专业、精准、贴身”的服务。加快完善公开透明、规范有序的市场准入制度，进一步打破行业、地域垄断，凡是法律法规没有明令禁止准入的行业和领域都应该鼓励民间资本进入，凡是已向外资开放或承诺开放的领域都应该向民间资本开放。特别是要修订完善产业禁投负面清单，推动民营企业在要素使用、招投标等领域享有平等待遇。深入实施PPP投融资模式，发挥好产业引导股权投资基金的撬动作用，引导民营经济依法有序、公平合理、积极有效地参与经济社会发展各项事业，确保民营企业真正得到实惠，增强政策获得感。

（二）构建“亲”“清”新型政商关系，增强民营企业发展信心

进一步处理好政府与市场的关系，让公职人员在行为上做到守底线、分公私、讲责任，与民营企业交往有道、于公有利、于发展有益。要特别重视依法保护民营企业和企业家合法财产不受侵犯、合法经营不受干扰，对民营经济多关心、多扶持、多服务，少检查、少评比、少添乱，减少审批事项，简化办事手续，支持行业商协会健康发展，为民营经济发展创造公平、高效、尊商重企的良好发展环境。各级党委政府认真贯彻落实《中共中央国务院关于营造企业家健康成长环境弘扬优秀企业家精神更好发挥企业家作用的意见》，毫不动摇地鼓励支持民营经济发展，切实加强对民营经济工作的组织领导，完善服务民营经济发展的工作职能，充分调动企业家的积极性、主

动性、创造性，发挥企业家才能，让其安心、专心、用心转方式调结构谋发展。完善党政领导及部门联系非公企业和非公有制经济人士制度，应定期召开民营经济发展大会、民营企业家座谈会、民营经济分析研讨会，邀请民营企业家代表参加党委政府召开的经济工作会议，充分听取企业家的困难诉求和工作建议，适时分析和破解民营经济发展难题，并建立督查问责、信息收集反馈等相应机制。充分发挥政务服务平台、主流媒体以及行业商会组织等方面的信息窗口作用，及时发布权威、准确的政策和市场信息。大力宣传民营企业家在转型升级、创新发展、“万企帮万村”等方面对经济社会发展做出的积极贡献，营造亲商重商的舆论氛围。同时，积极营造鼓励创新、允许试错、宽容失败的社会氛围，激发和保护企业家精神，让企业家切身感受到社会的理解和信任，激发和增强民营企业家的发展信心。

（三）进一步疏通融资渠道，切实解决“融资难、融资贵”问题

落实好中央优化信贷投向结构政策，降低民营企业融资成本，以改革的办法加大对民营经济的支持。加大政策激励力度，用财政引导资金撬动金融资金支持民营经济；加强监管引导，清理规范不必要的资金“通道”“过桥”环节，取消直接与贷款挂钩、没有实质服务内容的收费项目，让金融服务民营经济的“血脉”更通畅；改善政府服务引导，搭建信息平台、做好牵线搭桥等。依靠多层次资本市场融资机制，采用风险投资、基金融资、债券融资、上市融资、众筹融资等方式，拓宽民营企业融资渠道，增大直接融资比例，降低融资成本。引导金融机构扩大信贷规模，拉长信贷周期，开发适合中小企业的信贷产品，完善动产抵押、股权出质、商标权质押等登记制度，探索建立金融机构与担保机构风险分担模式。建立和完善金融机构对小微企业信贷业务的监管标准，提高不良贷款容忍度，完善普惠金融服务绩效考核制度，对小微企业不良贷款进行单独考核，加大对其不良贷款核销力度。政府出资的政策性担保公司要增强资本实力，扩大担保规模，降低担保费率。鼓励开展“保险+信贷”合作，支持小微企业获得贷款服务，并实行较低的保险费率。

（四）围绕供给侧结构性改革，加快推进民营经济转型升级

坚持需求牵引，分业施策、分类指导、错位发展，通过引导企业重新

进行市场定位，在企业管理理念、产业结构、产品结构、企业组织结构等方面进行整合升级，增加有效供给。强化创新平台建设，为中小企业提供技术研发、人才、融资等支撑，形成企业为主体、政府引导、产研结合、多方投入的中小企业创新支撑体系。引导民营企业结合产业结构调整，积极践行新发展理念，培育发展新动能，实现提质增效升级。综合运用市场、经济、法律、行政手段，倒逼民营企业过剩产能退出市场，鼓励民营企业通过兼并重组优化产业布局。支持建立面向企业的共性技术服务平台，积极发展技术市场，健全公共技术服务体系，实现高精尖技术在国企民企间双向转化，助力民营企业创新发展。完善人才引进机制，支持民营企业培育和引进高端人才和实用新型人才，为建设一流企业提供人才保障。强化研发设计、信息技术、商务咨询等服务，有针对性地帮助解决民营企业转型升级中的难题。瞄准市场消费需求和技术发展前沿，引导民营企业进入战略性新兴产业领域，加快打造一批先导产业。引导大型民营企业加强产业关键共性技术创新平台建设，充分发挥优势企业创新发展示范作用，引领民营企业转型升级。

编委：雷文睿　陈　建　潘晓燕　苏桄平

课题组成员（排名不分先后）：

雷文睿　陈孝维　杨浩林　陈　建

喻晓春　吴　言　潘晓燕　张珍智

吴　洁　苏桄平　陆志国　赖德淑

2016年东北三省和内蒙古自治区民营经济发展报告

摘要：报告以2016年三省一区民营经济发展户数、创GDP量、民间固定资产投资、纳税等指标进行分析，并与四年前2012年情况进行对比，力争从阶段上说明四年来三省一区民营经济发展变化，并认真查找其中的问题，分析原因，提出了对策建议。

关键词：东北　民营经济　发展

2016年，面对复杂严峻的经济形势和艰巨繁重的改革发展稳定任务，东北三省一区全面贯彻落实党中央、国务院的决策部署，不断优化发展环境，推动创新创业，紧贴基层实际和企业需求，积极引领民营企业适应经济发展新常态，民营经济发展的质量和效益总体向好，为地区经济发展作出了重要贡献。

一、总体情况

（一）吉林、内蒙古民营企业数量持续增长，黑龙江、辽宁停滞倒退

2016年年末，吉林省个体私营企业户数为173.1万户，同比增长8.3%；内蒙古民营企业数量达到170.81万户，同比增长4.89%；黑龙江民营经济单位户数186.1万户，与上年基本持平；辽宁省民营经济单位数158.3万户，增长-7.4%。以上数据表明，辽宁民营经济户数在三省一区中所占比重是最少的，并出现负增长（见图1、图2）。

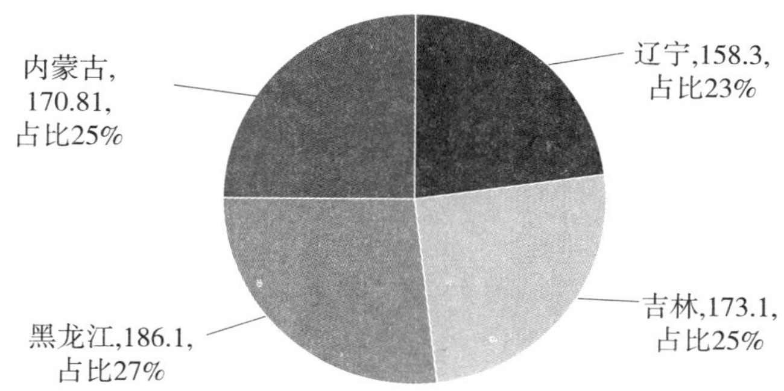

图1　2016年三省一区民营经济户数对比

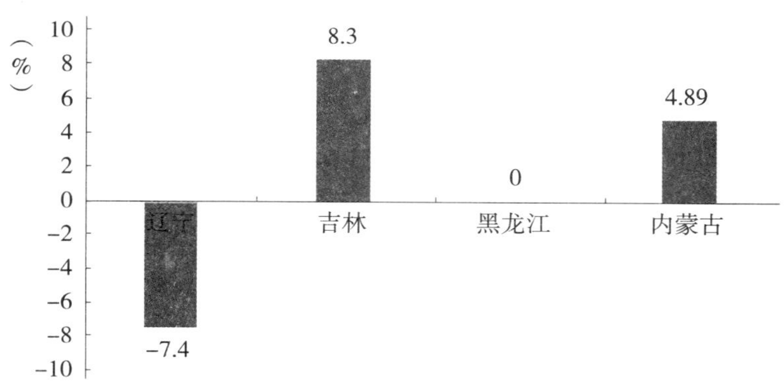

图2　2016年三省一区民营经济户数增长率对比

我们来看看四年前的情况，2012年年末，辽宁省民营经济单位数183.9万户，增长0.3%；黑龙江民营经济单位户数207.4万户，比上年增长0.2%；吉林省个体私营企业户数为149.89万户，同比增长8.46%；内蒙古民营企业数量达到111.78万户，同比增长13.13%。2012年，辽宁、黑龙江民营经济户数比吉林、内蒙古都好，但吉林、内蒙古已显现强劲增长的态势（见图3、图4），四年之后，辽宁已被赶超，与黑龙江基本持平。

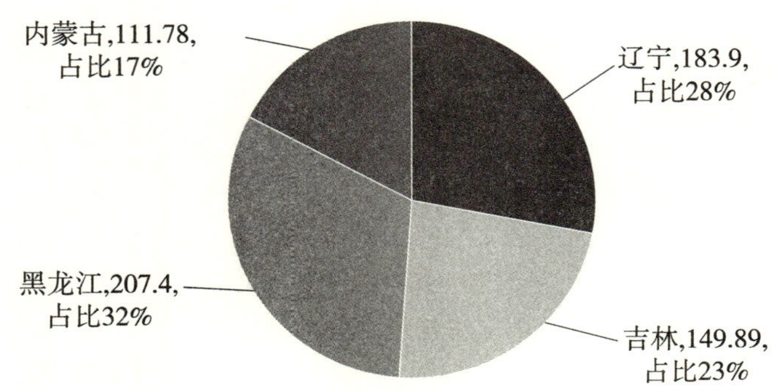

图3　2012年三省一区民营经济户数对比

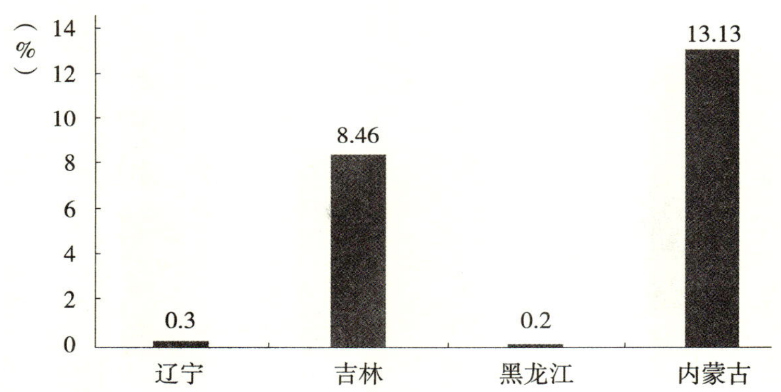

图4　2012年三省一区民营经济户数增长率对比

我们来看看2016年三省一区人口规模与民营企业数量比情况，辽宁人口最多，每28人有一家民营企业，黑龙江每21人有一家，吉林、内蒙古差不多，与辽宁、黑龙江人口上比较差距较大，但四年来民营经济发展却是吉林、内蒙古快速增长，实现赶超，吉林是每16人有一家民营企业，内蒙古是每15人有一家民营企业（见图5、图6）。

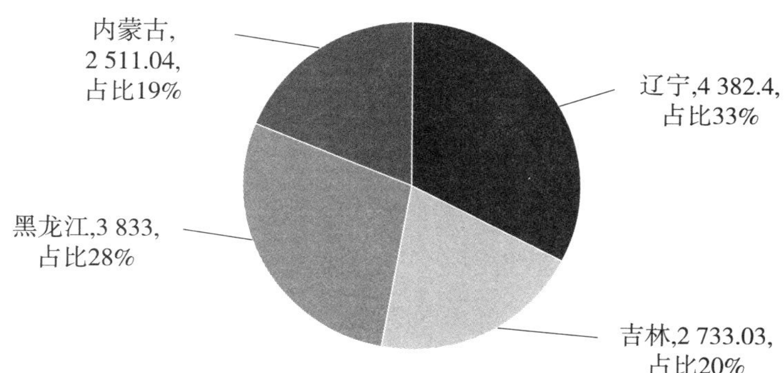

图5 2016年三省一区人口对比

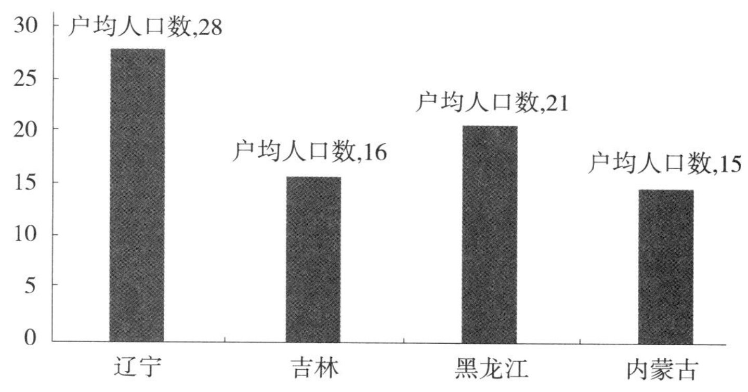

图6 2016年三省一区民营企业户均人口数

（二）民营经济增加值增长速度总体回落，地区间不均衡

2016年，黑龙江省民营经济增加值达7 800.9亿元，比上年增长7%，占全省GDP的50.7%；吉林省民营经济增加值实现7 651.5亿元，增长4.3%，占全省GDP的51.4%，辽宁省民营经济实现增加值11 054亿元，同比增长-32.3%，占全省GDP的50.2%；内蒙古非公有制经济实现增加值12 000亿元，同比增长7.3%，占全区GDP的64.4 %（见图7、图8、图9）。

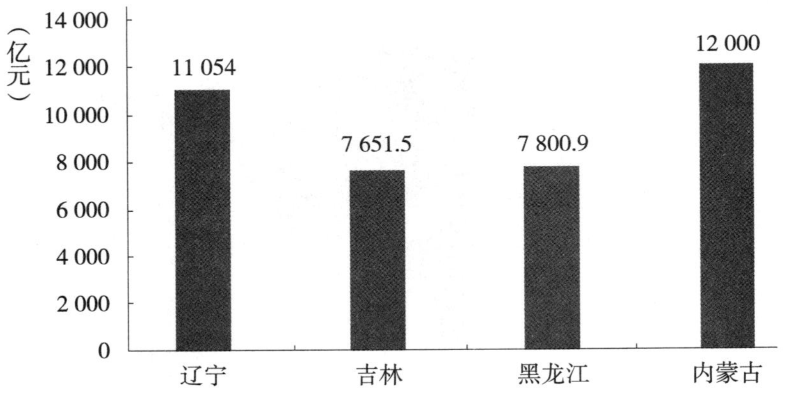

图7　2016年三省一区民营经济创GDP对比

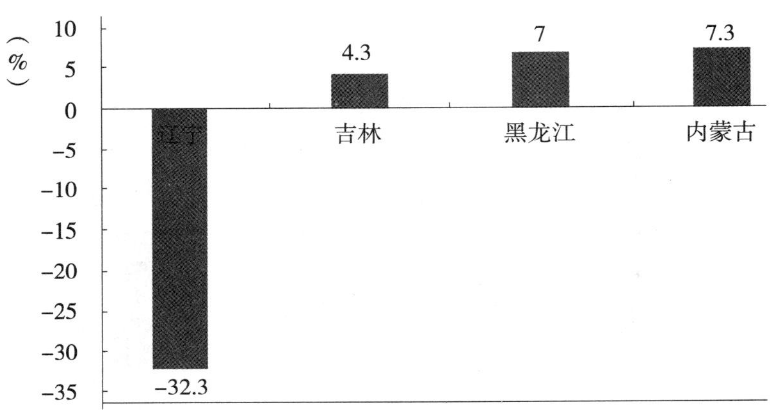

图8　2016年三省一区民营经济GDP同比增长率对比

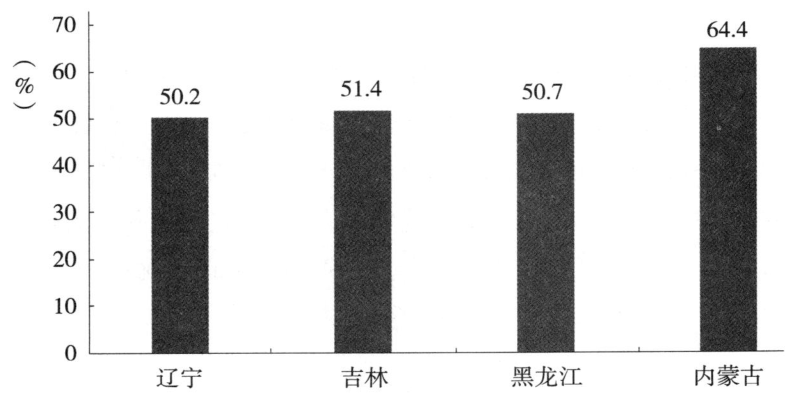

图9　2016年三省一区民营经济创GDP在地区比重

我们来看看2012年时的情况，2012年，辽宁省民营经济实现增加值15 900亿元，占全省GDP的64%；吉林省民营经济增加值实现6 064.4亿元，占全省GDP的50.8%；内蒙古非公有制经济实现增加值7 994.17亿元，占全区GDP的50%；黑龙江省民营经济增加值达6 627.2亿元，占全省GDP的48.4%（见图10、图11）。四年前，辽宁民营经济创GDP总量和在全省比重均遥遥领先，但经过四年发展，辽宁民营经济创GDP不仅在总量上被内蒙古超越，在全省比重竟沦落到三省一区中倒数第一。

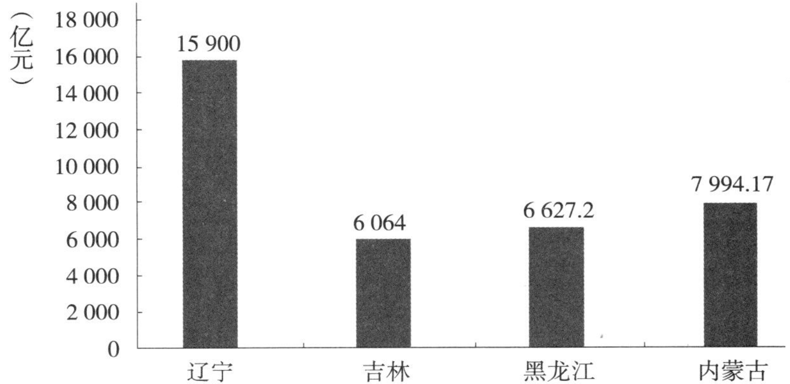

图10 2012年三省一区民营经济创GDP对比

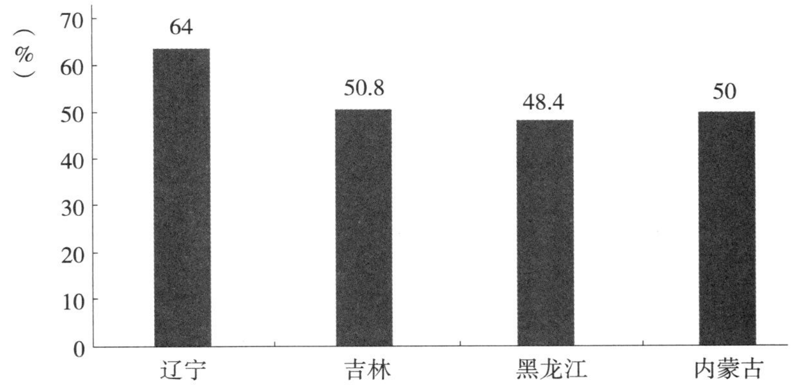

图11 2012年三省一区民营经济创GDP在地区比重

再来看看三省一区民营经济发展质量，以户均创GDP为指标作评价，2016年年底，内蒙古最高达70.3万元，辽宁次之，达69.8万元，吉林、黑龙江差不多，都在40多万元。但我们看看四年前的情况，当时，辽宁是86.5万元，内蒙古是71.5万元，黑龙江、吉林还停留在30万元、40万元水平（见图12、图13）。

四年的发展，辽宁民营经济不仅在户数上出现萎缩，而且在创GDP能力上也在下降。内蒙古实现了民营经济单位数量与创GDP能力的同步增长，应该说是这四年三省一区中民营经济发展最好的地区。吉林也实现了民营经济单位数量与创GDP能力的同步增长，但民营经济体实力偏弱。黑龙江民营经济单位数量有所下降，但质量得到提升，但总体规模也是相对较小。

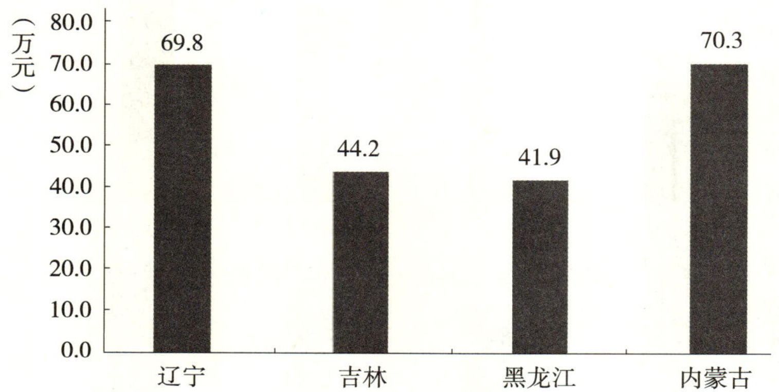

图12　2016年三省一区民营企业户均创GDP对比

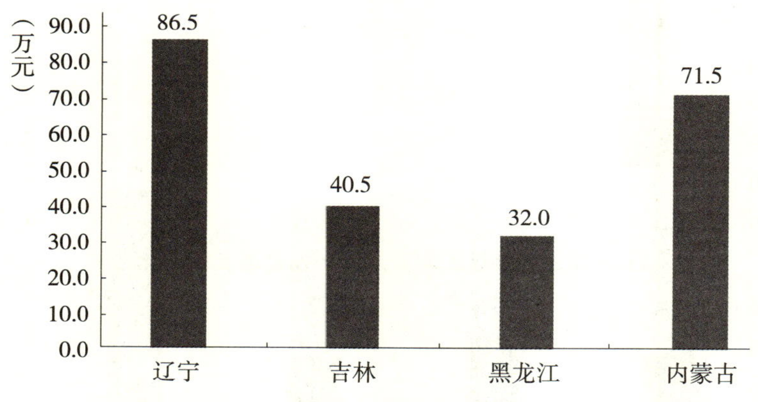

图13　2012年三省一区民营企业户均创GDP对比

（三）民间投资吉林、黑龙江、内蒙古总体步入平稳增长阶段，辽宁下降幅度较大

2016年，吉林省民间固定资产投资完成1.02万亿元，同比增长12%，[illegible]全省城镇固定资产投资总额的74.1%；内蒙古民间固定资产投资8 500.2亿元，同比增长4.2%，占全区社会固定资产投资额的55%；黑龙江省民间固定资产投

资7 114.4亿元，比上年增长7.9%，占全部固定资产投资的比重为68.2%；辽宁省民间固定资产投资4 445亿元，增长-57%，占全部固定资产投资的比重为69.1%（见图14、图15、图16）。

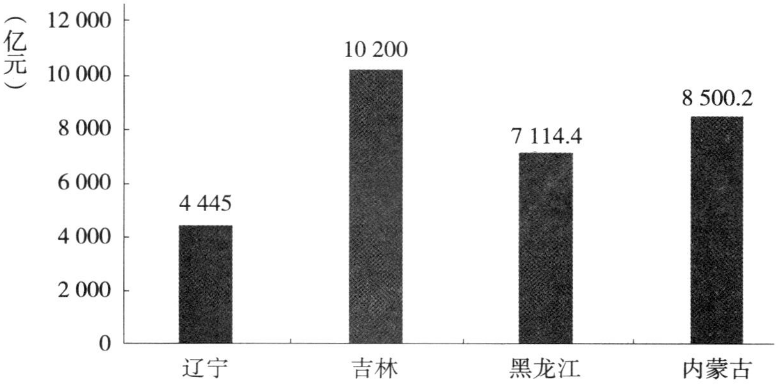

图14　2016年三省一区民间固定资产投资对比

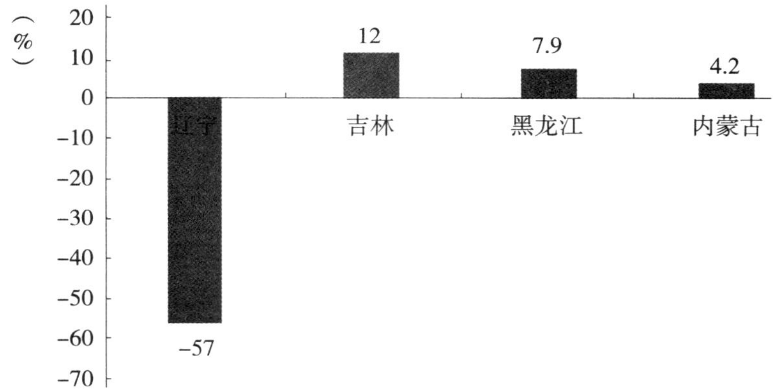

图15　2016年三省一区民间固定资产投资增长率对比

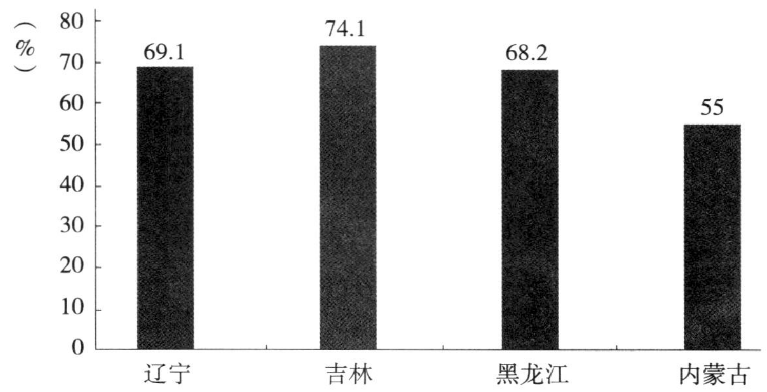

图16　2016年三省一区民间固定资产投资所占比重对比

我们来看看四年前的情况，2012年，辽宁省民间固定资产投资13 945亿元，增长17.5%，占全部固定资产投资的比重为64.2%；内蒙古民间固定资产投资7 974.76亿元，同比增长10.7%，占全区社会固定资产投资额的60.82%；吉林省民间固定资产投资完成6 735.6亿元，同比增长29.6%，占全省城镇固定资产投资总额的71.2%；黑龙江省民间固定资产投资5 561.2亿元，比上年增长50.5%，占全部固定资产投资的比重为59.3%（见图17、图18、图19）。

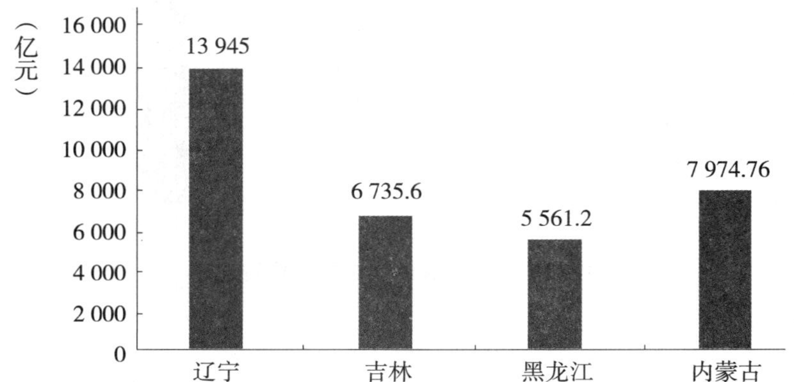

图17　2012年三省一区民间固定资产投资额对比

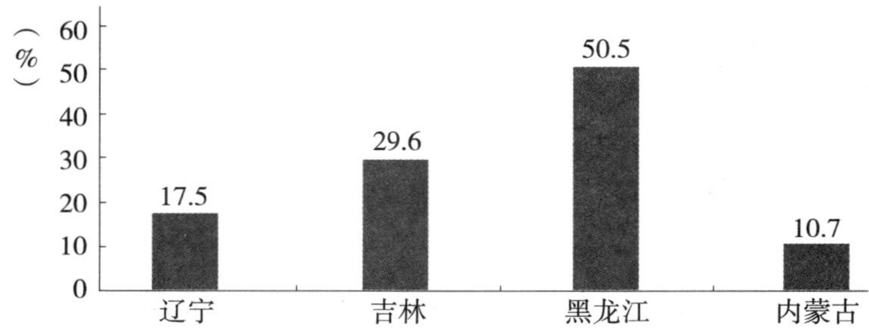

图18　2012年三省一区民间固定资产投资额对比

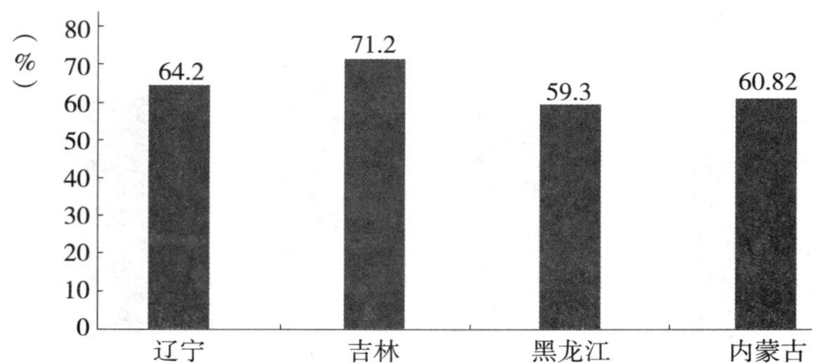

图19　2012年三省一区民间固定资产投资所占比重对比

四年前，辽宁民间固定资产投资在三省一区中排第一，是其他二省一区的一倍左右，四年以后，其他二省一区都在增长，辽宁却在大幅下降，排名实现了倒转，其他二省一区是辽宁的一倍左右。在全部固定资产投资中的比重，吉林、黑龙江都在平稳上升，辽宁虽也上升，但是在总体大幅下降基础上的上升，不能完全说明问题，内蒙古有所下降，综合反映出在民间投资增长同时，国有资本投资力度更大。

（四）民营经济成为地方财政收入的重要来源

2016年，内蒙古民营经济上缴税金1 511.48亿元，占财政总收入的68.4%；辽宁省民营经济上缴税金1 397亿元，同比增长-16.4%，占全省税收总额的28.5%；黑龙江省民营经济上缴税金854.8亿元，比上年增长8.4%，占全省税收的比重达51.3%；吉林省民营经济上缴税金755.9亿元，同比增长1.9%，占全省地方级财政收入比重达到59.8%。

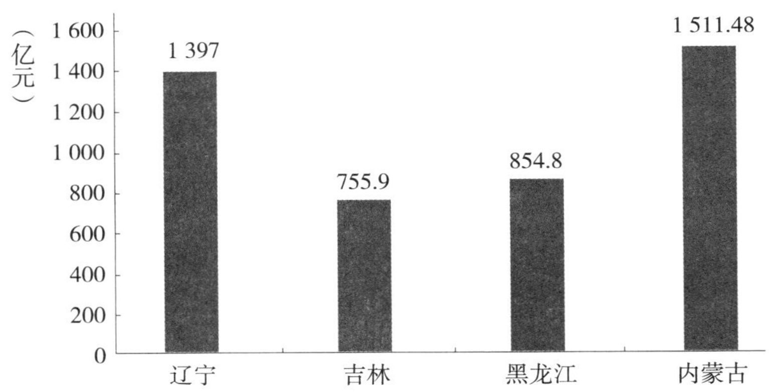

图20　2016年三省一区民营经济纳税对比

再来看看四年前的情况，2012年年底，辽宁省民营经济上缴税金1 962.2亿元，同比增长18.9%，占公共财政预算收入的63.2%；内蒙古民营经济上缴税金1 602.07亿元，占财政总收入的62.38%；黑龙江省民营经济上缴税金716.6亿元，比上年增长6.3%，占全省税收的比重达34.1%；吉林省民营经济上缴税金678.4亿元，同比增长13.6%，占全省地方级财政收入比重达到65.2%（见图21）。

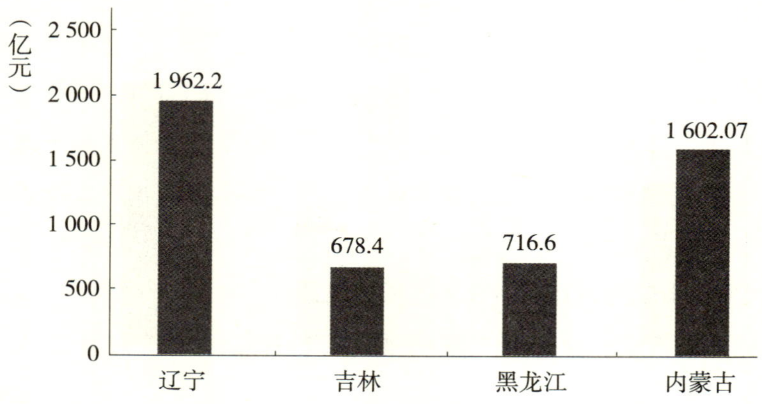

图21　2012年三省一区民营经济纳税额对比

我们来看看三省一区民营经济每创一元GDP纳税额，2016年情况是，辽宁与内蒙古相当，都需要交0.13元，吉林最低0.1元（见图22），黑龙江为0.11元；四年前2012年的情况是，内蒙古要交0.2元，辽宁是0.12元，吉林、黑龙江均为0.11元（见图23）。上述情况表明，三省一区民营经济税赋情况是，内蒙古这四年降税幅度最大，然后是吉林，黑龙江总体稳定，辽宁略有上升。

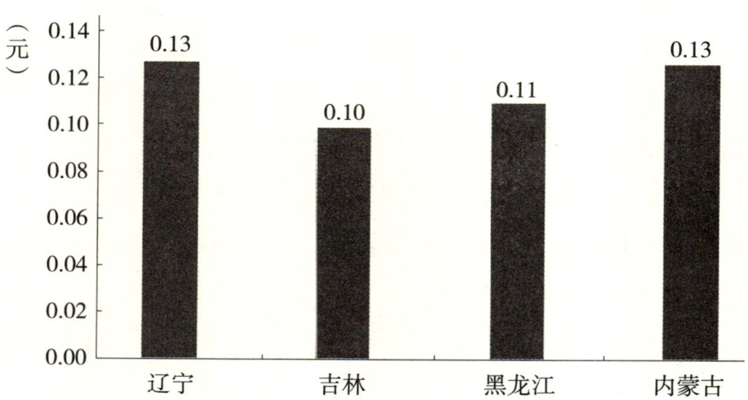

图22　2016年三省一区民营经济每一元GDP纳税额对比

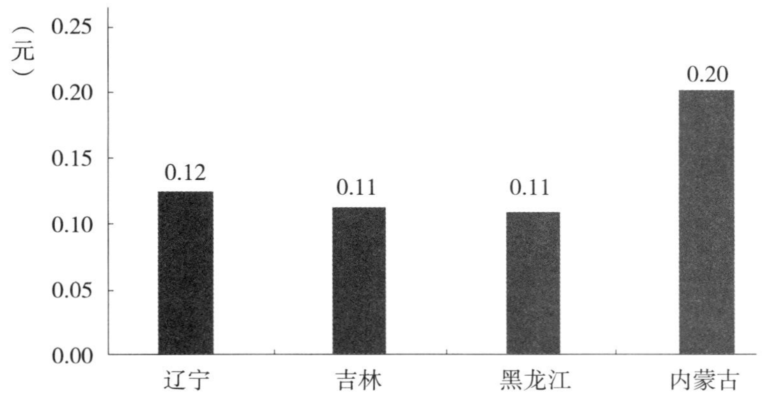

图23　2012年三省一区民营经济每一元GDP纳税额对比

总结2012年至2016年四年三省一区民营经济发展情况，总体发展速度回落，地区间不平衡，辽宁各项指标出现较大的下降，内蒙古是这四年增长最好的地区，吉林、黑龙江稳步增长。

二、主要做法

（一）提升发展意识，出台扶持举措

民营经济整体实力不强、发展滞后，生力军作用没有得到充分发挥已经成为三省一区的共识，引起了主要领导的高度重视。吉林召开了突出发展民营经济推进大会，出台了《关于进一步促进民营经济加快发展的实施意见》；内蒙古召开了非公有制经济工作会议，出台了《关于鼓励和支持非公有制经济加快发展的意见》《内蒙古鼓励和支持非公有制经济加快发展若干规定》；黑龙江召开了加快民营经济发展工作会议，出台了《中共黑龙江省委黑龙江省人民政府关于支持民营经济发展的若干意见》，在推动科技创新、万众创业方面出台了系列政策；辽宁认真贯彻落实中发〔2016〕7号文件，印发了《贯彻落实7号文件的实施方案》，把促进民营经济发展的政策措施具体细化分解落实到各级政府、各有关部门。

（二）简政放权，不断优化营商环境

黑龙江省持续加大简政放权的力度，近年来共取消下放行政权力942项；持续推进审批制度改革，目前行政审批精简率为66.7%，行政权力精简率为

71.2%；放开了20项639个政府定价具体项目。内蒙古稳步推进“五证合一、一照一码”登记制度改革，2016年，全区共发出“两证整合”营业执照12 666张。推行市场主体简易注销试点工作，将原注销公告期由45天缩短为10天。吉林以构建“亲”“清”新型政商关系为切入点，在全省范围内选择了66户重点民营企业作为省政府领导联系点，并制定了省政府领导联系民营经济工作制度。辽宁在全省范围内开展了百支专家团队千名机关干部帮扶万家民营企业和外资企业专项行动（简称“百千万”帮扶行动），2016年，全省共组织专家走访企业4 200余家，梳理问题需求4 500余条，协调解决问题3 600余个；组织召开融资对接、管理咨询、法律维权等帮扶专项会议35次，企业满意率达到80%。

（三）提升转型升级和创新能力，增强民营经济发展动力

辽宁开展了推动中小企业发展“专精特新”产品技术、加强中小企业公共技术服务平台建设、加强产学研对接、技术专家进企业“一对一”精准技术服务等活动，促进民营企业转型升级。吉林制定出台了中国制造2025吉林实施纲要、推进制造业与服务业融合发展行动方案、支持新型产业发展战略联盟建设的实施意见、推进医药健康产业发展实施意见、新能源汽车推广应用补贴资金管理办法等政策意见，突出了民营经济为主的战略性新兴产业亮点项目。内蒙古激发创新活力，2016年，自治区本级财政安排5 000万元民营企业电子商务专项资金、1 305万元中小企业“产学研”项目资金，对首次获得中国驰名商标、自治区著名商标的民营企业，给予一次性奖励共计1 100万元。黑龙江稳步实施科技创业三年行动计划，培育新兴科技企业。

（四）拓宽融资渠道，解决中小企业融资难、融资贵问题

辽宁实施了加强与金融机构合作，建立“辽宁省中小微企业信用培育池”，为“入池”企业创新提供包括信贷支持在内的综合性金融服务和信用培育、辅导咨询等服务，推进“助保贷”的应用与推广，加强融资担保体系建设等多项举措。内蒙古量身定做金融产品，组织实施了“金融助推高新技术企业成长计划”“金融助推千家创业企业成长计划”，推动金融机构针对特定产业集群开发了“助保金贷款”等20余种创新产品。吉林加强融资性担保机构建设，在保责任余额862.83亿元，平均担保费率1.92%，同比下降0.28

个百分点。黑龙江进一步加快金融服务体系建设，与人民银行哈尔滨中心支行共同了解企业融资需求，为企业提供综合性金融服务，开展银企对接大会、“银行行长进民企”等“金助民企”活动。

三、存在的问题及困难表现

（一）产品需求减少，企业订单不足

受国内外经济形势的影响，中小企业订单不足问题是影响企业发展的最大问题和困难。来自辽宁的问卷调查显示，41.4%的企业存在订单不足的问题，已经成为目前企业存在的普遍问题。

（二）资金紧张，融资难

中小企业融资难问题依然突出，一方面是企业投资项目自有资金不足，投资动力不足。另一方面流动资金也相对不足，辽宁的调查显示，反映资金紧张的企业占32.6%，企业应收账款低于正常水平的占17.8%，特别是为大企业配套的小微企业，返回货款多为 3～6个月的承兑汇票，这更加剧了小微企业的资金紧张状况。民营企业贷款主要是“流贷”，长期贷款难，且无法享受基准利率，贷款成本高，浮动利率在30%～50%甚至更高。多数获贷的中小企业难以得到全款，半数以上贷款以利息保障金或押金之类名目被扣下，但企业仍需支付全额利息。

（三）科技创新能力弱

拥有自主知识产权、掌握核心技术、具备国际竞争力的民营企业少，大多数产品处于产业链低端，产品科技含量不高。企业技术研发资金投入普遍不足，技术创新能力较弱，民营企业及产品的市场竞争力不强。民营企业专业人才少。不少企业实行的是粗放型和封闭的家族式管理模式，现代企业管理经验和能力不足，技术研发、管理专业人才匮乏，制约了民营企业发展。

（四）人才引进难

招不来、用不起、留不住的现象较为普遍。大部分高校毕业生不愿到民营企业就业，农村青壮年更愿到大中城市打工。由于民营企业在户籍管理、职称评定、职业资格鉴定、住房和子女入学入托等基本保障问题上难以与机关和企事业单位相比，单纯靠企业自身设置的各种奖励和待遇的方式留住人

才的可能性并不大，加之员工薪酬成本上涨过快，使多数中小民营企业难以承受。民营企业人才荒和国有单位人才过剩并存，民营企业人才队伍建设和发展受到严重制约。

（五）社保缴费负担仍较重

随着社保体系日益完善，企业规范化发展的一个重要标志就是企业员工社保体系是否健全。但对民营企业特别是小微企业而言，由于其经营发展能力和盈利能力相对较弱，持续缴纳社保费的能力也相对较弱，小微企业社保欠费或中断的现象时有发生，这也严重影响到企业的生存与发展能力。

四、原因分析

（一）经济结构的先天缺陷困扰发展

作为计划经济时期国家优先布局建设的老工业基地，东北形成了以央企为骨干、以国有为主导、以资源型重化工业为主体的经济结构。在生产组织和产业分工方面，要么垄断经营、要么以满足国家需要为主实行垂直分工、要么资金技术密集自成体系，市场化水平不高，市场机制不完善，客观上对民营经济发展产生了“挤出效应”。受此影响，东北民营经济走的也是传统模式发展的路子，多数企业处于低端产业或产业链的低端环节，而且不同程度地染上了“国企病”，导致活力不足，竞争力不强。

（二）发展环境不宽松束缚发展

受自然经济、计划经济思维方式和行为模式影响，传统思想观念根深蒂固，现代商业文明底蕴不足，尊商、重商、亲商、安商的社会氛围不浓。行政管理部门重大轻小、重公轻私、重外轻内、重管制轻服务，行政审批效率和透明度不高，所有制“隐性壁垒”和新老“三乱”问题仍然存在，民营企业抱怨较多。东北扶持民企政策的优惠程度、执行力度不及发达地区，加之政策制定缺少配套协同，政策落实缺少指导监督，致使政策效应大打折扣，影响了民营企业发展的信心和预期。

（三）高端生产要素供给不足制约发展

要素配置市场化程度不高，大量资源配置在非生产部门。改革开放以来，东北的资金、技术、人才等高端生产要素以及部分重要基础工业产品处于“净流出”状态，民营企业“融资难融资贵”和“招才难留才难”问题较为普遍。部分装备制造骨干企业的高端产品和产业链高端环节迁至域外，挤压了民营企业配套发展的空间。多数招商引资来的制造业企业只是将东北作为原料、初加工基地，技术研发、品牌、资金结算等高端环节缺失，对地区民企发展的带动能力不强。

（四）社会化中介服务体系不健全影响发展

民营企业中99%以上为中小微企业，在成长发展的各个阶段都需要中介机构的服务和指导。从整体情况看，还存在着管理服务主体不明确、融资担保体系不健全、信息平台建设不到位、信用评价体系不完善、教育培训机制不规范、市场中介组织发育不充分等问题。民企需要的创业辅导、技术支持、信息共享、法律援助等服务尚处于起步阶段，评估、监测、环保、会计、审计等中介机构行政垄断性色彩较强，金融、现代物流、工业设计、市场营销等对实体经济支撑力较弱。这些因素都增加了企业发展的“无形成本”。

（五）民企及企业家自身因素限制了发展

现代企业家资源比较稀缺，企业治理模式和经营机制不完善，市场意识、竞争意识、合作意识、法治意识不强，对接国家重大战略、重大政策、重大工程的主动性不够，可持续发展缺乏必要的制度保障。企业偏好与政府部门“合作”，忽视企业之间、产学研用之间特别是与资本市场的合作，导致企业在发展到一定阶段后遇到“规模瓶颈”和“成长烦恼”，缺少在全国有影响的“名家、名企、名品”。

五、对策建议

（一）进一步优化完善民营经济发展的营商环境

大力整治营商环境，全面推进“放管服”改革，进一步激发市场活力和社会创造力。一是全力打造法治化、国际化、便利化的营商环境。以进一步理顺政府和市场关系为切入点，牢牢抓住体制改革这个核心，积极主动从制度和规则层面进行改革，完善市场准入和监管方式，推广准入前国民待遇加负面清单管理模式，提高投资、贸易便利化水平。二是大力培育现代商业文化。通过举办各类地方特色的民营企业家活动，培育商业文化氛围，激发企业家精神，倡导树立以法治、制度、规则和信用为核心的市场经济意识，营造鼓励创新创业的浓厚氛围。三是着力构建“亲”“清”新型政商关系。本着“企业无事不插手、企业有事不撒手”的原则，发挥工商联的职能作用，建立规范的政商联系制度，加强政策和信息沟通，回应各方关切，凝聚起促进民营经济健康发展的强大合力。

（二）鼓励民营企业转型升级，推动民营经济健康持续发展

要在方向上给予引导。鼓励民营企业改造提升传统产业，引进新工艺、新装备、新技术，增创传统产业的规模、技术和市场优势；进军战略性新兴产业，培育一批战略新兴产业中的骨干企业，引导小微企业向“专、精、特、新”方向发展；发展生产性服务业，做大做强做精服务业，大力发展高端服务业。要在政策上给予倾斜。进一步扩大中小企业发展专项资金和科技型民企技术创新基金规模，明确扶持小微企业资金比例；完善落实结构性减税政策，通过减税、缓缴“五险一金”等方式帮助企业渡过难关；多渠道帮助民营企业拓展市场，在政府采购方面优先选择本地民营企业。要在服务上应给予支持。在民营企业特别是中小企业聚集区，搭建技术、电子商务、物流、信息等服务平台，加快科技成果转化和产业化；支持民营企业以质量求生存谋发展，争创中国驰名商标，支持“中华老字号”做大做强，努力打造一批知名品牌。

（三）创新金融供给，进一步加大财政金融扶持力度

应进一步降低各银行和金融机构门槛，简化贷款手续，公开办事程序，加大对民营企业特别是中小微企业的资金扶持力度；应大力发展中小微金融机构，进一步拓宽融资渠道，缓解中小微企业的融资难、融资贵问题，帮助中小微企业渡过难关，加快发展；应进一步创新金融产品，完善利用动产、仓单、税单、保单、股权、知识产权、商标权等抵押质押贷款业务，以及应收账款、供应链保理融资和票据贴现等融资服务；应对民营企业的金融风险及时做出评估并加强指导，适时推出一些能够帮助创业型企业分担风险、增加收益的金融产品；应进一步完善中小企业信用担保运营体系，扩大信用担保自身规模。

（四）实出抓好企业家队伍建设，发挥领军人物的示范引领带动作用

企业家是社会最稀缺的资源，是社会最宝贵的财富，是民营经济发展的“关键要素”。民营企业家骨干队伍培育是民营经济发展的重要支撑。与沿海发达省份相比，东北劳动力结构仍以低层次为主，高素质企业家、高层次人才和职业经理人队伍严重不足，培训滞后，制约了民营企业转型升级和向战略新兴产业发展的步伐。应进一步统筹抓好民营企业家队伍建设，要整合各部门各渠道的培训资源和培训资金，统筹谋划企业家的梯次培养工程，制定民营企业实际需要的“培训菜单”，优化“实战型”师资队伍，加强对培训效果的跟踪评估，加快构建企业家的终身学习培训体系；应根据实际情况明确提出民营经济品牌建设目标，通过凝聚民企力量，打造知名品牌，发挥民营企业家领军人物的示范引领带动作用，为民营经济发展集聚新势能；应高度关注民营企业的代际传承问题。要前瞻性地制定民企接班人培养方案，财政应适度安排专项引导资金，实施民营企业传承的引导与培育工程，充分整合利用第三方培训力量，加大对新生代企业家的培育工作。

（五）充分发挥商（协）会促进民营经济发展的作用

随着改革不断深入，“小政府，大社会”已经成为必然趋势。应大力加强商（协）会建设，使其成为服务民营经济发展的重要抓手。应出台相关政策，明确把行业标准制定、资质认定、质量认证、行业自律等适于行业商（协）会承担的行业管理职能下放给行业商（协）会，支持商（协）会开展行业统计、行业调查、制定行业发展规划、价格协调和公信证明等工作；应充分发挥行业商（协）会沟通政府、企业和市场的桥梁纽带作用。建立政府部门与行业商（协）会联席会议制度，使政府及时了解行业发展中存在的问题，帮助解决行业发展中遇到的困难。政府在出台与行业管理有关的政策法规、召开与经济发展和行业管理相关会议及制定行业发展规划时，邀请行业商（协）会参加，并充分听取其意见建议；应进一步建立和完善政府职能转移和购买服务制度，明确政府向商（协）会购买服务的基本原则、实施范围和主体、承接对象和条件、购买形式、操作流程、支付方式和职责分工等细则。

课题组组长：郑　滨　牛学民　沙育超　赵庆禄

课题组成员（排名不分先后）：

朱乃芬　许　宁　于庆华　李淑英

汪晓松　赵庆禄　李文涛

2016年西北地区民营经济发展报告

摘要：2016年，随着供给侧结构性改革的深入推进，西北地区（陕西省、甘肃省、宁夏回族自治区、青海省、新疆维吾尔自治区及新疆生产建设兵团）民营经济转型升级步伐不断加快，改革活力不断增强，发展环境持续优化，在稳定增长、增加税收、促进创新、增加就业、改善民生等方面发挥了至关重要的作用。受经济下行压力的影响，民间投资、对外贸易、税收贡献等也出现了不同程度的下降或减少。本文从经济增加值、民间投资、吸纳就业、市场主体数量和规模、产业结构、对外贸易、税收贡献等方面分析了西北地区民营经济发展的基本情况，梳理了民营经济发展中遇到的困难和问题，对2017年民营经济发展趋势进行了展望。

关键词：西北地区　民营经济　状况　问题困难　趋势

一、2016年西北地区民营经济发展基本情况

2016年是“十三五”规划的开局之年，也是全面建成小康社会决胜阶段的开局之年。面对复杂严峻的国内外环境和持续加大的经济下行压力，西北地区民营经济组织主动适应经济发展新常态，有效应对各种风险和挑战，实现了“十三五”良好开局。

（一）经济总量平稳增长

2016年，西北地区民营经济完成增加值19 951.82亿元，同比增长9.05%，占西北地区生产总值的45.61%，同比提高1.11个百分点。各省、区民营经济增加值增速及GDP占比较上年均有提高（见表1）。

表1　2016年西北地区民营经济增加值统计

单位：亿元、%

分类 地区	地区GDP	非公经济增加值		
		增加值	同比增长	占GDP比重
陕西省	19 163.57	10 310.09	7.06	53.8
甘肃省	7 152.04	3 404.37	7.4	47.6
宁夏回族自治区	3 150.06	1 392.58	7.2	47.8
青海省	2 572.49	917.6	8.06	35.7
新疆维吾尔自治区	9 631.1	3 062.69	10.57	31.8
新疆生产建设兵团	2 134.33	896.4	14	42.0
合　计	43 736.59	19 951.82	9.05	45.61

说明：表中数据由各省、区工商联提供（其中：宁夏回族自治区非公经济增加值为2015年数据）。

（二）市场主体数量规模持续扩大

截至2016年年底，西北地区个体私营企业累计达到544.24万户，同比增加57.78万户，增长11.88%。其中，私营企业增加16.39万户，增长16.85%；个体工商户增加41.77万户，增长10.73%（见表2）。

表2　2016年西北地区个体私营户数

单位：万户、%

分类 地区	私营企业		个体工商户		合计
	户数	同比增长	户数	同比增长	
陕西省	50.74	11.47	149.64	6.72	200.38
甘肃省	25.06	19.47	105.79	7.38	130.85
宁夏回族自治区	11.23	19.77	34.25	6.77	45.48
青海省	2.81	12.76	31	9.07	33.81
新疆维吾尔自治区	22.9	20.9	97.2	25.9	120.1
新疆生产建设兵团	0.9	12.5	13.1	0.1	14
合　计	113.64	16.85	430.98	10.73	544.24

说明：表中数据由各省、区工商联提供。

（三）民间投资出现负增长

2016年，西北地区民间投资总额达到20 405.77亿元，同比下降4.63%，占全地区固定资产投资的41.58%，高于上年同期1.45个百分点，首次出现负增长。从各省区情况看，宁夏回族自治区、青海保持增长势头，甘肃、陕西小幅下滑，新疆维吾尔自治区、新疆建设兵团下降幅度较大（见表3）。

表3　2016年西北地区民间投资情况

单位：亿元、%

分类 / 地区	投资总额	民间投资情况		
		投资额	同比增长	占比
陕西省	20 474.85	8 738.6	–3.6	42.7
甘肃省	9 534.1	4 290.00	–2.1	45
宁夏回族自治区	3 835.46	2 104.79	14	54.88
青海省	3 533.76	1 212.08	2.62	34.3
新疆维吾尔自治区	9 974.56	3411.3	–21.7	34.2
新疆生产建设兵团	1 721.48	649	–17	37.7
合　计	49 074.21	20 405.77	–4.63	41.58

说明：表中数据由各省、区工商联提供。

（四）就业安置继续扩大

截至2016年年底，西北地区个体私营企业从业人员达到1 604万人，较上年增加148.27万人，同比增长9.84%（见表4）。民营经济为缓解就业压力、容纳剩余劳动力和社会新增劳动力、维护社会稳定及建设和谐社会做出了重大贡献。

表4　2016年西北地区个体私营企业从业人数

单位：万人、%

分类 / 地区	个体私营企业		
	从业人员	增加	同比增长
陕西省	518	34.46	7.2
甘肃省	415.43	45.07	12.17
宁夏回族自治区	153	16.71	12.25
青海省	118.57	8.03	7.25
新疆维吾尔自治区	334	41	14.03
新疆生产建设兵团	65	3	4.8
合　计	1604	148.27	9.84

说明：表中数据由各省、区工商联提供。

（五）税收贡献下降

由于陕西无具体数据，因此无法统计西北民营经济总体完税情况。但从现有数据看，各省区民营经济纳税总额增速都有较大幅度下降，但纳税占比有所提高（见表5）。一方面反映出国家全面实行“营改增”结构性减税、小微企业税收优惠、增值税起征点上调等改革措施，企业负担有所减轻，另一方面也是由于受经济大环境影响，民营企业经营效益不景气，造成完税增速下降。

表5　2016年西北地区民营经济缴纳税情况

单位：亿元、%

地区 \ 分类	税收总额	民营经济纳税情况		
		纳税额	同比增长	占比
陕西省	—	—	—	62.9
甘肃省	430.30	208.14	11.31	48.37
宁夏回族自治区	501.44	207.2	–3.8	41.32
青海省	312.74	175.48	–15.7	56.11
新疆维吾尔自治区	—	462	5.52	—
新疆生产建设兵团	—	—	—	—
合　计	1 253.48	877.34	–0.66	52.18

说明：表中数据由各省、区工商联提供；新疆生产建设兵团民营经济纳税额统计在新疆维吾尔自治区内；甘肃纳税统计为地税额。

（六）对外贸易低位徘徊

受全球经济形势影响，2016年，西北地区民营经济外贸进出口额整体下滑，除陕西省外，其余各省、自治区均出现较大负增长，但民营经济进出口额在各地的占比都有所提高（见表6），已成为对外贸易的绝对主导力量。

表6 2016年西北地区民营经济进出口情况

单位：亿美元、%

地区 \ 分类	进出口（亿美元）		
	总额	同比增长%	占比%
陕西省	261.19	9.17	88.7
甘肃省	45.44	–26.3	68.2
宁夏回族自治区	27.51	–15.74	84.77
青海省	13.58	–14.80%	91.09
新疆维吾尔自治区	155	–5.90	86.5
新疆生产建设兵团	63	–29.00	89.00
合　计	565.72	–13.76	84.71

二、西北地区民营经济存在的主要问题、困难及原因

（一）思想认识不到位

近几年，西北各省、区相继出台各类扶持民营经济发展的政策措施，体制机制不断完善，但仍然无法扭转落后局面，根本原因在于思想认识的被动与落后。一方面一些部门对发展民营经济的重要性和紧迫性认识还不到位，对民营企业还存在戒备心理和歧视心理，不能将民企与国企一视同仁，有厚此薄彼的情况，缺乏手心手背都是肉的观念。一些部门担当意识不够强，宁愿少服务、不服务，也不愿主动为民营企业出主意想办法，真心实意帮助企业解决问题，社会上还缺乏重商、亲商、爱商、护商的浓厚氛围。另一方面一些非公企业对现代企业经营管理和市场经济认识不足，自主创新意识不强，只专注于自身发展，思想观念跟不上新常态、新形势的要求，用老办法解决发展中出现的新问题，缺乏企业家精神；企业普遍缺乏具有战略决策能力的高素质管理人才和具有创新能力、专业技能的复合型人才；一些企业甚至管理凭经验，经营重眼前，不重视专业人员的培养，比如很多小微企业没有专职的会计从业人员，一个会计同时兼职几家企业的会计工作，导致企业的财务管理非常不规范。思想观念的滞后严重制约着西北地区民营经济的发展。

（二）整体实力不强

西北地区民营经济虽然有较大发展，但与其他地区相比，存在的差距依然非常大。一是数量少。西北地区共有私营企业113.64万户，而广东省一省拥有私营企业317.2万户，只是广东省的35.83%。二是规模小。西北地区民营企业虽以每年数万计增加，但真正上规模、上水平的不多，尤其缺少带有“城市名片”、具有强力带动作用的“旗舰式企业”。在全国工商联发布的2017年中国民营企业500强名单中，西北地区民营企业只有11家入围，与上年持平。其中，陕西4家，新疆4家，宁夏3家，甘肃、青海还没有实现零的突破（见表7）。三是层次低。西北地区民营企业主要集中在劳动密集型、技术含量较低的批发零售、住宿餐饮大众服务业及建筑业、房地产等一般性竞争行业和机械加工、农产品加工及消费品行业，附加值较高的行业和领域涉足不深，龙头企业不多、知名品牌少、产业链短和“散、弱、低、粗”的问题突出。

表7 西北地区民营企业入围2017年中国民营企业500强名单

单位：亿元

排名	企业名称	省（区）	营收总额
19	新疆广汇实业投资(集团)有限责任公司	新疆维吾尔自治区	1 456.17
28	陕西东岭工贸集团股份有限公司	陕西省	924.06
39	西安迈科金属国际集团有限公司	陕西省	791.71
66	宁夏天元锰业有限公司	宁夏回族自治区	600.11
92	特变电工股份有限公司	新疆维吾尔自治区	490.19
98	宝塔石化集团有限公司	宁夏回族自治区	469.76
233	荣民控股集团有限公司	陕西省	238.01
264	新疆生产建设兵团农八师天山铝业有限公司	新疆生产建设兵团	215.36
326	新疆生产建设兵团农六师天山铝业有限公司	新疆生产建设兵团	178.73
336	金花投资控股集团有限公司	陕西省	175.07
339	宁夏宝丰集团有限公司	宁夏回族自治区	174.35

（三）投资信心不足

2016年西北地区民间投资增速和占比延续2015年的下降态势，且降幅继续增大。一方面是由于传统行业市场容量日趋饱和，增长动能不断减弱，民间投资从产能过剩领域加快退出，在传统制造业及服务业领域不断收缩，在基础设施领域以及产业转型升级方面的投资更加谨慎；另一方面，因征地拆迁矛盾导致投资成本上升，致使一些投资项目迟迟无法落地，一定程度上影响了民营企业投资的积极性。

（四）融资难问题依然存在

资金问题仍然困扰多数民营企业。从银行方面看，在经济下行的大背景下，各银行面向民营企业的放贷普遍收紧，出现了贷款利率提升、门槛提高、贷款期限缩短等情况，并普遍奉行在规模上“重大轻小”，在身份上“重公轻私”，在地域上“先内后外”的“原则”。从企业角度讲，一方面，部分企业因行业特点，本身缺少有形资产等抵押物，而版权抵押或质押又不为多数金融机构认可，因此无法取得贷款；部分企业则因自有资产相关证照一时难以办理而无法抵押等原因，面临限贷甚至断贷。另一方面，贷款手续繁杂、融资效率低等问题也极大地增加了企业融资成本，有的企业每年甚至需要花四个月时间办理贷款手续。此外，担保公司收费过高，民间信贷市场环境恶化，也更进一步加剧了企业融资难、融资贵问题。

（五）企业政策获得感不强

企业政策获得感不强主要表现在两个方面：一是公平待遇落实不到位。民营企业在市场竞争中遭受歧视的现象仍时有发生，部分企业即使本身具备良好资质，在工程招标中也只有与国企合作，才有可能借其名义拿到项目。二是优惠政策惠及面较小。一方面，政府与企业之间信息不对称，很多企业因较难获取全面及时准确的政策信息而无法享受优惠。另一方面，部分优惠政策申请程序烦琐，企业因自身管理不够规范而无法提供相关材料，因此主动放弃享受优惠。

（六）政商关系有待进一步改善

在反腐高压态势的震慑下，部分官员担心做多错多担责多，处处以政策、纪律为借口，不见企业，不愿办事，对企业的合理诉求和合法权益不关心、不回应、不作为，使得企业在争取政策支持时频繁碰壁。此外，部分地方政府诚信意识淡薄，签订协议时明确企业应享受的优惠扶持政策在项目实际落地时却往往无法如期兑现，致使企业丧失商机，损失惨重。

三、2017年西北地区民营经济发展趋势展望

（一）发展形势依然严峻

2017年全球经济仍处整体低迷、复苏乏力。国内供给侧结构性改革虽然取得显著成效，我国经济呈现“缓中趋稳，稳中向好”态势，但西北地区长期积累的深层次矛盾正逐步暴露，影响民营经济发展的外部原因和内在条件短时间内难以改变。民间投资处于低位运行态势。一是需求不旺、订单减少，有些行业产能过剩，因此企业扩大投资意愿下降。二是企业运营成本较高，大部分传统行业处于微利甚至亏损状态。三是投资项目收益不高。地方政府推出的一些吸引民营企业投资的项目回报率低、投资回收周期长、投资风险较高，因此企业参与投资项目合作积极性不高。因此在一个时期内西北民营经济发展形势依然严峻。

（二）新常态下面临新的机遇与挑战

目前，我国经济发展进入以速度变化、结构优化、动力转换为主要特征的新常态，资源环境约束日益趋紧，消费向个性化、多样化、多层次的方向转变，人口老龄化加快，“互联网+X”业态不断丰富，经济运行中结构性矛盾凸显，供求关系新的动态均衡正在形成。在此背景下，西北民营经济发展面临一系列机遇与挑战。一是新型城镇化。据测算，城镇化率每提高1个百分点，就能拉动消费增长约1.8个百分点，拉动投资增长约3.7个百分点，新型城镇化不仅能创造巨大的消费市场和投资空间，还能通过提高非农产业的劳动参与率为民营企业提供稳定的劳动力供给。二是产业高端化与智能化。产业结构的优化升级为民营制造业迈向“高精尖”、走向价值链和产业链的中高端提供了重大机遇。三是经济服务化。我国消费呈现出的规模扩张与需求升级并存的新特点，不仅为民营企业在养老、医疗、互联网等相关产业挖掘新的经济增长点提供了机会，还有利于倒逼企业提质增效、转型升级。四是社会信息化。信息技术和互联网的快速发展，有利于培育新技术、新产品、新业态、新商业模式，形成潜在的巨大市场空间。五是发展绿色化。绿色低碳循环发展有利于开拓新能源和环保产业的发展空间，为民营企业创造绿色

低碳经济机遇，同时规避绿色贸易壁垒、树立良好企业形象。六是经营国际化。依托“一带一路”倡议、国际产能合作等，民营企业可以充分利用两种资源、开拓两个市场，既有利于对冲外需疲软、外贸下行的压力，又有利于应对贸易保护主义。

（三）运行环境趋于改善，积极面仍然较多，发展前景依然看好

随着各种政策效应和改革红利的逐步释放，民营经济发展环境和社会氛围的逐步改善，《中共中央、国务院关于营造企业家健康成长环境，弘扬优秀企业家精神，更好发挥企业家作用的意见》为企业家干事创业营造了更加宽松的社会氛围；“一路一带”倡议等为西北地区民营经济开拓了广阔的空间；供给侧结构性改革为民营经济创新发展指明了方向；商事制度改革使市场主体创新创业门槛大幅度降低；混合所有制的推进为民营经济提升发展层次开辟了更加广阔的空间；PPP项目为民间投资参与社会公共事业打通了渠道。2017年中国共产党第十九次代表大会的召开，必将为民营企业的发展带来新的更大的机遇。相信在各省、自治区党委、政府的正确领导下，在各省新一届工商联领导班子和企业家的共同努力下，西北地区民营企业群策群力、主动作为、迎难而上，把握好难得的历史机遇，在不远的将来必然大有作为。

课题组负责人：赵少智

课题组成员（排名不分先后）：

柴绍豪　吕晓明　张明霞　张海玲　张有福
魏九林　赵昌奎　高　鹏　武晓峰　朱太荣
祁　琰　李有才　何晓勇　廉俊杰　陈建民
纪泽东　郭小青　邓铁梅　刘亚康　隋建勋
常雅琼　史贯中　李自学　丁柯文

2016年内蒙古民营经济发展报告

摘要：2016年内蒙古自治区全面落实新发展理念，扎实推进供给侧结构性改革，进一步扩大对外开放，民营经济发展的质量和效益继续稳步提升。同时，内蒙古民营经济发展中也存在一些需要采取切实有效的措施解决的突出问题。

关键词：内蒙古　民营经济　主要做法　问题和建议

2016年，面对复杂严峻的经济形势和艰巨繁重的改革发展稳定任务，内蒙古自治区全面贯彻落实党中央、国务院的决策部署，坚持稳中求进工作总基调，主动适应把握引领经济发展新常态，全面落实新发展理念，扎实推进供给侧结构性改革，进一步扩大对外开放，全区经济运行呈现总体平稳、稳中有进、稳中提质的良好态势，民营经济发展的质量和效益继续稳步提升，为打造祖国北部边疆亮丽风景线做出了重要贡献。

一、内蒙古民营经济发展总体态势良好

（一）民营市场主体数量持续增加

2016年，全区民营市场主体数量为170.81万户，占全区市场主体总量的97.79%，同比增长4.89%。其中个体工商户1 341 589户，同比增长3%；私营企业285 438户，同比增长14.35%；外商投资企业3 362户，同比增长13.31%；农民专业合作社77 710户，同比增长5.70%。随着文化体制改革的不断深入和各级政府不断加大对民营文化企业的扶持力度，各方市场主体共同参与文化产业建设的格局已基本形成。从企业控股类型看，2016年在规模以上文化产业法人企业中，民营控股企业达到150户，资产达155.7亿元，实现营业收入89.8亿元，分别占规模以上文化企业的64.7%、48.7%和63.6%，已经成为内蒙古自治区文化产业发展的重要力量。

（二）民营市场主体实力不断增强

2016年年末，全区民营市场主体注册资本（金）21 525.52亿元，占全区市场主体注册资本（金）的57.42%，同比增长4.89%。其中个体工商户886.88亿元，同比增长12.48%；私营企业17 418.05亿元，同比增长35.51%；外商投资企业1 366.26亿元，同比增长21.70%；农民专业合作社出资额1 854.33亿元，同比增长7.00%。

（三）民营经济产业结构不断优化

全区民营经济在高端高质高效产业发展战略的推动下，产业结构逐渐向先进制造业、现代服务业和战略性新兴产业领域不断拓展和延伸。2016年，民营经济市场主体三次产业户数比例为2.08：5.63：92.27，其中私营企业三次产业户数比例为6.02：16.26：77.72；个体工商户一二三产户数比重为1.43：3.88：94.69。2016年，全区个体工商户新登记数量最多的三个行业分别为批发和零售业、住宿和餐饮业、居民服务修理和其他服务业，数量分别为151 778户、54 619户和46 388户。

（四）民营经济占地区经济的比重稳步提高

2016年，全区民营经济实现增加值12 000亿元，同比增长7.3%，高于全区国内生产总值0.1个百分点；占全区GDP的64.4%，分别比2014年和2015年占比提高0.8个和0.2个百分点。民营经济贡献率为70.19%，高于全国平均水平。分盟市看，鄂尔多斯市总量最大，为3 131.50亿元；兴安盟、锡林郭勒盟、鄂尔多斯市增速位列全区前三位，分别为9.8%、9.3%和8.6%。从比重看，鄂尔多斯市和包头市的比重均超过了70%，分别为70.9%、70.0%；乌海市、巴彦淖尔市、阿拉善盟、通辽市的比重都超过了60%，除兴安盟外，其余11个盟市的比重均超过了54%。

（五）民营工业增速和比重提升较快

2016年，民营工业经济持续快速增长，同比增长9.6%，高于全区平均水平2.2个百分点，占全部规模以上工业的比重为69.8%，对全区规模以上工业的贡献率为92%，拉动规模以上工业增速2.1个百分点。2016年，全区规模以上工业民营企业实现利润总额1 100.96亿元，占规模以上工业企业利润总额的88.6%；比2015年同期增长23.8%，较规模以上工业企业利润增幅低7.2个百分点。

（六）民间投资增长放缓

2016年，全区500万元以上项目民间固定资产投资额完成7 587.83亿元，比2015年同期下降3.2%，低于500万元以上项目固定资产投资增速15.1个百分点；占500万元以上项目固定资产投资总额的49.7%，比2015年同期下降7.8个百分点。从项目数看，全年在建施工民间投资项目数9 242个，占施工项目总数的40.5%，比2015年同期增长12.9%。其中，全年新开工民间投资项目7 655个，占新开工项目总数的38.9%；全年共有7 630个民间投资项目投产，占投产项目总数的39.8%，比2015年同期增长8.9%。

（七）民营单位消费品零售额拉动消费增长作用明显

2016年，全区民营单位实现社会消费品零售总额6 054.4亿元，占全社会消费品零售总额的90.4%，高于2015年占比1.1个百分点；比2015年同期增长11.0%，高于全社会消费品零售总额增速1.3个百分点。贸易企业规模不断扩大，大型批发零售企业和综合市场数量明显增加，逐步向规模化集中。2016年，全区销售额在亿元以上的批发零售民营企业达534个，比2015年增加138个；其中销售额亿元以上的综合零售民营企业56个，比2015年同期增加12个。

（八）民营经济成为吸纳就业的主渠道

2016年，全区城镇民营单位从业人员达552.21万人，占城镇从业人员的比重达76.1%，比2015年同期占比提高0.4个百分点。其中，私营单位从业人员250.65万人，占民营单位从业人员的45.4%；个体户为176.81万人，占民营单位从业人员的32.02%；其他单位从业人员124.75万人，占民营单位从业人员的22.6%。民营经济已经成为自治区扩大社会就业、增加城乡居民收入的重要支撑，对促进社会和谐稳定和加快全面建成小康社会进程具有重要的推动作用。

（九）民营经济已成为全区税收的重要来源

2016年，全区民营经济实现纳税额达1 511.48亿元，占全区税收总收入的68.4%。全区民营经济纳税额比2015年同期增长2.1%，占税收总收入的比重也比2015年同期上升了0.1个百分点。民营经济纳税额占地区税收收入的比重超过80%的盟市有：巴彦淖尔（86.6%）、阿拉善盟（80.4%）、锡林郭勒盟（80.2%）。

（十）民营企业对外开放步伐日益加快

民营企业对外开放水平不断提高，在对外开放中的作用愈加突出。2016年，全区民营企业进出口547.91亿元，同比下降4.5%，占全区外贸总值的70.9%。其中出口196.74亿元，同比下降16.9%，占出口总值的66.6%，继续在各种所有制企业出口份额中保持居首的地位。

（十一）民营企业为打赢脱贫攻坚战做出了积极贡献

全区广大民营企业家积极参与“村（嘎查）企合作”精准扶贫开发行动，以各种形式与贫困村（嘎查）结对开展帮扶工作，为贫困地区早日脱贫致富做出了积极贡献。2016年年末，全区已有373家民营企业与373个村（嘎查）结对帮扶，实施693个扶贫项目，投入资金约14.53亿元，惠及1.74万多个建档立卡贫困户和6.5万多名贫困人口。民营企业家还积极参与扶危济困和社会公益事业，捐赠现金及物品折合人民币7081万元。

二、内蒙古发展民营经济的主要做法

（一）出台政策和召开会议

2016年，自治区党委、政府出台了《关于鼓励和支持非公有制经济加快发展的意见》《内蒙古自治区鼓励和支持非公有制经济加快发展若干规定》，自治区高级人民法院、自治区人民检察院相继出台了《关于依法保护和促进非公有制经济健康发展的若干意见》《关于充分发挥检察职能依法保障和促进非公有制经济健康发展的十二条措施》，自治区金融办、自治区工商联下发了《关于内蒙古自治区金融业支持非公有制经济发展十条措施的通知》等政策文件，为自治区民营经济发展提供了有力的政策支持。2016年4月，自治区工商联举办大型培训班，组织300多名民营企业家系统学习习近平总书记3月4日在全国政协民建、工商联界委员联组会议上的重要讲话精神，统一思想，坚定信心，加快发展。2016年12月，自治区党委、政府召开全区非公有制经济工作会议，自治区党委书记李纪恒作重要讲话，自治区主席布小林主持会议并讲话。会议回顾总结了近年来全区民营经济发展成就和主要经验，分析查找了存在的突出问题，明确了今后一个时期民营经济发展的目标、思路和主要举措，要求民营经济扛大梁、挑重担、做贡献，为实现自治区十次党代会确定的奋斗目标贡献力量，会议为全区民营经济快速发展营造了良好的发展环境。

（二）放宽市场准入条件

一是稳步推进“五证合一、一照一码”登记制度改革。2016年，全区共发出营业执照51 044张。在全区范围内统一实行了个体工商户营业执照和税务登记证“两证整合”登记制度改革。2016年，全区共发出“两证整合”营业执照12 666张。二是市场主体简易注销试点工作进展顺利。将原注销公告期由45天缩短为10天。2016年，全区利用简易注销方法办理企业注销383户。三是推动《企业信息公示暂行条例》落实到位。2016年，企业信用信息公示系统已收录各类市场主体信息8 720万条，访问量达1.39亿次。全区各级政府部门公示行政许可信息161 802条、行政处罚信息19 079条。建立了经营异常名录和严重违法失信企业名单管理制度。2016年，全区共有32 218户企业列入企业经营异常名录，其中10 079户企业在受到惩戒后主动申请移出企业经营异常名录。

（三）加大财政扶持力度

一是强化财政资金支持。2016年，全年通过整合、压缩、优化、调整和积极争取中央财政专项资金支持等方式筹集资金59.87亿元，用于支持民营经济发展。二是推进小额贷款贴息工作。2016年，自治区财政安排小额贷款贴息资金3.78亿元，引导金融机构向城镇失业人员、农村妇女、高校毕业生、复转军人等发放小额担保贷款额23.4亿元，带动就业8.1万人。三是激发创新活力。2016年，自治区本级财政安排4.8亿元民办学前教育资金、5 000万元民营企业电子商务专项资金、1 305万元中小企业“产学研”项目资金，进一步激发民营企业发展活力。此外，2016年，自治区对首次获得中国驰名商标、自治区著名商标的民营企业，给予一次性奖励共计1 100万元。

（四）创新金融服务方式

一是加强信贷支持。2016年，自治区小微企业贷款余额5 491亿元，比去年同期增长22.77%，高于各项贷款平均增速9.56个百分点，申请贷款获得率

96.82%，比去年同期高4.6个百分点。小微企业贷款户数比去年同期增加5.11万户。二是拓宽直接融资渠道。2016年，全区民营企业通过定向增发等方式进行再融资，融资额为390.31亿元。其中股票融资273.31亿元，债券融资117亿元。先后为51家在新三板挂牌的民营企业融资3.55亿元。为在内蒙古股权交易中心挂牌的企业融资61.24亿元。三是量身定做金融产品。组织实施了“金融助推高新技术企业成长计划”“金融助推千家创业企业成长计划”，推动金融机构针对特定产业集群开发了“助保金贷款”等20余种创新产品。四是拓宽保险业服务渠道。2016年，全区通过一次定向降准和一次普降共释放金融机构可用资金121.04亿元。五是创新金融产品和服务模式。全区各农村金融机构以“一县一品，支持经济发展”为载体，共推出各类信贷产品和服务方式70多个，贷款余额超过35亿元，较好地满足了多层次、多元化民营企业金融服务需求。

（五）落实税收优惠政策

一是全面推开“营改增”试点。2016年，全区共有73.61万户小规模纳税人享受增值税优惠政策，累计减免税款17.67亿元。小型微利企业所得税优惠政策实际受惠面100%，累计减免税款0.93亿元。二是积极开展税法宣传和纳税辅导。利用电视台、广播电台、报纸、网站、微信和12366纳税服务热线等载体，对各项税收优惠政策进行了宣传，扩大了民营企业知晓率。三是提供优质高效服务。加快办税服务厅标准化建设，开通了网上办税服务厅、财税库银电子纳税等服务功能。

（六）稳步推进税费改革

一是严格落实中央涉企收费减免政策。将现行对小微企业免征的18项行政事业性收费免征范围扩大到所有企业和个人，落实行政事业性收费和政府性基金肩负政策，减轻企业负担5亿元。二是制定实施自治区涉企收费政策。公布自治区涉企行政事业性单位收费和政府性基金目录清单，对全区涉企行政事业性收费和政府性收费项目实现了清单管理。其中，中央和自治区涉企行政事业性收费共涉及24个领域、81个项目，涉企政府型基金涉及17项，取消涉企收费项目12项，降低部分收费标准11项。

（七）优化市场环境

一是全区中小企业服务平台建设完成了验收，累计为35万户（次）中小微企业提供了各类服务。完成中小微企业创业创新电子服务券使用管理系统的开发并上线运行，对符合条件的全区247家企业、295个项目补贴资金1 283.1万元。二是自治区鼓励支持民营企业承担科技项目，企业获得支持资金4.85亿元。2016年，成立自治区新型研发机构7家，重点实验室23家，高层次人才创新创业基地69个，科技企业孵化器64家。三是着力推进商务领域诚信体系建设，建成并启用了自治区商务领域企业信用信息平台，优化外贸结构，促进跨境电子商务健康发展。四是鼓励和支持民营企业以参股、兼并等形式开发精品旅游景区。五是实行安全生产标准化、信息化和科技化，建立了安全生产诚信体系、应急救援体系、宣传培训体系和监管执法体系。六是实施政府质量奖制度，积极推动质量信用体系建设。七是全面落实食品药品受理服务限时办结制，积极推行服务受理零推诿、服务方式零距离、服务质量零差错、服务结果零投诉的“四零”服务承诺制度。全年累计发放新版许可证11万张，惠及企业基础数据20余万条。八是鼓励支持和引导民间资本依法、平等、有序进入土地市场，鼓励民营企业依法通过转让、租赁、作价、出资入股等方式盘活利用企业已经取得的土地。

（八）优化社会环境和法治环境

一是组织内蒙古电视台、内蒙古日报社等主流媒体有计划地开展对民营经济发展情况的报道，宣传企业家的先进事迹，努力营造全社会支持民营经济发展的良好氛围。二是加强非公立医疗机构的监管，积极督导非公立医疗机构规范开展职业活动。三是对药品企业实行约谈告诫制度，提高专项治理工作的效果。四是加强对旅游市场治理整顿，着力打造法治旅游环境。五是依法打击经济领域犯罪，全力构建治安防控体系，全年挽回经济损失2.4亿元。六是自治区高级人民法院充分发挥司法审判职能作用，依法保护民营企业的合法权益，在诉讼中努力做到诉讼权利平等、法律适用平等、法律服务平等，为民营经济发展提供了有力的司法保障。

三、内蒙古民营经济发展中存在主要问题及原因分析

（一）存在的主要问题

尽管内蒙古民营经济发展较快、取得的成绩突出，但也要清醒看到，与内蒙古在全国的经济大区的地位相比，与先进省市区的竞争压力相比，与产业转型升级的紧迫性相比，内蒙古民营经济发展面临的困难和问题依然突出。

一是结构不合理、区域间发展不平衡。内部结构不合理突出表现为传统行业比重偏高，如由全国工商联编制的“2016中国民营企业500强”榜单中，内蒙古上榜的8家企业仅有一家金融企业，其他均为传统行业。新兴服务业涉足不多，金融保险业、垄断行业比重低，流通服务型企业多而生产型企业少，多数民营企业仍处在以资源开发和劳动密集型为主的产业链低端。分区域看，全区有将近50%的个体工商户和私营企业集中在呼包鄂地区。产业结构单一、区域发展不平衡严重制约了自治区民营经济的健康协调发展。

二是民营经济的发展质量不高。当前，全区的民营企业绝大多数是小微企业和个体户，缺少一定规模和在行业中具有一定影响力的大中型民营企业，竞争力不强，民营经济发展层次较低。如在“2016中国民营企业500强”榜单中，内蒙古仅有8家企业上榜，仅占1.6%，较去年相比减少了4家；其中进入全国百强的自治区企业仅有两家，排名最高的自治区企业在全国也仅排第47位。另外，在这8家企业中，也呈现出以资源能源型企业为主的行业分布相对单一，涉足新兴产业少的特征。

三是民营企业科技创新能力低。拥有自主知识产权、掌握核心技术、具备国际竞争力的民营企业非常少，大多数产品处于产业链低端，产品科技含量不高。企业技术研发资金投入普遍不足，技术创新能力较弱，民营企业及产品的市场竞争力不强。民营企业专业人才少。不少企业实行的是粗放型和封闭的家族式管理模式，现代企业管理经验和能力不足，技术研发、管理专业人才匮乏，制约了民营企业发展。

四是“走出去”步伐较慢。随着我国对外开放程度的日益提高和国家“一带一路”倡议的推进，全国民营企业500强在海外投资的比率逐步升高。

2016年全国民营企业500强进行海外投资的企业数量有201家，占40.2%；自治区民营企业100强中在海外投资的企业数量16家，占16%。在参与国家“一带一路”倡议方面，2016年全国民营企业500强有183家企业参与“一带一路”倡议，占比36.6%。2016年自治区民营企业100强参与“一带一路”倡议的比率为16%，明显低于全国水平。

五是民营企业转型升级能力亟待加强。当前，全区民营企业多数仍为从事传统的资源能源开发、中低端加工制造、传统服务业等领域的传统企业，不少民营企业应对激烈的市场竞争适应能力不足，无法满足行业创新升级的要求，大多数不会用现代信息技术和先进管理理念如互联网+、物联网、云计算、大数据等技术手段提升管理、产品品质和服务质量，转型升级能力亟待加强。

（二）原因分析

导致上述问题存在的主要原因是多方面的，归纳起来主要有以下几个方面：

一是近年来国家和自治区出台了一系列鼓励支持民营经济发展的政策措施，但在鼓励创新、加快转型方面力度不够，民营经济的经营领域还有不少限制，审批难、融资难、办事难等问题依然存在，政策的稳定性和连续性得不到很好的保持，既影响了民营企业转型升级的信心和决心，又影响了民营经济发展的活力和动力。

二是自治区民营经济发展过程中受到了土地、水电、人才、资金等要素的制约，遇到了用地难、用电难、用工难、融资难以及经营成本居高不下等问题，靠“拼资源、拼环境、拼价格”的民营企业，在夹缝中求生存，无暇顾及转型升级，导致产业结构调整缓慢，转型升级难度很大。由于缺少行业龙头企业的带动和辐射，自治区民营企业发展的产业链不够稳、不够长、缺乏定价的话语权，盈利水平不高。

三是自治区民营经济发展动力不足、基础不实。不少民营企业的产权结构、管理模式、营销方式、激励机制等与现代企业制度还有一定的差距，缺乏合理的管理制度和科学有效的决策机制，制约了民营企业的转型升级和发展壮大。一些民营企业缺乏技术创新所需要的大量资金和人才投入，具有自主品牌产品的企业还较少，部分企业依赖贴牌加工维系生存，市场的核心竞争力不强。

四是当前经济发展进入新常态，经济增长存在着下行压力，特别是传统行业的产能过剩和新兴产业发展的不确定性将长期并存，产品附加值不高，需求不足，导致产品积压，资金周转困难，面临着较长时期的生产成本上升压力，盈利难度越来越大，开拓市场越来越难，倒逼转型升级的动力持续加大。

四、促进民营经济健康发展的建议

（一）进一步优化完善民营经济发展的营商环境

紧密结合自治区实际，落实好中央关于民营经济发展、民间投资、中小企业发展的各项决策部署，抓好《内蒙古自治区鼓励和支持非公有制经济加快发展的若干规定》等自治区党委、政府关于促进民营经济发展的各项政策的落实。加大对政策的宣传力度，确保企业及时掌握政策信息，第一时间享受政策红利；清理针对民营企业不合理收费项目，减轻企业负担；加强政府、银行、企业间信息沟通，解决企业发展面临的资金难题。着力深化“放管服”改革，以清单制度推进简政放权，进一步解放思想，放活政策，优化完善民营经济发展的外部环境，充分释放民营经济的活力和创造力。

（二）抓住民营企业转型升级的关键

民营经济是地区经济的“生力军”，是新技术、新产品、新业态、新商业模式的先行者。推进民营企业技术进步，发展精深加工，延长产业链，提高产品附加值，优化提升传统产业；大力发展轻工、生物医药、新材料、先进装备制造、电子信息等新兴产业；大力发展特色农畜产品、旅游产品、民族手工艺品等“专精特新”产业；大力发展现代物流、金融服务、科技服务、商业服务等生产性服务业；创新商业模式，大力发展云计算、大数据、互联网+、电子商务等新业态。加快培育壮大民营骨干企业，鼓励民营骨干企业开展强强联合、上下游整合等多种形式的并购重组，提高产业集中度和资源配置效率。

（三）强化民营经济服务体系建设

将民营企业需要获得的担保、信贷、信息、研发、劳务、政府服务等打包成立一体化的服务中心。委托相关权威咨询机构做行业预警分析，帮助民营企业及时了解市场信息、行业动态，引导民营企业规避经营风险。发展面向民营企业的技术研发中心、产品检测中心、产业信息中心、人才培训中心等生产性服务平台，充分挖掘沉淀在政府机关、学校内的人才，对民营企业引进高级技术人才尤其是能够带来新项目的人才，政府给予一定的补贴。选派、鼓励科技人员到民营企业，对口帮助民营企业开发新产品和技术改造。筹建自治区民营经济研究机构，为党委、政府科学决策提供第一时间信息、第一手资料及专业意见建议、智库智力支持。

（四）优化民营企业发展政策环境

新政策出台后，相关部门组织民营企业进行专门的培训，帮助民营企业挖掘政策潜在利益及发展空间。同时，要对政策落实的效果进行全面评估。采用直接减免、降低税率、加速折旧、设备投资抵免、再投资退税等多种形式的税收优惠，向新兴战略性产业、重点支柱行业、高科技企业及高附加值的企业倾斜，向处于转型升级阶段的中小企业倾斜。全面清理和整顿涉企收费，切实减轻企业负担。

（五）建立新型的政商关系

要构建“亲”“清”新型政商关系，理直气壮支持民营经济发展，千方百计帮助企业解决实际困难，积极推动促进民营经济发展的各项政策落地、落细、落实，用好用足政策“干货”，让民营企业真正从政策中增强获得感。要鼓励和支持民营企业家开展调查研究，通过人大、政协、工商联组织反映诉求和呼声，引导他们有序参与政治协商和民主监督。建立自治区领导联系埠外商会制度，每年走访一次埠外商会，发挥埠外商会联络优势，为开展招商引资和经贸活动创造条件。建立各级党委、政府重大决策委托工商联征求商协会负责人、民营企业家意见建议工作机制，认真听取他们的意见和建议，不断提高各级党委、政府决策民主化和科学化水平，努力为民营经济健康发展营造良好的环境和氛围。

课题组组长：赵庆禄

课题组成员（排名不分先后）：李　伟　张晓媛

执　笔　人：赵庆禄

2016-2017年福建省民营经济发展报告

福建省工商业联合会

摘要：在福建省委省政府的重视支持下，全省民营企业主动适应和把握经济新常态，在经济下行压力下保持平稳发展。2016年全省民营经济占GDP的67.3%，对经济增长的贡献率达73.2%；转型升级成效明显，部分企业跻身国际先进行列；产业链不断延伸，形成了一批区域化、特色鲜明的产业集群；现代服务业加快发展，投融资规模持续扩大，主动融入“一带一路”建设。在新常态下，要进一步加大产权保护力度，切实优化实体经济发展环境，发挥龙头企业引领作用，有效引导企业稳步“走出去”，保护和弘扬企业家精神，促进福建省民营经济健康发展。

关键词：转型升级　产业链　现代服务业　“一带一路”

2016年以来，福建省认真贯彻党的十八大和十八届三中、四中、五中、六中全会精神，深入贯彻习近平总书记系列重要讲话精神和治国理政新理念新思想新战略，坚持稳中求进工作总基调，积极推进供给侧结构性改革，加快产业转型升级，经济运行呈现总体平稳、稳中向好的态势。全省各级工商联认真学习领会习总书记在全国政协十二届四次会议联组会上的重要讲话精神，贯彻落实省第十次党代会部署，引导广大民营企业紧紧抓住中央支持福建加快发展的历史机遇，主动适应和引领新常态，加快提质增效升级步伐，全省民营经济保持平稳发展，为“机制活、产业优、百姓富、生态美”的新福建建设做出了积极贡献。

一、福建省民营经济发展的总体状况

民营经济是福建经济最大特色与优势所在，在全省经济总量中形成“三分天下有其二”的格局，是推动福建科学发展跨越发展的重要力量。省委、省政府一直高度重视民营经济发展，2016年以来陆续出台了《关于降低企业成本减轻企业负担的意见》《实施创新驱动发展战略行动计划》《关于促进2017年全省工业稳增长调结构若干措施的通知》《关于进一步降低实体经济企业成本的若干意见》等一系列引导、扶持政策，从营造环境、降低成本、强化技改、加快创新、金融支持等方面推动民营经济加快结构调整、实现转型升级。全省各地各部门多措并举降低企业制度性交易成本、税费负担、融资成本、生产要素成本、物流成本等，在2016年减轻企业成本负担353亿元的基础上，2017年上半年继续降低企业成本约296亿元，为民营经济提供了良好的发展环境。

2016年，福建省民营经济实现增加值19 192.65亿元，占全省GDP比重为67.3%，对经济增长的贡献率为73.2%。规模以上民营工业实现增加值8 051.10亿元，比上年增长9%，对规上工业增加值的贡献率为85.4%。今年上半年，民营企业税收收入同比增长71.1%，成为全省税收增长主力。作为民营企业主体部分的私营企业和个体工商户持续增长，截至2016年年底，全省实有私营企业81万户，同比增长25.5%；个体工商户注册数达185.8万户，同比增长15%。2017年上半年，全省新设市场主体31.7万户，同比增长12.3%；其中新登记私营企业10.2万户。工商联商会组织网络不断健全，截至2017年6月底，福建省工商联共有会员16.7万个，所属各类商会1 223家，其中行业商会415个；省外异地商会764家；形成了辐射全国、覆盖全省各地、遍布各行各业的组织网络。

全省民营企业在新常态下获得新发展，阳光金控上榜2017年《财富》世界500强，紫金矿业、永辉超市股份、恒安国际、福耀玻璃等荣列中国500强；正荣集团、金轮高纤、永荣控股等10家企业入选“2017中国民营企业500强”；万利达集团等4家企业入围中国电子信息百强企业名单；福大自动化等4家企业入选2017中国软件和信息技术服务综合竞争力百强；盛辉物流集团是全省唯一一家全国2017年两化融合管理体系贯标示范企业；福昕软件股份荣获2016年中华全国工商业联合会科技进步奖。

二、福建省民营经济发展的主要特点

（一）转型升级进一步加快

福建省加快科技引领、强化创新驱动，进一步增强企业自主创新能力，推动产业结构迈向中高端。全省89.5%的研发投入由企业完成，84.2%的R&D活动人员集中在企业，65.7%的省级科技获奖成果来自企业。民营企业已成为全省科技创新的重要主体，拥有国家级、省级企业技术中心29家和409家，分别占全省的78%和92%；高新技术企业中95%以上是民营企业。全省产业结构调整、转型升级取得积极成效。宁德时代新能源建立动力电池研究院，拥有上千项专利，通过技术改造使动力电池保用8年，有效提升经济效益。坤彩科技坚持走自主创新道路，其合成晶体基材珠光材料广泛运用于汽车涂料、化妆品、塑料、油墨等数十个行业，成为“亚洲最大、全球第二”的珠光材料生产企业。爹地宝贝股份有限公司推行智能制造管理模式，建成的智能化立体仓库可自动完成物资出入库、智能分拣、定位监控等工作，在减少人工的同时极大地提升了作业效率。

（二）产业链不断延伸

全省各地充分依托区域资源优势和民营经济产业基础，不断延伸和完善上下游产业链，形成了区域化、特色鲜明的产业集群，培育了一批区域品牌和“块状经济”。其中，纺织服装、鞋业、工艺陶瓷、石雕、水暖器材、石材、显示器、计算机及外部设备、电机等产业集群在全国具有较大的影响力和知名度。作为全省传统制造业的集中区、民营经济最为活跃的设区市，泉州已形成纺织服装、鞋业、石油化工、机械装备、建材家居五大千亿产业集群和一批百亿产业集群，其中纺织服装、运动鞋、石材产量分别占全国的10%、40%和50%。以运动鞋服为例，上游的纺织、中游的漂染和辅料、下游的成衣和成鞋，年产值超过3 000亿元。发达而完善的产业链，使泉州制造在这些生产领域具备较强的竞争力，也让泉州成为中国品牌之都，拥有中国驰名商标152枚。莆田鞋业创新发展新模式，由鞋业协会发起、龙头企业众筹、政府参与、金融部门信贷支持，抱团搭建鞋业供应链服务平台，目前已有近300家上游供应商入驻。长乐作为福州纺织产业集聚地，是全国重要的纱线生产基地、最大的民用锦纶长丝和切片、经编面料和花边生产基地。恒申集团是全球化纤行业内唯一完成“己内酰胺—聚合—纺丝—加弹—织造—染整”六道产业链整合的企业，2016年集团工业产值突破200亿元。

（三）现代服务业加快发展

福建省设立总规模为100亿元的现代服务业产业发展基金，重点投资现代物流、金融服务、电子商务、信息服务、科技服务、服务外包等领域。发布首批10家省级服务型制造公共服务平台，为制造企业提供管理咨询、业务拓展、信息技术、应用推广、创新设计等服务，推进制造服务业深度融合、培育发展服务型制造新模式、新业态。全省民营企业在不断创新核心技术的同时，通过加快主辅业分离，推动制造业企业的服务模式和业态创新，形成新的增长点。龙马环卫确立“环卫装备制造+环卫服务产业”协同发展的战略，在多个省份落地了数十个环卫服务项目，项目合同总额超60亿元，成为国内一流环境卫生整体解决方案提供商。厦门科华恒盛股份有限公司从高端电源设备提供商转型为整体技术方案提供商，主营业务连续18年蝉联国产品牌第一，产品与方案广泛应用于金融、工业、交通、通信等领域，服务于全球80多个国家和地区、20多万用户。三棵树涂料把售后延伸服务从原有的经销业务中剥离出来自成体系，依托遍布全国的营销网点，为终端消费者提供一体化服务。

（四）投融资规模持续扩大

随着放管服、降成本等系列促进民间投资政策的落地见效，市场主体的活力进一步增强。2016年全省民间投资1.33万亿元，增长5.3%，占全省投资的57.6%。2017年上半年民间投资7 423.13亿元，同比增长15.5%，占全省投资的59.2%，对固定资产投资增长的贡献率为64.3%；其中工业民间投资增长21.3%。成功举办福建省第七届民营企业产业项目洽谈会，新对接形成民企产业合同项目1 013项，计划总投资4 123亿元。推广运用政府和社会资本合作（PPP）模式，进一步激发民间投资热情。截至2017年6月底，全省PPP落地项目101个总投资1 261亿元，涵盖了市政工程、城镇综合开发、交通运输、生态建设和环境保护等13个领域；共引入49家民营企业，约占社会资本方的三分一。同时，福建省还明确要求农村生活污水、垃圾处理两个领域的新建项目，必须强制应用PPP模式。全省银行机构积极优化信贷结构，加大支持实体经济力度，截至2017年6月底工业企业贷款余额7 622.3亿元。小微企业贷款稳步增长，实现贷款增速、贷款户数、申贷获得率“三个不低于”。福建首家民营银行华通银行正式获批开业，注册资本24亿元，致力于打造“线上业务为主，线下体验为辅”的互联网银行。企业发行股票和债券等直接融资规模持续扩大，截至2017年6月底全省共有上市企业126家、“新三板”挂牌企业380家，2017年分别新增19家、50家。

（五）主动融入“一带一路”建设

全省民营企业充分发挥福建独特的区位优势和自身技术、管理、资金优势，加快“走出去”步伐，积极参与“一带一路”建设。2016年，全省备案和核准对外投资项目607个，对外投资额111.6亿美元，增长1.4倍；对印尼、柬埔寨、马来西亚等海丝沿线国家和地区投资项目合计96个，对外投资额22.3亿美元，同比增长61.6%，主要从事采矿业、远洋渔业、现代农业、房地产等业务；民营企业进出口5 034.43亿元，占全省进出口总额的48.6%。2017年上半年全省民营企业外贸出口1 977.0亿元，占全省出口总量的57.1%。紫金矿业积极实施“走出去”战略，在“一带一路”沿线保有的资源储量价值超过1万亿元，2017年上半年境外项目产金、产锌分别占集团总量的53%、35%。恒安集团出资1.45亿元并购马来西亚皇城集团，计划利用其网络和渠道，进一步拓展海外市场。福耀玻璃、峰亿轻纺、姚明织带等一批行业龙头企业，已经沿着“一带一路”进行产业布局，实现合作共赢的战略目标。

三、进一步促进福建省民营经济加快发展的建议

福建经济保持平稳发展，主要得益于民营经济的稳健发展，得益于民营企业坚持转型升级、创新驱动，得益于民营企业家对实体经济的坚守。但面对新常态，当前全省民营经济还存在着发展信心不强、龙头带动作用发挥不够、投资意愿不足等问题，为进一步促进民营经济加快发展，建议：

（一）加强产权保护，进一步提升民营企业发展信心

认真贯彻落实中央《关于完善产权保护制度依法保护产权的意见》和福建省《实施方案》，把加强产权保护作为普法教育的重要内容，努力在全社

会形成尊重和保护企业、个人合法产权，抵制一切违反法治和破坏产权行为的良好氛围。各级政府应加强法治政府和政务诚信建设，国家机关及其工作人员必须带头遵法履约、守信践诺，在产权保护上发挥模范作用，切实杜绝以权压法、以公权侵害私权的现象。执法、司法机关要加大对侵害企业产权犯罪行为的打击力度，对涉及产权纠纷的案件应准确把握法律政策界限，妥善选择办案时机、审慎采取强制措施，减少对企业正常生产经营的影响。建议中央层面尽快对住宅、商业用地等土地使用权到期后续期的法律安排给予明确，推动形成全社会的稳定预期。

（二）加快简政放权，优化实体经济发展环境

贯彻落实中央、省里出台的扶持实体经济发展的各项政策举措，及时兑现技术改造、规模以下企业上规模奖励等政策资金。落实“一企一策”“一业一策”，指导企业用足用好各项优惠政策，对暂时处于困境的实体经济企业要有针对性地做好帮扶工作。深化放管服改革，全面推行“一趟不用跑”和“最多跑一趟”办事清单，所有涉企行政审批部门都必须进入行政服务中心，实行由一个中心协调、组织所有责任部门同步审批办理事项，切实做到“一窗受理、并联审批、统一收费、限时办结”。优化行政审批和公共服务流程，对审批及服务项目实行减程序、减环节、减要件、压缩时限的“三减一压缩”。提升各级政府网上办事大厅服务功能，大力推行全流程网络审批，实行网上收件、网上审批、网上送达。建立健全福建省涉企收费目录清单网络公开、动态管理制度，减少政府定价的涉企经营性收费，清理取消中介服务机构违规收费，完善收费监管规则，切实降低实体经济运行成本和制度性交易成本。

（三）发挥龙头引领作用，推进现代服务业融合发展

强化龙头企业在科技创新、技术改造、产业转型升级的引领作用，发挥龙头企业的技术优势、管理经验溢出等集聚效应，进一步完善产业链、提升价值链。大力支持制造业龙头企业实施“数控一代”“智能一代”和“互联网+”等创新工程，助推福建省传统优势产业迈向中高端。积极推进制造业、服务业融合发展，引导制造业龙头企业加快主辅分离，逐步转向技术研发、市场拓展、品牌运作的服务型企业。不断提升生产性服务业的技术、管理和

商业模式创新能力，推动生产性服务业高端化发展，加快生产型制造向服务型制造转变。加强对产业集群的规划引导，大力培育、引进一批带动力强、辐射面广的产业链短板、缺口项目，在福建省传统制造业集群集中区大力建设商贸、物流、会展、金融、信息、研发设计等服务平台，进一步完善区域服务体系，形成产业共生、资源共享的协同发展格局。

（四）加强服务监管，引导民营企业稳步“走出去”

加快建设福建省企业“走出去”综合服务平台，为企业赴境外投资提供审批备案、政策法规、项目信息、统计分析、风险预警等一站式服务。在推进对外投资便利化的同时，引导企业提升风险防范意识和抵御风险能力，倡导理性“走出去”。对外投资领域应集中在主营业务或上下游产业链，投资目的应着眼于获取上游原材料、完善市场营销体系、提高技术工艺水平、学习先进管理经验和提升企业国际品牌效应。支持福建省龙头企业在“一带一路”沿线辐射力较强的国家和地区设立各类展示中心、分拨中心、批发市场和零售网点，减少中间环节，直接参与国际市场竞争。积极引导福建省钢铁、建材、水泥、纺织鞋服等行业企业开展国际产能合作，通过在国内保留研发设计和营销管理等高附加值环节，把制造环节外包给具有低劳动力成本竞争优势的国家和地区，在增强产品市场竞争力的同时，推动福建省产业结构进一步优化升级。

（五）保护和弘扬企业家精神，促进民营经济健康发展

深入贯彻落实习总书记关于构建“亲”“清”新型政商关系的要求，注重“精准扶企”，制定政策时多倾听企业呼声，并直面、解决问题。在经济新常态下，遇到企业暂时欠税、欠薪等问题时，宜多采用柔性方式去化解，注重宣传闽商正能量，及时遏制不实负面消息炒作，保护福建民营企业家爱拼敢赢的精神动力。大力弘扬企业家精神，在全社会形成尊重企业家、包容企业家、鼓励企业家创业的良好环境，让真正创新的企业家得到应有的回报，形成创新创业、回馈社会的良性循环，促进民营经济健康发展。

课题负责人：陈建强

课题组成员（排名不分先后）：林贤文　董静怡　何欣荣

执　笔　人：何欣荣

2016年广西民营经济发展报告

摘要：本报告从广西2016年民营经济主要经济指标入手，总结了广西民营经济主体增长快、规上工业增加值比重高、个体私营企业税收贡献大、转型升级意识增强等特点，同时针对民营经济总体下滑、传统支柱产业转型升级压力大、实体企业综合成本高、融资环境不好、创新发展动力不足、产权保护不公平等困难和问题，提出了打破行业垄断、维护市场公平、破除行政壁垒、切实落实政策、加大产权保护力度等工作建议。

关键词：广西　民营经济　发展报告

2016年，面对复杂严峻的国内外经济环境和持续较大的经济下行压力，广西民营企业在自治区党委、政府的正确领导下，主动参与推进供给侧结构性改革，转型升级、提质增效，总体保持平稳较好发展态势。

一、2016年民营经济主要指标完成情况

据有关部门统计：

——截至2016年12月底，广西共有私营企业51.53万户、从业人员360.13万人、注册资本（金）19 471.70亿元，比上年分别增长18.24%、6.40%、53.45%；有个体工商户154.35万户、从业人员343.25万人、资金数额1 091.04亿元，比上年分别增长3.24%、11.47%、24.19%。

——2016年，广西规模以上非公有工业增加值4782.87亿元，同比增长8.7%，高于广西规模以上工业1.2个百分点；对广西规模以上工业增长贡献率达82%。

——2016年，广西民间投资完成10 869.59亿元，同比增长7.5%，增速比上年回落8.6个百分点。

——2016年，广西民营企业进出口贸易额202.76亿美元，同比下降

23.82%。其中，出口150.35亿美元，同比下降26.52%；进口52.41亿美元，同比下降14.85%。

——据测算，2016年，广西个体和私营企业纳税总额300.12亿元（不含混合所有制民营企业），同比增长5.22%。

二、2016年民营经济发展特点

（一）个体私营经济增长较快

与2015年相比，2016年广西新增私营企业7.93万户、从业人员21.63万人，注册资本（金）增加6 782亿元；新增个体工商户5.05万户、从业人员35.35万人，资金总额增加212.54亿元。

（二）非公工业增加值比重不断提升

2016年，广西规模以上非公工业企业增加值占全区的比重为72.3%，比上年提高1.1个百分点，增速为8.7%，比广西规模以上工业增速高1.2个百分点。

（三）个体私营企业税收贡献显著

2016年，广西个体和私营企业税收（不含混合所有制民营企业）在非公企业税收下降的情况下逆势上行，增幅比2015年高5.94个百分点，占全部税收的比重由2015年的13.78%提升到14.06%。

（四）民营实体企业转型升级意识增强

从广西2016年民营企业信息直报抽样调查情况看，有59.32%的企业开展了工艺技术研发，有45.76%的企业进行了工艺技术和设备改造。广西盛隆冶金有限公司、钦州力顺机械有限公司、南方有色金属集团、广西七色珠光材料股份有限公司等民营企业，大力推动产品转型升级，强化企业管理，积极开拓市场，保持了较快发展态势。

三、民营经济发展面临的困难和存在问题

（一）民营经济延续总体下滑态势

2016年，广西民营经济延续了“十二五”时期总体下滑态势，主要指标增长速度继续降低。广西规上非公工业增加值、民间投资增速都跌至个位数，进出口总额增速更是降到–23.82%。

非公工业贡献率下降。非公工业对广西工业的贡献率在“十二五”期间持续上升到90.6%，2016年出现拐点，同比降低8.6个百分点。

民间投资持续低迷。从2015年开始，广西民间投资增速下行到平均增速之下，2016年继续回落，增速比上年降低8.6个百分点，比广西投资增速低5.3个百分点，占全部固定资产投资的比重由上年的64.6%回落至61.6%。

民营企业外贸下滑严重。2016年，国际市场低迷、国内要素成本攀升、外贸下行压力加大等大环境使抗风险能力较薄弱的中小型民营企业受冲击颇大，特别是受边境小额贸易大幅下降影响，广西民营企业中断了“十二五”期间连续增长势头，由2015年增长24.3%猛跌至2016年的负增长23.8%。

（二）传统支柱产业转型升级压力大

广西民营制造业企业大量分布在高耗能高污染的行业，近年来市场波动大，传统产业受到价格、技术、资源、政策等限制因素增多，转型升级压力大。例如，广西绝大多数有色金属企业仍停留在原料采掘、初级加工层次上，基础共性关键技术、精深加工技术和应用技术研发不足，高端深加工生产线达产达标率普遍不高，中低端加工产品同质化严重，普遍存在产品质量稳定性较差、成本高、市场竞争无序等问题。同时，广西有色金属行业资源综合利用水平低，环境保护压力大，重金属污染治理、矿山尾矿治理以及生态修复任务繁重。再加上资源保障基础薄弱，2016年区内铜、铝、镍等重要矿产原料对外依存度分别为73%、45%和86%，受资源出口国政策变化、法律约束和基础设施薄弱等影响，进口资源面临的不确定因素多，行业抵御市场风险能力不足。又如制糖业，广西各蔗区种植分散，基础设施条件差，规模化、机械化生产程度低，生产效率低，成本高，每吨制糖成本比巴西、印度、泰国等主产国高1 700～2 000元，导致区内糖生产企业竞争压力极大。

（三）实体企业综合成本没有明显降低

2016年，受原材料、运输、人工、库存、税收和社保等成本增加影响，广西规模以上工业主营业务成本比上年增长9.7%，40个主要行业中31个行业成本比上年不同程度上涨。一是经营成本高。2016年9月以来，原材料价格持续攀升，40个行业大类中有36个行业的原材料购进价格指数高于工业品出厂价格指数。二是人工成本上涨。最低工资标准提高、企业加薪招人留人，加大生产经营压力。三是库存压力大。2016年，广西规模以上工业企业存货同比增长9.5%。其中，产成品存货增长8.2%。四是部分企业税收成本增加。营改增后，建筑业、房地产业、金融业、保险业、医药行业、农产品加工业、住宿和餐饮等行业税负反而提高。五是社保成本增加。虽然政府出台政策降低了企业缴纳社会保险的比例，但同时又逐年提高社会平均工资，拉高了缴费基数，社保成本不降反升。

（四）民营企业融资环境不佳

2016年，广西非国有控股工业企业应收账款比上年增长12.1%，比国有控股企业应收账款增速高11.85个百分点，表明民营企业融资困难，资金回笼时间跨度大，流动资金不足，已成为企业经营运行困难，技术改造、设备更新换代慢，新产品开发力度弱的主要因素。即便是向民营企业发放贷款，银行也偏向发放短期贷款，且到期后无法直接续贷，只有靠民间借贷来周转资金。很多急需资金支持的小企业，因为无法获得银行贷款借民间高利贷，引发许多社会问题。还有些由于政府工作效率问题，影响企业融资。如不动产抵押登记，效率低，造成银行放款慢，企业不能及时还款，产生不良记录。

（五）创新发展动力不足

民营企业多数基础薄弱，人才集聚环境较差，技术力量不足，在经济下行的压力下，多数实体企业利润空间压缩严重，甚至亏损，企业创新发展动力明显不足。加上广西传统产业和新兴产业尚处于“青黄未接”状态。2016年，广西六大高耗能行业对工业经济增长的贡献率高达44.3%，同比提高6.1个百分点。说明广西的工业仍过多依赖传统的高耗能行业，新增动力发力缓慢，新增行业难以弥补传统支柱行业的下滑。

（六）民营企业产权保护不平等

有恒产者有恒心，经济主体财产权的有效保障是经济社会持续健康发展的基础。然而目前的产权保护制度仍存在一些薄弱环节和问题。例如，利用公权力侵害私有产权及违法查封扣押冻结民营企业财产，甚至是企业主个人财产等现象时有发生；动辄查老底、翻旧账的民营企业“原罪论”仍然影响甚广；在处理国企与民企纠纷时，国企欠民企债务作为商业纠纷，民企欠国企债务则变成侵占国有资产；同是承包林地，国有企业承包期为70年，而民企承包期只有30年。

四、建议

（一）打破行业垄断，拓宽民间资本投资渠道

党的“十三五”规划建议提出要打破行业垄断，“加快开放电力、电信、交通、石油、天然气、市政公用等自然垄断行业的竞争性业务”。建议各部门拿出具体措施，有针对性地支持鼓励社会资本参与重点领域建设，进一步降低市场准入门槛，选择条件较好的行业作为试点，打破垄断坚冰。例如推动管道燃气市场改革，将管道燃气基础设施建设与运营分开，允许民间资本投资燃气管道等基础设施，同时允许社会资本通过租赁、合作、购买等多种形式与建设方共享基础设施，并参与燃气市场供应，提升市场的竞争性。

（二）维护市场公平，让各类经济主体平等参与市场竞争

建议按照“十三五”规划建议要求，加快“建立公平竞争保障机制”。一是出台公平竞争保障政策。明确规定，只要符合产业政策，就要按照“市场在资源配置起决定性作用”的要求，禁止地方政府和金融机构在产业准入、投资融资等方面附加歧视性条款，确保公有制和非公有制经济主体在公平环境下参与市场竞争。二是开展公平竞争保障行为督查。建议自治区政府牵头组建保障公平竞争领导小组，并在发改委设立领导小组办公室，建立长效监督机制和奖惩机制，重点检查地方政府、金融机构及相关部门开展公平竞争保障的效果，并根据结果进行奖励或处罚，同时将该项工作列入年度绩效考核，确保此项工作强力推进。

（三）破除行政壁垒，营造公开透明的政务环境

建议自治区探索建立“行政事项准入备案制度”，只要是政策允许，并且符合相关要求的事项，无须审批，经专门机构登记备案，即可立即实施。一是选择一个条件较好的特定区域（如南宁高新区）进行小范围试点，对区域内每一个待开发地块精确提出涉及产业准入、规划、国土、建设、环保、节能、水保、消防、地震、教育、卫生等具体开发条件和标准，并免费向社会公布，只要符合条件的项目都可以在登记备案后实施。二是成立“行政事

项准入监管局”，主要负责协调各部门研究制定和修改完善项目开发建设的条件和标准，指导项目业主准备项目备案材料，受理审核备案申请并印发登记备案证，根据项目业主备案材料内容组织相关部门进行严格监督检查，并对不按备案承诺内容开展工作的业主进行严肃查处，力争做到“免审批、严监管”。三是及时归纳总结工作中遇到的问题和经验教训，改进工作方式方法，并逐步向更多地区和更多领域（如社会管理审批等）推广。

（四）切实落实政策，引导民营企业转型升级

一是建立政策落实第三方督查制度。对政策落实的效果进行全面评估，强化责任追究，建立严格的政府违约和政策不落实的问责机制，深入清理一些部门的“潜规则”和地方的“土政策”，清理政府债和各种承诺，切实解决政策落实不到位问题。二是规范政府行为，建立诚信政府。搭建由公众广泛参与的诚信政府信息公示网络平台，让公众对政府、各部门及公务人员的诚信情况进行衡量和评价，并将结果向全社会公示。建立政府信用考评机制，上级政府负责对下级政府的信用考评，本级政府负责对所属部门的信用考评。同时，在公务员中推行个人信用评级，考评结果作为其评先、晋升、晋级、绩效的依据。完善责任追究机制，落实信用责任主体，把失信的惩戒责任落实到具体的人员，避免由于政府失信的责任主体缺位，以集体名义做出的行政行为成为政府官员相互推卸责任的借口。同时，建立守信奖励制度，形成“守信受益、失信受损”的局面。三是制定和完善民营企业转型升级税收优惠政策。例如针对企业在技术、产品、业务等方面的科研需求，制定科研投资税收优惠政策，或采取加速折旧、允许抵扣资本购进项目所含增值税税款等优惠措施，激励民营企业参与技术创新和转型升级。

（五）加大产权保护力度，让民营企业家安心经营，放心投资

一是按照“同等保护”标准修改完善相关法律、法规和政策文件，去除针对不同所有制的歧视性条款，逐步规范执法司法行为，特别是加强对非公有产权的保护，实现对各种所有制经济产权和合法权益的平等保护。二是妥善处理企业特别是民营企业过去的经营不规范问题。建议按照国务院《关于完善产权保护制度依法保护产权的意见》要求，遵循法不溯及过往、罪刑法定、在新旧法之间从旧兼从轻等原则，在深入调查广西实际的基础上，出台

实施细则，分门别类明确各类问题的具体处理办法，区别涉及金额、时间节点、实际影响及其他不同情况，以发展眼光客观看待和依法妥善处理改革开放以来各类企业特别是民营企业经营过程中存在的不规范问题，稳定社会预期。三是着力解决民营企业违法案件中司法不规范问题。建议搭建企业执法讨论申诉平台，为公众、企业主、律师、执法人员等相关人士共同交流创造条件，也为司法机关收集相关信息、甄别纠正产权纠纷申诉案件、查处违法人员、规范司法行为等提供线索。四是营造保护产权的良好社会环境。大力宣传与产权保护相关的法律法规、政策文件和典型案例，加强对提倡勤劳致富、保护产权、弘扬企业家精神的舆论引导，强化平等保护、全面保护、依法保护观念，让诚实守信、遵守契约的观念深入人心，推动形成保护产权的良好社会氛围。

陈　立

2016年海南省民营经济发展报告

摘要：2016年，在省委、省政府的正确领导下，海南省民营经济把握机遇，逆势前行，保持健康平稳发展，在推动海南经济社会发展中做出了重要贡献。本文用相关数据阐述了2016年海南省民营经济发展现状和取得的成绩，分析了当前民营企业发展面临的突出问题和困难，最后结合海南民营企业发展的现实情况，对未来的发展提出了一些意见建议。

关键词：民营经济　发展　建议

当前，我国经济发展进入以速度变化、结构优化、动力转换为主要特征的新常态，经济运行中结构性矛盾凸显，供求关系新的动态均衡正在形成。在此背景下，我国民营经济发展面临新型城镇化、产业高端化与智能化、经济服务化、社会信息化、发展绿色化、经营国际化六大机遇，以及市场准入壁垒、经营转型“火山”、融资难与融资贵、制度环境和市场环境仍需改善等挑战。2016年，面对经济放缓下行的压力，以及市场的多重挑战，省委、省政府坚决贯彻落实中央各项政策部署，不断夯实工作基础，引导促进非公有制经济健康发展和非公有制经济人士健康成长。

2016年，海南省民营经济持续稳定发展。截至2016年年底，全省市场主体61万余户，其中非公有制经济市场主体58万余户，占比达95%以上；全省税收949亿余元，其中非公有制经济纳税776亿余元，占比达80%以上；全省外贸企业进出口748亿余元，其中民企进出口686亿余元，占比达90%以上；民企解决城镇新增就业90%以上，在固定资产投资中比重达60%以上。同时，海南省非公经济市场主体非常重视科技创新和打造自主品牌，近年来已拥有65%的发明专利，75%的技术创新和80%以上的新开发产品。非公有制经济快速发展，为海南省稳定增长、促进创新、增加就业、改善民生发挥了重要作用。

一、海南省民营经济发展基本情况

（一）民营企业在全省市场主体中占比上升，注册资本不断提高

近三年来，海南省民营经济快速发展，注册资本不断提高。2016年，海南省新增民营经济市场主体93 629户，同比增长14.82%，新增注册资本（金）2 705.82亿元人民币，同比增长69.66%。

同时，海南省民营企业在全省市场主体中占比不断上升。省工商局提供的数据显示，截至2016年12月底，海南省民营经济市场主体数量为585 357户，占全省市场主体616 038户的95.02%，同比增长1.42%。其中，外资企业2 932户，从业人数64 251人，注册资金1 287.85亿元；私营企业158 218户，占全省企业总数206 968户的76.45%，从业人数925 696人，注册资本9 875.99亿元人民币；农民专业合作社15 137户，从业人数108 757人，注册资本290.06亿元；个体工商户合计409 070户，从业人数731 160人，注册资本213.62亿元人民币。

（二）民营经济税收总量持续增加，对经济发展贡献不断增大

2016年，海南省民营经济税收总量持续增加，对经济发展贡献不断增大。民营经济已成为推进经济社会发展的重要力量。统计数据显示，2016年海南民营经济缴纳税收总额为776.62亿元，与上年同比增长2.5%，占全部税收总额的81.78%，比去年同期下降2.62个百分点。其中，全省缴纳国税527亿元，民营经济缴纳国税400.39亿元，占国税总额的75.97%，同比上年下降4.13个百分点；全省缴纳地税422.59亿元，民营经济缴纳地税376.23亿元，占地税总额的89.03%，同比上年提高0.73个百分点。

（三）民营经济仍为海南省外贸主力但进出口总额同比有下降

从贸易结构来看，民营经济仍为海南省外贸主力，民营企业进出口额占比超过9成。但随着外贸形势变化，海南省民营经济贸易总额呈现出下降趋势。

海口海关统计数据显示，2016年，全省外贸企业进出口合计人民币748.1亿元，其中民营企业进出口686.5亿元，占进出口总额的91.76%，同比下降3.24个百分点。

（四）快速增长的民间投资成为带动全省固定资产投资平稳增长的主要因素

海南省民间资本投资近几年保持平稳增长，近三年全省民间投资对固定资产投资占比均超过55%，在民间投资带动下，全省投资实现快速增长。

2016年，省委、省政府高度重视发挥民间投资在扩大投资规模、调整投资结构中的作用，出台了一系列政策措施鼓励和引导民间投资健康发展，服务社会投资百日大行动的推进为海南民间投资加快发展提供了更好的投资环境，民间投资较快增长成为带动全省固定资产投资平稳增长的主要因素。

数据表明，2016年，海南民间投资完成2 239.10亿元，同比增长16.9%，高于固定资产投资增速5.2个百分点；民间投资占全省固定资产投资投资总量的59.8%，对全省固定资产投资增长的贡献率达82.6%，拉动固定资产投资增长9.6个百分点。

从投资主体经济类型看，私营企业和其他有限责任公司加大投资力度是海南省民间投资较快增长的决定因素。2016年，私营企业完成投资521.98亿元，同比增长65.2%，高于民间投资增速48.3个百分点，对全省民间投资增长的贡献率为63.7%；其他有限责任公司完成投资1 437.57亿元，同比增长17.1%，高于民间投资增速0.2个百分点，对全省民间投资增长的贡献率为64.7%。

二、海南省民营经济发展面临的主要问题

中小企业是中国实现经济转型的重要主体，是创新的主要源泉，是扩大经济总量和就业容量、保持社会稳定的重要支柱，是国家税收的重要贡献者。经济要保持平稳较快发展、社会要保持和谐稳定，就必须充分发挥中小企业在活跃经济、吸纳就业、推动创新、增加税收、便民利民方面的积极作用。

不过，尽管海南省民营经济运行平稳，企业经营状况呈现积极变化，但同时存在增速放缓下行的压力，成本上升、市场需求不足依然是制约企业发展的主要因素，不少民营企业仍承受着税费负担、社保费率、融资难、债务负担、经济周期影响等问题。

（一）政策措施落实不到位的问题犹存

党的十八大以来，中央出台了一系列促进民营经济发展的政策措施，海南省委、省政府也连续出台了一系列支持民营经济健康发展的政策措施。调研发现，大部分民营企业对海南省落实支持民营企业发展政策措施表示满意，但也有部分小微企业认为政策措施的“红利”还未能很好地释放，相关的优惠政策缺乏具体的落实细则，相应的协调配套措施较为缺乏，相关优惠政策在实际执行中“最后一公里”不通畅问题依然存在。

（二）融资渠道狭窄、融资方式单一等问题依然突出

目前，融资难题仍然制约着民营企业发展。国家统计局海南调查总队发布的《2016年海南小微工业运行平稳》中的调查数据显示，有18.9%的企业表示资金紧张是当前面临的最突出问题，有5.4%的企业表示融资难是当前面临的最突出问题。

同时，海南省的区域经济不协调，大部分市县经济实力较弱，缺乏有效的贷款担保，区域信贷机制不完善，财政资金支持力度不够，造成融资环境普遍较差。此外，信贷资金的投向基本集中于大中型企业或基础设施项目，相对忽视了中小企业发展，使中小企业在获取信贷资金支持方面受到了较大限制。

（三）民企获得财政补贴和产业引导资金受限

受民营企业身份和经营业绩、准入行业等的影响，民营企业在获得财政补贴、产业引导资金等方面，遭到诸多的制约和限制。由于财政性资金投入民营企业后如何管理等问题的相关政策法规没有及时配套，使得各类补贴多数流入国有企业、国有控股的民营企业或国有企业破产重组后的民营企业。

市县层面，由于企业民营化程度已经很高，为了得到财政补助资金，投资公司、融资公司、担保公司，甚至注册空壳企业，对民间投资形成了一定的挤出效应。

（四）民企仍面临高税费、高成本问题

过去几年，人民币实际升值，劳动力成本上升，银行贷款利率和融资成本高，在这三个条件下，中国企业的税收显得较高。高税费、高成本也一直是海南省企业不得不面对的痛点之一，实体经济企业的盈利能力因此被削

弱，这也成为供给侧的硬伤。

据测算，从微观层面讲，中国企业的综合税费负担平均约40%。2016年，海南省租赁和商务服务业、交通运输仓储和邮政业、房地产业等行业的税费均有所下降，但还有部分企业也反馈，受岛屿经济制约，海南省的原材料和劳动力成本仍然较高。

（五）民间投资房地产占比过高

近几年，海南省民间投资持续上涨，从分行业投资情况来看，2016年海南省民间投资总体上主要集中在房地产业，占全省民间投资的60.5%，同比增长9.3%，行业集中度非常高。值得注意的是，从产业转型升级的角度来说，房地产业投资过于集中，将导致很多高新技术产业、创新型企业难以获得有力支撑。

（六）民营企业发展面临自身因素阻碍

一是自主创新能力较差。海南省缺少优质的自主品牌，自主研发投入较少，产品更新换代缓慢，科技含量低，市场竞争力弱。截至2016年年底，在新三板上市的海南企业不到30家，远低于全国其他省区。二是用人机制不完善。“人才稀缺”是海南省大多数非公有制企业面临的问题之一，医药、互联网等行业高端人才匮乏，酒店、教育、餐饮等行业人才流动频繁，影响企业发展。

三、海南省民营企业发展建议

海南省民营经济发展也面临转型升级，关键是要破解制约民营企业发展的重大难题，营造民营企业发展的良好环境，推动各项政策落地、落细、落实，让民营企业真正增强获得感。

（一）落细落实政策，激发民企发展活力

一是充分发挥工商联作用，加强政策解读与培训。二是力破政策措施落实中的“中梗阻”，有选择地扶持企业，根据企业特点和需求，“因企制宜”地落实政策，明确帮什么、由谁帮、帮到哪儿。三是建立政策传导机制和督查机制，让政策转化为生产力，更好发挥民营经济发展潜质。

（二）进一步放宽民营企业的市场准入，大力拓展民间投资的发展空间

切实打破行政垄断和市场垄断，营造公平竞争的市场环境，保障民营企业发展实现权利平等、机会平等、规则平等。以“法无禁止即可入”为原则，加快建立行业准入负面清单制度，着力消除基础设施和公用事业等重点领域的显性或隐性门槛，鼓励民营企业依法进入更多领域。要引导国企调整产业布局，最大限度地为民资在一般性竞争领域腾出投资空间。

同时，大力推进混合所有制改革，让民资在不同层次上进入国资垄断行业。大力推广政府和社会资本合作（PPP）模式，发挥政府投资的引导和放大效应。

（三）破除融资的“高山”，降低实体经济成本

首先，引导商业银行加大金融创新力度，建立符合民营企业特点的信贷管理制度、风险控制制度和风险补偿机制。规范融资中评估、审计、保险、登记等金融中介服务收费，构建政府主导的融资担保体系。

其次，组合出拳降低民营企业成本，要落实好“营改增”等减税清费政策，降低税费负担；规范和清理贷款中间环节收费，引导金融机构合理控制存贷款利差，降低融资成本；继续适当降低“五险一金”有关缴费比例，降低用工成本；进一步降低用地、用能、物流成本和其他制度性交易成本。

（四）减税降费，为企业发展提供动力

为企业减负在当前形势下就显得尤其重要，减税降费政策措施能使更多企业获益、更好地发展，有助于困难企业更快地走出困境。

一是理顺税费关系，清费立税。减少不合理的行政性收费，规范地方收费；合并或撤销重复征收的税费，完善税制。二是完善企业减负工作体制机制，进一步加强企业减负工作交流及机制建设。强化、完善企业负担的投诉和追责机制。三是为小微企业减负纾困的同时，还要更加注重通过完善小微企业服务体系提升其自身的内生发展能力，提升其抗风险能力和生存发展能力。

（五）创新财政资金分配方式，财政补贴企业资金“补改投”

财政资金“补改投”可以优化财政资金绩效“棋局”，放大杠杆效应。一是通过政府信用吸引保险资金、社保资金，先把蛋糕扩大，对民间资本形成虹吸效应。二是优化产业配置。政府引导基金以创新型企业为主体，自然

引导带动社会资本向高新企业投资。三是改善投资结构。政府引导基金扶植极具创新能力的中小企业，这样可以培养一批极具创新能力的企业，为商业化产业投资机构进一步投资规避一定的风险，引导其后续投资，用“接力棒”的形式把企业做强做大。

（六）进一步扩大民间投资

政府投资要发挥“四两拨千斤”的引导作用，放宽市场准入，打通金融通向民企的通道以及建立新型政商关系，让企业在投资中有利可图。同时，完善产权制度，提升企业家精神，提升民间投资活力。

课题组组长：黄　琅

课题组成员（排名不分先后）：赵为慎　李　华　李梦人

2016-2017年西藏民营经济发展报告

2017年是非常不平凡的一年。最重要的标志就是中国共产党第十九次全国代表大会于10月18日至24日胜利召开。2017年也是西藏非公经济和工商联事业发展极为重要的一年。这一年，我们紧紧围绕区党委、政府中心工作，奋力推进非公经济持续健康发展，教育引导非公经济人士健康成长，区党委、政府成功召开了全区第二次非公经济发展大会，区工商联第六次代表大会成功举办，“在灿烂阳光下——西藏非公经济界庆祝党的十九大胜利召开文艺汇演”成功举办，工商联统战性、经济性、民间性“三性”有机统一的基本特征更加凸显，凝聚力、影响力、执行力显著增强，各项事业取得新进展。据统计，截至2017年三季度，全区非公经济市场主体已达20.94万户、占全区市场主体总量的96.2%，从业人员117万、占全区社会就业人口的96.8%，实现生产总值397.41亿元、占全区GDP的42.3%。

（一）认真学习贯彻党的十九大精神

按照区党委、政府和党委统战部、全国工商联安排部署，认真制订工作方案，在全区工商联系统和非公经济界掀起十九大精神学习热潮，在学懂、弄通、做实上下功夫，自觉维护习近平总书记在党中央、全党的核心地位，维护党中央权威和集中统一领导。组织机关干部职工、各驻村工作队及村民、区直属会员企业党员职工共计2 500余人收看了十九大开幕式，聆听习近平总书记工作报告。多次召开理论中心组学习（扩大）会，学习十九大精神传达提纲、十九大报告原文、自治区党委九届三次全委会、习近平总书记在瞻仰中共一大会址时的讲话及《习近平总书记给卓嘎、央宗姐妹的回信》精神。组织直属会员企业通过召开集中学习、开展文体活动、举办座谈会等形式，热烈庆祝党的十九大胜利召开。区党委副书记、自治区主席齐扎拉莅临区工商联与区非公经济代表人士座谈，听取意见建议，宣讲党的十九大精神，并赠送十九大学习书籍。邀请国务院参事，清华大学社科学院国际关系学系教授，清华大学经济外交研究中心主任、博士生导师，中国民主同盟会中央委员、民盟中央经济委员会主任何茂春教授专题讲解党的十九大精神。以非公经济发展和工商联工作开展为主线，隆重举行了“在灿烂阳光下——西藏非公经济界庆祝党的十九大胜利召开文艺汇演”，5地市工商联、14家非公企业和2家商协会共260余名职工参加演出，热情讴歌了全区广大非公经济人士积极投身西藏经济建设发展大潮，打造了自治区非公有制经济人士理想信念教育实践活动的重要内容、重要载体、重要平台，彰显了非公经济人士良好风貌，为社会各界了解非公经济人士、非公企业及非公经济及工商联工作提供了窗口。组织40余人召开年轻一代非公有制经济人士学习贯彻党的十九大精神座谈会，激发他们听党话、跟党走的决心。

（二）不断优化营商发展环境

协助区党委、政府圆满成功召开第二次非公大会，全力做好贯彻落实会议精神的任务分工，召开全区第二次非公经济发展大会精神任务分解工作部署会。围绕新常态下的经济政策框架，组织召开非公经济界推进供给侧结构性改革、补齐发展短板座谈会，深入了解民营企业转型升级困难，激励企业适应新常态，补齐自身发展短板，培育激发内生增长动力。召开小企业发展高峰论坛，积极搭建银企对接平台。多次组织民间投资专项及联合调研，向区党委、政府建言献策，反映解决民间投资下滑问题。

（三）积极服务非公经济发展

与人行拉萨中心支行等部门多方协调，共同组织举办“2017年西藏自治区金融促进非公经济发展推介会”，10家银行业金融机构与39家非公企业现场签订了39份授信协议，金额近26亿元，推介会获得了圆满成功。与中国银行西藏分行开展“融资贷款对接活动”，与7家商会200多家非公企业对接，打造非公企业融资服务平台。加强与金融部门的联系，深入四川商会、江苏商会、台州商会开展非公企业融资情况的调研，并组织召开了银企对接座谈会。人行拉萨支行先后与四川投资公司、白玛甘泉公司签订了贷款协议。人行拉萨支行与白玛甘泉公司的贷款协议达1个亿。积极参与法治宣传日活动，积极反映企业的合法诉求，维护非公企业的合法权益。成功召开西南片区工商联法律维权工作对接联席会第三次会议。云南、四川、广西、贵州、重庆、海南、西藏七省区市工商联就法律维权服务工作开展情况进行交流。全国工商联法律部领导出席会议并给予指导。配合自治区招商局举行招商投资推介会，推介15个项目137.62亿元。报送对外推介非公企业招商引资项目4个，涉及投资达28亿元，包括重点推介民商时代广场项目，涉及投资18亿元。向全国工商联上报产业扶贫项目21个，涉及投资达11亿元。

（四）继续推动“百企帮百村”精准扶贫行动

在精准扶贫行动进入关键时期、攻坚时期，召开全区非公企业精准扶贫推进会，2个地市工商联和3个企业进行了扶贫经验交流，提出《全区“百企帮百村”精准扶贫行动下一步推进意见》。进一步加大工作力度，成立临时机构精准扶贫办公室，完善“百企帮百村”精准扶贫行动台账管理。截至目前，全区560家非公企业参与精准扶贫行动，结对551个建档立卡贫困村，共投入资金4.25亿元，带动3.1万名贫困人口致富。西藏山南羊湖建筑工程有限公司、西藏金塔建设集团有限公司获评全国工商联“万企帮万村”精准扶贫行动先进民营企业。

（五）响应政府号召落实大学生就业工作

通过公众微信平台和手机短信向直属会员企业和商协会大力宣传《中共西藏自治区委员会西藏自治区人民政府关于促进高校毕业生就业创业的若干意见》（藏党发〔2017〕9号）精神，鼓励非公企业吸纳西藏籍高校毕业生就业。与人社、教育、国资、工信、拉萨市人社局联合举办高校毕业生就业服务月专场招聘会暨第五届大中城市联合招聘会活动，412家企业和单位提供4 500余个就业岗位。其中300余家非公企业提供3 000余个就业岗位。5 600人次入场求职，现场达成意向性协议1 279人，签约306人。抽调人员到自治区高校毕业生就业工作联合办公室开展岗位统计工作。2017年西藏自治区非公企业实现西藏籍高校毕业生就业421名。

（六）在区非公党工委办公室机构及编制撤销的压力下抓好非公党建

2017年9月，区党委撤销了挂靠自治区党委统战部的自治区非公有制经济组织党工委和挂靠在自治区工商联的非公党工委办公室，收回了5个事业编制和相应的处级领导职数，但我们承担的非公党建职能却没有减少。严把关口抓好党员发展工作，推进“两个覆盖”，凡有3名以上正式党员的非公组织均单独组建党组织，党员不足3名的采取联合组建、挂靠组建等方式建立党组织。全年新发展党员133名，培养积极分子245名，目前全区非公经济组织党员总数达6 607名；新成立党组织13家，全区非公经济组织总数590个。加强非公经济党组织骨干队伍建设，区直非公党组织125名书记中有40%是董事长或总经理，其他大多数是中高层领导。举办第三期“两新”党组织党务工作者和党员示范培训班，培训人员100人。在浙江大学人文学院举办第三期“党建与经营能力提升”培训班，培训人员50人。深入推进“两学一做”学习教育常态化制度化，加强指导督导。抽调12名精干人员，集中利用2个月时间，开展区直非公企业“两个覆盖”排查摸底工作，对区直5 350家非公企业进行逐户排查摸底，核清有名无实的“空壳”企业、久不运转的“僵尸”企业、多重注册的“影子”企业，摸清正常运行的非公企业数量。

（七）圆满完成工商联换届工作

严格按照中央统战部、区党委统战部统一要求，由区党委统战部牵头，14家部门协同，历时近3个月，对全区560余名非公经济代表人士进行了综合评价。顺利召开区工商联（商会）六次代表大会、六届一次执委会，选举产生新一届领导班子，以及常委、常务理事，执委、理事人选，着力打造一支思想政治强、行业代表性强、参政议政能力强、社会信誉好的非公经济代表人士队伍。各地市工商联也按照要求，圆满完成换届。修订《区工商联兼职副主席、副会长，直属商协会负责人联系县级工商联联系制度》。加强班子队伍建设，启动西藏领跑企业董事长班决策课程、卓越总裁班、传统文化国学班等课程。

（八）抓好工商联自身建设

及时充实完善会员数据库，发展壮大非公有制经济代表人士队伍，把政治素质高、经济实力强、社会贡献大、管理水平高、参政议政能力强的非公有制经济人士吸纳到会员队伍中来。新发展会员39家，目前直属会员企业达到352家。推进县级工商联建设。根据中央统战部和区党委统战部要求，形成《区工商联关于推进县级工商联尽快设立党组建议的报告》和《关于进一步推进我区县级工商联“一个设立、五个有”工作的实施意见》上报。根据全国工商联要求，11家县级工商联确认为全国县级“五好”工商联。积极引导支持企业建立工会组织，扩大工会组织的覆盖面，逐步启动以党建带工建、以党建带团建等工作，积极开展动员、指导全区非公有制经济组织工会。目前，已建非公工会组织达到97家。顺利召开自治区非公企业工会联合会第二届代表大会，选举产生新一届工会领导班子，完成新入会非公企业负责人暨工会干部培训班的培训工作。组织商会会长赴内地考察学习，探寻商会工作新思路。启动“四好”商会建设和在城关区探索开展街道社区商会建设，区直属商协会达到35家。

（九）深入做好援藏对接工作

为进一步贯彻落实中央第六次西藏工作座谈会精神，多次与全国工商联汇报沟通，初步定于2018年年中在拉萨召开全国工商联系统对口援藏座谈会暨全国知名民营企业家精准扶贫西藏行活动，进一步加强对口支援和经济合作，助推西藏工商联系统建设和非公经济发展再上新台阶。积极筹备会议，由会班子成员分别带队赴七地市进行了专项调研，形成了相关的调研材料和会议方案，并将在自治区领导带领下赴全国工商联汇报。

（十）进一步加强机关建设

推进“两学一做”学习教育常态化制度化，深入开展党风廉政建设，积极开展“主题党日活动”，机关建设水平全面提升。进一步优化机关党支部设置，对原机关三个党支部进行合理分解，设置为五个党支部。对3名科级干部进行提拔使用。组织会机关干部积极参与精准扶贫工作，与两个驻村点92户贫困户结成帮扶对子，向结对认亲交朋友群众送去慰问金5万余元。截至目前，区工商联共派出干部职工92人次参与驻村工作。通过驻村和结对活动，进一步锤炼了机关全体党员联系群众、服务基层的能力。组织区工商联离退休干部职工在拉萨开展参观考察活动并召开座谈会，受到离退休干部职工的一致好评。组织全体复转军人召开座谈会，做到退伍不褪色。加强硬件设施建设，对3楼周转房进行装修改造，改善干部职工住房条件。更换监控设备，按照车辆影像识别系统，为维稳安保提供技术保障。全面进行机关网络改造升级，覆盖办公区及周转房。对老化的办公设备进行统计并部分更新，提高工作效率。

在总结成绩的同时，我们也要清醒地看到，进入新时代，工商联事业还存在许多差距，也存在着发展不平衡不充分的问题。一是非公经济总量规模较小，分布明显不均，行业分布不平衡。主要分布在拉萨等人口稠密、经济发达的中心城市，其中拉萨占40%左右，其他地市县相对较少，且混合所有制经济比重偏低。行业领域主要集中在二产中的工业和矿产业、建筑建材业以及三产中的旅游业、餐饮业、零售业、社会服务业，在能源、交通通信、金融、市政公用、基础设施等领域涉入较浅。二是民营企业滚石上山、爬坡过坎过程中还存在很多问题。一些民营企业主要是一些中小微企业还面临着融资难、融资贵、市场准入门槛高等实际问题；还有的企业经营理念落后、管理制度不完善、运营成本较高、风险承受能力较低，生产经营困难很多。三是部分工商联组织建设依然十分薄弱。人员编制、办公条件、工作经费、信息化建设落后等实际问题和困难仍然比较突出，在一定程度上影响了工商联组织职能作用的发挥。基层工商联组织建设方面，已经成立的县级工商联大多数只有2个编制，距全国工商联提出的“一设立、五个有”建设的基本要求还存在很大差距，更谈不上达到“五好”标准。四是工商联机关建设需要进一步加强。近年来，工商联工作任务不断拓展，我们服务非公经济的能力还非常欠缺和单调，存在开会布置任务多、服务手段弱、信息化平台滞后等问题。这些问题，必须着力加以解决。

过去5年党带领我们国家取得了许多历史成就和根本性变革。过去5年也是西藏取得辉煌成就的历史时期。经济总量一年一个新台阶，各项经济指标连续多年保持两位数以上增长，西藏已站在了新的历史起点上。近年来，区党委、政府高度重视，大力支持，非公经济取得了长足的发展，已成为西藏自治区社会就业的重要渠道、财政收入的重要来源、推动经济社会发展的重要力量，并呈现出经济总量明显增加、企业实力明显增强、创新能力明显提高、产业龙头明显增多、上市步伐明显加快的良好发展态势。

实践证明，凡是民营经济发展较好的地区，那里的就业就比较充分，那里的市场发育程度就比较成熟，那里的经济就充满生机活力，人民生活就比较富裕，社会就和谐稳定。中国特色社会主义进入新时代，意味着中国民营经济发展也要走向新时代。党的十九大对新时代我国社会主要矛盾的新判断，为民营经济发展描绘了更美好前景。党的十九大开启了全面建设社会主义现代化国家新征程，为非公有制经济人士施展才华拓展了更大空间。党的十九大报告就鼓励支持非公有制经济发展作出许多新的重大论述，集中体现了对非公有制经济理论政策的继承和创新，为我国非公有制经济持续健康发展指明了方向，标志着我国非公有制经济迎来新的历史机遇，进入新的发展阶段。

新时代提出新任务，新使命呼唤新作为。2018年是改革开放40周年，是学习贯彻党的十九大精神的开局之年，也是全区第二次非公经济发展大会的落实之年。我们要以党的十九大精神为指导，提高战略思维能力，全面贯彻党的十九大精神，按照习近平新时代中国特色社会主义思想要求高起点、高标准地谋划，不断增强工作的原则性、系统性、预见性、创造性，推动非公经济发展战略不断完善和各项政策落地生根，以两个健康优异成绩落实党的十九大精神，不断把工商联事业推向前进。

明年工作的总体要求是：认真学习贯彻党的十九大精神，按照区党委九届三次全会的部署，按照全区第二次非公有制经济发展大会的安排，贯彻落实全联十二次代表大会精神，弘扬优秀企业家精神，更好发挥企业家作用，加强学习、开阔眼界、抢抓机遇、不断创新、做大规模，力争非公经济增加值、上缴税收、提供就业岗位年均增长15%以上，不断推动西藏自治区非公经济和工商联事业再上新台阶，努力在新时代为西藏长足发展和长治久安做出新的更大贡献。

（一）以党的十九大精神为指导，奏响走向新时代的集结号

牢固树立“四个意识”，迅速掀起学习贯彻大会精神的热潮，团结引导非公经济人士切实把思想和行动统一到十九大精神上来。贯彻落实《中共中央 国务院关于营造企业家健康成长环境弘扬优秀企业家精神更好发挥企业家作用的意见》，改善营商环境和发展环境。加大面向企业家的政策宣传和培训力度，加强优秀企业家培育，加强与清华、北大、西藏大学等高校和科研教育机构合作，继续办好西藏领跑企业董事长班决策课程、卓越总裁班、传统文化国学班等课程，培塑新时代西藏企业家精神。西藏自治区的民营企业家要响应党奏响的走向新时代的集结号、冲锋号，为新时代进行伟大斗争、建设伟大工程、推进伟大事业、实现伟大梦想做出应有贡献。大力发展新民营经济，牢固树立新财富观。牢牢守住不欠薪、不逃税、不侵权的底线，始终成为保障就业、涵养税源的重要渠道，并积极参与精准扶贫、精准脱贫。

（二）贯彻落实全区第二次非公有制经济发展大会精神，推动一系列政策落地生根、开花结果

深入学习贯彻全区第二次非公经济发展大会精神，把督导推动全区第二次非公经济大会精神落实作为当前和今后一段时期的重要任务。按照区党委常委会部署，推动各地市和自治区相关部门在2018年6月底前出台具体可行的贯彻落实全区第二次非公大会精神的政策和措施。协调全面实施市场准入负面清单制度落实，推动清理废除妨碍统一市场和公平竞争的各种规定和做法，支持民营企业发展，激发各类市场主体活力。在区党委办公厅、政府办公厅、区党委统战部牵头组织下，区工商联积极参与将于2018年7月开展的联合专项督导检查，全力推进非公经济各项优惠扶持政策落到实处。

（三）构建“亲”“清”新型政商关系，促进非公有制经济健康发展和非公有制经济人士健康成长

尽快推动党委、政府出台实施意见，建立自治区领导联系民营企业制度和非公经济发展部门联席工作制度，努力推动“清”的理念不断深入人心，“亲”的氛围不断增强，促进形成政商交往的新风尚、新气象。企业家要自觉践行“亲”“清”新型政商关系，既要积极主动同各级党委和政府及部门多沟通多交流，支持地方发展；又要做到遵纪守法办企业、光明正大搞经营，努力实现企业健康发展和个人健康成长。

（四）开好全国工商联系统第二次援藏工作座谈会，举行全国知名民营企业家精准扶贫西藏行活动

认真归纳整理专项调研报告，积极主动向旦科常委、多吉次珠和徐乐江书记汇报。加强衔接配合，重点围绕会务、接待工作进行汇报沟通，先行起草会议和活动所需材料，协调各对口援藏省市工商联就援藏工作、签订协议事项和民营企业洽谈项目工作进行协调衔接。

（五）推动工商联事业再上新台阶

紧密联系工商联工作实际，自觉用新时代中国特色社会主义思想武装头脑、指导实践、推动工作，自觉在深化理想信念教育实践活动、推动构建

“亲”“清”新型政商关系、服务非公有制经济发展、推进“百企帮百村”精准扶贫行动、打造“五好”县级工商联和“四好”商会建设中，贯彻新发展理念，勇于变革、勇于创新。

（六）全面加强工商联机关建设

深入贯彻全面从严治党，党组履行主体责任，全面落实“一岗双责”，加强和规范党内政治生活、加强党内监督，推进“两学一做”常态化制度化，牢固树立“四个意识”，特别是核心意识、看齐意识。围绕提升政治把握能力、调查研究能力、群众工作能力和落实推进能力，加强对机关干部的教育培训、实践锻炼，进一步提升干部队伍能力素质。加强机关规范化建设，全面规范办文办事办会，规划建设“网上工商联”，创建高效的服务平台和载体，为各项工作提供技术保障。健全我会与七地市工商联及兼职会领导的视频会议系统，落实电子政务外网的衔接和使用。

地方专题报告

东北地区13个民营经济发展改革示范城市营商环境评估报告

为贯彻落实习近平总书记关于改善东北地区投资营商环境的重要批示精神，推进东北地区民营经济发展改革工作，国家发改委东北振兴司、全国工商联研究室、中国民营经济研究会、民生银行研究院组成3个调研组于2017年8月至9月，赴东北地区首批13个民营经济发展改革示范城市大连、鞍山、营口、辽阳、盘锦、长春、通化、白山、辽源、哈尔滨、牡丹江、七台河、通辽和沈阳、佳木斯两地开展了营商环境评估调研。其间，组织召开政府部门座谈会16场，民营企业家和商会代表座谈会13场，与近百位民营企业家、商会负责人访谈，实地走访30余家民营企业。同时通过全国工商联民营企业调查系统开展网络调查，回收问卷731份；委托13个试点城市发改委提供部分经济社会发展统计数据。现将调研情况报告如下。

一、民营经济发展总体情况

近年来，东北地区着力完善体制机制，深入推进放“管服”改革，构建“亲”“清”新型政商关系，民营经济由弱增强、由小到大，发展态势总体良好，发展活力有所增强，就业拉动效应明显，税收贡献持续提升，在地区经济社会发展中的地位越来越重要。

（一）民营经济发展活力显著增强

从发展数量看，东北地区民营经济市场主体数量快速增长。截至2016年年底，黑龙江、吉林、辽宁民营经济市场主体分别为178.30万户、173.10万户、280.20万户，分别较上年增长17.60%、8.29%、11.60%。2017年上半年长春市GDP增速高于全国1个百分点；平均3.35分钟新增一户企业。哈尔滨市高新区2017年上半年新设立企业2 426户，是2016年同期2.3倍。从发展质量看，民营经济产业创新能力持续增强，央地融合、产学研企合作不断深入。吉林省汽车、石化、装备三大民营主导产业集群创新能力稳步提升，现代农业加快发展，农产品加工业产值列全国第10位，医药健康产业产值列全国第4位，同比前进1位。辽宁省有7家单位获得国家级小微企业创业创新示范基地，大连冰山集团、环嘉集团等科技型企业成长迅速。黑龙江省涌现了一批以新一代信息技术、生物工程等新兴产业为代表的科技型企业，哈尔滨鑫达、誉衡、五常米业、光宇、葵花等近两年发展良好，营业收入均超过10亿元。

（二）民营经济成为国民经济的重要支撑

从总量上看，近年来，东北地区民营经济增加值整体上实现了较快增长，对地区经济贡献超过50%，成为地区经济的重要基础。2016年黑龙江、吉林、辽宁非公有制经济分别实现增加值8 176.6亿元、7 651.5亿元、11 054亿元，较上年分别增长7.7%、4.29%、-32.30%，分别占地区生产总值的53.14%、51.40%、50.16%。13个试点城市中有3个城市非公经济占比超过60%，其中营口市占比最高，达到了77.6%。从投资趋势看，民营经济已成为地区固定资产投资的主力军。2016年黑龙江、吉林、辽宁非公有制经济完成固定资产投资分别为7 046.5亿元、10 200亿元、4 445亿元，分别较上年增长8.1%、12%、-57%，分别占地区固定资产投资的67.50%、74.10%、69.10%。从试点城市来看，白山、鞍山、牡丹江、营口等市的民间投资占比均超过70%，营口市更是达到82.6%。

（三）民营经济的社会贡献越来越突出

从就业看，民营企业量多面广，已成为吸纳东北地区劳动力就业的主渠道。鞍山、通辽民营经济吸纳就业占比都超过了80%，辽源市东北袜业园一个园区安置就业3万余人。从税收看，民营经济纳税已逐渐占据东北地区纳税总额半壁江山，成为政府税收收入的重要来源。2016年，东北地区黑龙江、吉林、辽宁三省分别上缴942.9亿元、755.9亿元、1 397亿元，占各省总税收比例分别为56.6%、59.8%、28.5%，税收贡献除辽宁外都超过本省一半。

二、试点城市优化营商环境的主要举措

调研发现，东北地区党委政府普遍重视优化营商环境，激发民间资本投资活力，促进民营经济繁荣发展。民营经济发展改革试点工作开展以来，首

批13个试点城市采取系列措施，努力改善民营经济发展的市场环境、政策环境、法治环境和社会环境，民营企业政策获得感不断增强，市场活力显著提高。主要做法是：

（一）加强领导部署，完善监督检查工作机制

辽宁省下大力气改善投资营商软环境，目前各市县都成立了营商环境建设领导机构和工作机构，工作机制不断完善。长春市成立由市委书记任组长、市长任常务副组长的改革示范工作领导小组。盘锦市成立了以市长为组长的“盘锦市民营经济发展改革示范工作领导小组”。营口市成立由市长任组长、相关副市长任副组长的软环境建设领导小组，出台《关于优化营商环境的实施意见》。鞍山市制订了《关于加强营商环境建设的“十条禁令”》。辽阳市建立营商环境监督评价体系，在各级人大代表、政协委员、政府机关涉企服务人员和中小微企业员工中选聘了300名营商环境监督员，定期组织测评打分，并引入第三方专业评估机构进行评估对比。七台河市制定出台《关于进一步优化全市发展环境的实施意见》，开展“全市经济发展环境整治年”活动。

（二）优化市场环境

各试点城市通过放宽市场准入，促进市场公平竞争，加大公共服务，支持民营企业投融资、人才引进和使用、技术创新，推动企业转型升级。

1. 放宽民营企业市场准入。大连市鼓励民营企业参与国企改革，目前已有15家国有企业吸引民营资本参与改革，积极推进PPP建设，2017年发布15个PPP项目，总投资123.14亿元。七台河市成立市公共资源交易中心，整合政府采购、国有产权交易、建设工程招投标、国有土地交易四项公共资源交易职能，鼓励社会资本投资市政基础设施项目。通辽市鼓励民间社会资本参与全市基础设施和公共服务领域建设，目前有3个PPP项目由民营企业牵头落地实施。

2. 促进企业科技创新。大连市建成市级以上科技企业孵化器达到33家，累计孵化企业3 529家；建设科技创新创业服务平台“科技指南针”，集成6 800项科技服务项目；累计创建小企业创业基地29个、民营企业公共服务平台26个，其中国家级公共服务平台6个。长春市建成“政产学研用金介”七位

一体协同创新云平台，建立融资担保等十大类公共服务平台316个。通辽市打造“集中+分散”型创业孵化平台，建成集中型创业孵化园区34家，分散型创业孵化网点1 586家。通化市实现各县区省级创业孵化基地全覆盖。鞍山实施中小企业“专精特新”工程，截至2016年年底省级“专精特新”中小企业99户、“专精特新”产品（技术）达到125个；引进哈尔滨工业大学等高校设立产业研究院。辽阳市发放科技创新券，设立辽阳市科技型中小微企业贷款风险补偿资金，与东北大学共建钢铁共性技术协同创新中心。

3. 加大金融支持力度。大连市完善民营中小企业融资服务体系，引进中小银行、村镇银行21家，推动设立中小微专营机构和特色支行近百家；鼓励金融机构创新融资产品和服务，全市银行机构推出中小微融资产品200余种。盘锦市设立规模2亿元的民营企业应急转贷资金池，帮助解决民营企业过桥资金问题。哈尔滨市财政首期注入2.4亿元，成立小微企业融资专属平台，专门为小微企业提供融资担保支持。通辽市探索建立“助保贷”融资模式，累计为267家中小微企业发放流动资金贷款18.95亿元。

4. 加强人才服务。大连市对符合高层次人才认定标准的企业经营管理人才，按层次分别给予300万元、150万元和80万元的安家补贴，实施“百千万”人才工程，支持企业专业技术人员接受继续教育，目前共建立继续教育基地34家，涵盖了246个专业。通辽市协调各类职业技能培训，加大民营企业人才培训鉴定，为非公有制单位评审高级职称1 174人、中级职称2 046人、初级职称1 907人。牡丹江市财政每年拿出2 000万元用于支持鼓励人才培养引进和科技创新，设立1 000万元小微企业专项发展基金和666万元大学生创业“种子资金”。

5. 实施“小升规”工程。盘锦市通过开展各类培训服务活动提升目标企业管理能力和市场竞争力，促进重点培育企业早日达产增效。大连市筛选一批成长性好、创新能力强的规模以下企业，建立起“小升规”企业培育库，推动规下民营企业做优做强。

（三）优化政策环境

各试点城市深化“放管服”改革，出台促进民营经济发展的政策文件，大力实施减税降费，着力为民营经济发展松绑减负。

1. 深化行政审批制度改革。营口、辽阳、盘锦等地探索成立行政审批局，如辽阳市按照“一枚公章”管审批原则将原来由20个委办局分散办理的165项审批事项相对集中到审批局办理，时限压缩了77.5%，审批环节减少了204个。长春市开展“一门式、一张网”行政审批综合改革，市级非行政许可实现“零审批”，基本建设项目审批时限由302个工作日压缩到51个工作日。七台河市开辟民营企业项目审批“绿色通道”，取消和调整市本级行政权力2 131项，减少审批前置件408个。通辽市在内蒙古自治区内率先实施“25证合一”，以“减证”带动“简政”，激发市场主体活力。

2. 出台促进民营经济发展的政策文件。长春市出台推进民营经济综合配套改革试点、加快工业经济转型升级、大力推进科技创新、打造六大千亿级新兴产业、促进现代服务业发展5个政策文件，自2017年起用五年时间实施新一轮民营经济腾飞计划。哈尔滨市出台《关于进一步扶持中小企业发展的若干政策》《哈尔滨市促进民间投资健康发展的若干措施》等优化非公有制经济发展的配套政策。盘锦市出台《促进民营经济发展的若干政策》，从鼓励民间投资、鼓励民营企业加大研发投入、推进民营企业产融合作等10个方面推进民营经济大发展、快发展。鞍山市提出了融资、创新、要素成本、发展环境四个方面16条措施。辽源市制定打造全民创业最活跃地区实施意见、促进民营经济大发展的意见等政策，建立了税收、准入、融资、技改、配套及环境等多方面优惠政策支持民营企业发展。

3. 大力推进减税降费。盘锦市在削减土地使用税、实施市级以下零收费、支持企业开展直供电交易等方面持续加大工作力度。牡丹江市全面实施收费清单制，推动7家“红顶”中介与主管部门脱钩，与审批有关的市属中介收费下调50%。大连市全面清理涉企收费项目，目前保留的涉企经营服务性收费只有12项。白山市对新办民营企业3年内“全当没有”，新增税费全部返还，对存量民营企业年新增税费按比例返还。通辽市制定关于进一步促进企业降成本增效益的实施意见，为企业降低土地、税费、电力等成本达20.2亿元。

（四）优化法治环境

各试点城市认真贯彻落实关于完善产权保护制度依法保护产权的意见，

规范涉企行政执法，拓宽企业法律援助渠道，规范政务服务，积极营造保护民营企业合法权益的法治环境。

1. 规范涉企行政执法。牡丹江市组建城市管理综合执法大队，实施“一队”式执法模式及涉企检查“先申请、再备案、后执法”；实施企业“宁静工程”和“门禁”制度，除安全监管、环境保护和食品药品监督等事项外，其他入企行为必须向市级主管领导报备登记。白山市由市软环境办直接受理、办理、转办、督办、督查行政机关执法过程中干扰和破坏经济发展软环境的27类不当行为投诉，有效减少了执法人员的自由裁量权和寻租空间。

2. 帮助企业解决法律纠纷。大连市建立企业维权长效机制，组建市民营企业投诉中心、仲裁中心和维权律师团，开通“96366”投诉和法律服务热线，为企业提供法律咨询、援助5万多件次。七台河市全面推行“双随机、一公开”“宁静工作日”“五个不轻易”等行政执法工作制度，协助民营企业依法调处矛盾纠纷，化解各类矛盾纠纷500余起，引导诉讼12起，破获各类涉企案件36起，为企业挽回经济损失5 000余万元。

3. 规范监督政府行为。鞍山市建立首问负责制、一次性告知制和限时办结制，工作人员在咨询、受理、审查过程中做到“三清”（受理咨询一口清、发放资料一手清、审查核准一次清）。辽阳市优化整合“12345”市长公开电话，设立电话、信箱、微信、短信等终端服务平台，全时段、全方位受理营商环境问题诉求。佳木斯市实行行政职权运行流程标准化管理，建立“过程可管、风险可控、证据可查、责任可究”的行政职权运行管理标准体系。

（五）优化社会环境

各试点城市积极营造尊重企业家精神、鼓励企业家创新、发挥企业家作用、助力企业家成长的良好环境和舆论氛围。

1. 加强企业家培训。白山市组织开展“千名创业者、千名小老板、千名企业家、千名技能工”系列培训和“千名创业导师结对帮扶千名创业者”“千名技能人才进民企”等活动。辽源市与清华大学等省内外高校长期合作，定期举办民营企业家工商管理高级研修班和民营企业家后备人才高级研修班，目前已累计培养2 000人次。

2. 加大宣传表彰力度。盘锦市召开科技创新大会，表彰先进企业，积极营造重视企业家、弘扬企业家精神的浓厚氛围。大连市召开优秀企业家表彰大会，通过新闻媒体广泛宣传企业家的创业创新精神，营造亲商、安商的社会氛围。

3. 加强信用环境建设。辽源市建立32个部门参与的协同监管和联合惩戒机制，让企业“一处违法、处处受限”。盘锦市强化行政许可、行政处罚七日内双公示制度，及时公布各行业守信主体“红名单”和严重失信主体以及严重失信被执行人“黑名单”，引导企业守法诚信。盘锦市印发了《关于对重大税收违法案件当事人实施联合惩戒的合作备忘录》和《对重大税收违法案件当事人实施联合惩戒工作规程》等文件，为加强信用环境建设提供了制度保障。

（六）加强政企沟通和精准服务

各试点城市积极构建“亲”“清”新型政商关系，不断提高政务服务的有效性和针对性。长春市建立《市领导联系民营经济工作制度》，每位局级干部每月至少开展一次下基层上门服务。白山市明确19位市级领导联系1 144户重点民营企业，组织开展为时三年的“百名县（处）级领导干部帮扶百户小微企业”活动。鞍山市通过市长企业家接待日、帮扶专项协调会、现场办公、聘请营商环境特约监督员等形式帮助企业协调解决生产经营过程中存在的突出问题。通辽市实行项目建设“五个一”跟踪机制，即从项目规划、前期、开工、建设、投产等环节全程跟进服务，逐个项目理出关键点，专人盯办督办，一月一总结，逐项办结销号，确保如期投产达效。白山市建立“联席会议、专家咨询、信用体系、金融机构融资服务考核奖励、融资工作协调会议”五项工作机制，以及“中小企业专项资金，小微企业担保，免打扰、检查处罚备案”三项扶持保障制度，提高政府指导扶持民营经济发展的工作能力。牡丹江市大力实施“非公经济发展三年行动计划”和“中小微企业成长工程”，对重点项目实行领办代办、集中会办、“绿色通道”，为783户重点企业免费送照上门；实行一个项目（县区）、一个市级领导、一个责任部门、一个进度目标、一个督查体系的“五个一”领导包保推进机制，对项目从洽谈签约、落地开工和建成投产实行“一包到底”。

三、优化营商环境过程中存在的主要问题

与沿海发达省份比，东北地区民营经济总体发展水平仍然较低、体量相对较小、创新不足、区域间发展不协同，总体营商环境还有待优化。

（一）民营经济总体发展缓慢

1. 市场主体数量少、规模小。东北地区民营经济体量相对较小，2016年黑龙江、吉林、辽宁三省民营经济共实现增加值26 882.1亿元，为同期广东省42 578.76亿元的63.13%、江苏省51 510.3亿元的52.18%。13个试点城市中除了营口、通化、牡丹江外非公经济占比都低于60%，长春市仅为48%。商事制度改革以来，东北地区市场主体数量快速增长，但仍落后于全国平均水平，与东部发达省份相比差距更大。2016年辽宁省、吉林省、黑龙江省、内蒙古自治区每万人新增小微企业数是26.56家、28.18家、17.2家、26.33家，同期全国平均水平为39.27家，而北京是105.91家、上海是122.01家、广东是72.06家、浙江是51.4家、福建是51.57家，也低于西部有关省份（重庆是43.54家）。从企业规模来看，全国工商联发布的2017中国民营企业500强中，东北三省只有10家（辽宁6家、黑龙江2家、吉林2家），而浙江120家、江苏82家、广东59家、山东58家。13个试点城市中只有大连4家、盘锦1家，长春1家、通化1家、哈尔滨2家，由此可见，东北地区民营经济既缺乏顶天立地的大企业，又缺少铺天盖地的中小企业。

2. 产业集聚度低，市场竞争力弱。尽管东北地区具有良好的工业基础和资源禀赋，但目前民营经济发展程度较低，大多仍以传统产业为主导，处于产业链低端，发展质量和效益不高，很多企业存在思想观念落伍、设备老化、工艺落后、能源资源消耗高、产品开发能力弱、组织结构不合理等问题。以鞍山市为例，尽管民营企业有8万多家，但真正叫得响的名牌企业或产品很少，主要集中在装备制造业、采矿业和批发零售业三大行业，且呈现“三多三少”现象：资源及其初加工产品多终端产品少、投资类产品多消费类产品少、内销产品多出口产品少。另外，产业集聚度较低，13个试点城市中仅有辽源的袜业、通化的医药业、营口的汽车保养维修设备业等有限几个产业集群，无法在产业链、创新链、价值链上形成合力，民营经济整体竞争

力较弱。

3. 创新能力不强、新动能培育不足。本地科研成果转化率低，科技型民营企业少，人才流失严重，创新投入不足，高新技术占比低，新兴产业规模小，发展缓慢。调查问卷显示，13个试点城市中，只有大连R&D支出占GDP的比重（1.97%）接近全国平均水平（2.11%），其他城市均远低于全国平均水平（哈尔滨1.84%、盘锦1.4%、七台河1.2%、鞍山1.12%、辽阳1%、白山0.16%、通辽0.16%）。吉林大学2016届16 887名毕业生中，吉林省本地生源占比33.5%，留在本地就业的仅为18.9%，每100名本地大学生中就有44位远走他乡。2015年、2016年东北地区战略性新兴产业营收增速分别为0.8%、7.3%，而全国2015年、2016年战略性新兴产业平均营收增速为15.6%、18.6%，与全国平均差距明显，反映出东北地区民营经济整体创新能力不强，新动能培育不足。

（二）营商环境存在的主要问题

从13个试点城市来看，民营经济营商环境正在改善，但和东部沿海地区相比，还有一定差距，制约民营经济发展的环境因素仍然突出，主要表现在：

1. 市场发育水平偏低

一是民营企业受歧视现象比较突出。①国企、民企市场地位不平等。民营企业在市场准入、项目审批等环节仍有许多门槛限制和隐形壁垒。问卷调查显示，33.1%的被调查企业认为当地民营企业与国有企业存在不平等现象；黑龙江、吉林、辽宁、内蒙古分别有25.3%、31.4%、29.3%、28.6%的企业认为当地对民营企业进入某一领域仍有隐形限制。国企“店大欺客”。哈尔滨市一些为大型国有企业、军工企业配套服务的民营企业反映，作为产业链龙头的大型国有、军工企业压低零部件价格、拖欠民营企业货款，大家苦不堪言。②民企获取资源和政府支持难。据七台河市企业家反映，2016年开展煤炭行业化解过剩产能行动，地方政府对民营企业的预期引导和政策衔接工作与国有企业相比大为不足；民营企业贷款覆盖率和融资规模相对于国有企业比重严重偏低，统计显示，盘锦市70%以上的贷款流向国有大型企业。

二是信用环境较差。①社会信用不佳，融资债务问题较大。缺乏统一的征信平台和信用评价体系，对违反诚信行为惩处不够。佳木斯企业反映，不少企业以倒逼方式迫使银行逐步放大贷款规模，甚至故意逃废或悬空银行债务。大连市企业反映，企业间货款相互拖欠，累及银行贷款，形成三角债，同时财务造假现象增多，信用风险升高，导致银行不敢放贷。②政府诚信有待提高。主要表现在拖欠款项、承诺不兑现等方面。调查问卷显示，对政府诚信（政策稳定、按合同办事等）方面的满意度认为“一般”和“不好”的占比分别为31.2%和4%。哈尔滨企业反映，政府“失信”问题突出，有企业曾因区政府“现任不理前任”而欠债不还，导致停业破产。

三是综合成本高。税收、能源、人力、土地、交通等成本过高，严重影响东北地区投资竞争力。调查问卷显示，分别有33.18%、18.08%的民营企业认为用电、用水和天然气等能源价格过高，15.91%和15.82%的民营企业遇到了土地和交通问题。牡丹江企业家反映，该市属于电力富集地区，但电价却高于一些电力输入地区，如该市一般工商业用电价格达到0.86元/千瓦时，大工业用电价格达到0.64元/千瓦时（1～10千伏），目前全市只有3户企业获批直供电。长春市工商联书记曲春雨说，当地有的企业用电成本高达1.34元/度，远高于西部地区。社保缴费过高也是企业的普遍心声，白山市鑫德房地产开发有限公司反映，企业雇佣员工有很多是50多岁的人，而当地政府规定企业要替他们补交续交15年社保才能退休。盘锦兴隆集团董事长李维龙反映，盘锦不仅人才缺，普通劳动力也不富余，根据人社局面向332家企业用工需求调查显示，预计全年用口缺口1.6万人，民营经济组织缺口1.1万人。融资难融资贵始终困扰企业。各地企业普遍反映，贷款利率上浮较大，部分银行压贷、抽贷、断贷，企业经营严重“失血”。调查问卷显示，57.2%的企业没有从金融机构获得过贷款，获得过贷款的企业中有21%的企业贷款额度比前两年有所减少，增多的仅为12.5%。制度性交易成本高。大连大杨集团反映，公司有大量对外贸易业务，虽然公司离大连港最近，但由于该港服务差、障碍多、效率低，不得已舍近求远，远走青岛港和营口港，极大增加了运营成本。哈尔滨市企业反映，在房屋买卖、抵押审批中办事员自由裁量权太大，审批环节太长，企业办一次不动产抵押，所需时间长达45天，所需时间是广东等沿海发达地区的6～7倍。另外，吃拿卡要现象普遍，“不给好处不办事”思维甚至深入到普通大众，有企业反映，在哈尔滨某酒店举行会议，连酒店电工都得打点，否则不予调试会议室设备。

四是商（协）会作用发挥不足。商会的数量和活跃度是民营经济发展水平的重要标志，也是一个地方营商环境的风向标。多地企业表示，工商联和商会作用尚未充分发挥，政企沟通机制仍不畅通。白山市企业家反映，当地民营经济总体体量不大，商会发展较为缓慢，商会活跃度不高。问卷调查显示，有近三成的被调查企业没有加入协（商）会，已加入的企业有6.4%认为协（商）会在服务企业发展方面没有发挥作用。

2. 社会环境不够开放

一是政府和民众思想保守、创业创新意识弱，外部舆论不佳。政府思想不够解放，重国企轻民营，工作不够大胆，没有大的体制机制突破，没有形成良好的激励机制、容错纠错机制。民众体制内偏好严重，普遍以在机关事业单位、银行、电力、石油、学校等国有单位工作为荣，不愿意去民营企业，不愿创业。“投资不过山海关”“脑子进水投资东北”等言论破坏东北形象，严重干扰外来投资者的信心。以民营经济发展改革试点工作为例，各城市间工作推进程度差距很大，有的城市有些党政干部对试点工作竟不知情。白山市泉阳人商会会长潘振东反映，白山市高校毕业生回流不到10%，回流的毕业生50%～60%去考公务员和事业单位，很少有人愿意去民营企业。吉林省满妃集团董事长盛家齐表示，公司的薪资水平在本地同行业内是比较高的，但仍然招不到人。佳木斯潜兴农业机械研发有限公司反映，在招聘农机设备设计人才时，不但高素质、高学历、有创新的技术人才招不到，连自己培养的2名有设计能力的人才，也因为各种原因选择离开。

二是不少企业思想跟不上形势、理念保守、管理水平低。很多企业沿袭传统的家长式、家族式和作坊式管理模式，不接受先进的经营管理理念，创新意识差，企业科技含量偏低，特色产品偏少，“知足常乐”“故步自封”“小进则满”“小富即安”。长春市工商联党组书记曲春雨表示，很多老板起步时朝气勃勃，信心满满，发展后就“小富即安，固守家园”，进取意识下降。长春海归华侨企业家商会秘书长孙建军反映，商会曾经想组织东北袜业的企业家“走出去”到日本考察学习，等到出国前一天，发现很多老板连基本资料都没有准备齐全，无奈之下只能取消活动。辽宁鸿昊化工股份有限公司自筹资金3.5亿元，历经7年研制出屏蔽种子辐射的首选材料硼–10，市场前景巨大，但由于在融资渠道上只接受银行贷款，而公司已经没有资产可以抵押，导致资金短缺无法扩大产能。

三是政府服务意识差、效能低。政府工作人员舍“亲”保“清”，不接近民营企业，不跟企业家交朋友，对民营企业的发展需求根本不了解。不作为、乱作为、慢作为、懒政怠政等现象仍然存在，门好进了、脸好看了，事还是很难办。调查问卷显示，民营企业认为政商关系“一般”的比例为38.8%；有16.5%的企业感觉这两年来政府官员的服务意识和态度没有改善，67.73%的原因是“不作为”。吉林省东北亚新型材料公司董事长孙金宝反映，国家在新材料生产上出台减税政策，但政府工作人员以电脑系统无法通过为由，迟迟不予办理，使企业无法享受减税优惠。调研中多地企业反映，当地政府普遍重视招商引资，轻相关配套，重视外部企业，对本土企业关注太少。

3. 政策环境不够宽松

一是政策制定针对性不强、落地难、效果不理想。哈尔滨市企业反映，政府制定政策时征求意见不充分、接地气不足，使得一些政策“闻起来香，但吃不进嘴里”。长春市企业反映，市工商联未列入民营经济发展改革示范工作实施方案参与单位，市民营经济领导小组也没有工商联参与，民营企业意见反映不了。问卷调查显示，超过6成的企业没有获得过各级政府的政策性资金支持。大连市西姆集团反映，企业申请的《2017年度东北振兴新动能培育平台及设施建设专项中央预算内投资计划》专项资金已下发至大连市发改委，但由于企业属于轻资产公司，抵押担保问题没有解决，银行贷款无法下达。

二是政策宣传不到位。民营企业很难全面及时知晓各项政策措施的具体信息。调查问卷显示，有60%的民营企业对政府出台的政策不尽了解，有30%的民营企业主要通过私人渠道获得相关政策信息。通辽市企业反映，各职能部门制定政策措施，大多以红头文件形式下发到政府部门和国有企业，民营企业很难看到；部分政策措施只通过政府网站发布，但政出多门、信息分散。吉林省白山市方大集团反映，有利于民营企业发展的政策文件发布滞后，或根据关系亲疏小范围传播，不能及时广而告之。沈阳市有企业反映，政府信息公开程度不够，政策发布手段传统、范围狭窄，企业在网上根本找不到法规文件，有的文件以涉密为由，不让企业知晓。

三是政策多变，连续性和协同性不足。通化市茂祥药业反映，政府要求企业进行煤改气，但取暖成本要由原来每年300多万元增长到800多万元，由于担心环保标准不稳定，不敢贸然投资改造。万通药业反映，很多政策变化快、变化大，企业感到时间紧、要求高、投入大，应对困难。牡丹江市有企业反映，在南方发达城市，工商部门核发营业执照已无具体经营范围，只要法律没有禁止的皆可以经营，而黑龙江省还仍然按照国民经济行业分类，必须将经营范围细化到某一具体行业。通化市汽车流通业商会反映，企业拿着政策文件找到相关部门申报补助，办事人员说:“政策有，但钱真没有。”

四是政策执行呆板僵硬。调研中企业普遍反映，与南方民营经济发达地区相比，东北地区地方政府在执行有关政策时更加机械呆板、“一刀切”。辽宁中旺集团为进一步完善产业链条，建设了年产86万吨高精铝及加工材项目，虽然产能全部为只能依赖进口的高精铝产品，且只在企业内部消化使用，但是受到去产能政策限制，目前只有一期43万吨项目允许投产，二期43万吨项目只能闲置。白山市星泰集团有限公司董事长孙金宝反映，近期环保组来督查，政府怕担责，采取一刀切、划红线等方式，不管企业是否符合环保标准，一律停产，企业做的陶瓷和紫砂壶等近万件半成品无法进炉，损失很大。长春净月包装公司董事长王波说，有的部门不是引导企业解决问题，而发现问题第一时间开罚单处理企业。

4. *法治环境不够公平*

一是法律及相关配套不完善。白山市智业传媒有限公司反映，企业费了很大的劲，才申请到国家支持文化产业发展的资金，但地方政府说没有具体规定无法落实。康元生物科技公司反映，在申报林蛙开发项目时，被有关部门以法律没有相关规定为由直接拒绝，后来辗转找到上级领导，经研究认为林蛙作为东北地区独特资源，环保作用大、经济价值高、市场前景广阔，对于当地林农增收，发展区域经济都大有裨益，最终批准了该项目，但企业为此付出了很大的时间成本。

二是法律的保障作用没有充分发挥。企业反映的问题主要集中在法院案件审理和执行效率低、期限长、裁判不公、领导干预等方面。有企业反映，法院判决执行困难，重判决，轻执行，民营企业合法权益难以保障。还有企业反映，公检法部门执法不公正，所有制歧视仍然存在，对国企保护力度大，对民营企业保护力度不足。

三是执法不合理问题仍然存在。很多企业反映，暴力执法、选择性执法和滥用自由裁量权等问题相对来说比较突出。辽阳三三工业有限公司反映，环保部门执法检查时不管是否违规，一来就要停工，严重干扰企业正常生产。哈尔滨市有企业反映，当地对民营企业税费收取极不规范，税务部门经常征收“回头税”“预收税”，企业不分红也对业主或股权方预收个人所得税。七台河市企业反映，国家推行“营改增”政策后，个别民营企业仍存在被重复收税现象，诸如个人附加税等。

四、优化东北地区营商环境的对策建议

从13个试点城市来看，当前东北地区各级党委政府对民营经济的重视程度不断提高，民营经济发展环境正在不断改善。但受到传统习惯、思想观念、体制机制、地理区位、舆论氛围等多重因素影响，仍然面临一系列问题亟须破解，这既需要中央层面持续大刀阔斧推进改革，也需要地方政府立足自身特点、区位优势、资源禀赋和民营经济发展水平敢于担当、勇于探索、积极作为，更需要东北地区民营企业自身抢抓机遇、练好内功、攻坚克难。

（一）大力转变思想观念，营造创业创新氛围

一是继续加大力度推进民营经济发展改革和试点各项工作。在13个试点城市中加大对《关于推进东北地区民营经济发展改革的指导意见》（发改振兴〔2016〕623号）和改革示范工作（发改振兴〔2016〕2753号）的宣传力度，进一步提高各级党政干部对该项工作的知晓重视程度。加强对试点工作的督促检查，鼓励各试点城市放开手脚，加大工作力度，进一步出台切实有用的措施，不折不扣完成各项试点工作任务，探索积累更多改革经验。国家层面继续研究、完善、出台有关政策文件和配套措施，将民营经济发展改革和试点工作持续向纵深推进。

二是提炼推广试点城市的有关经验和做法。各试点城市积极落实发展改革试点政策文件，立足市情，进行了许多好探索，出台了许多好政策，采取了许多好措施，有的已经取得初步成效，如辽宁省多地正在开展的行政审批制度改革、营商环境建设等方面的探索已经走在全国前列，这些做法和经验值得研究提炼推广。

三是弘扬创业创新精神，转变对民营经济的思想认识。着力加强舆论引导，大力弘扬培育企业家精神，树立企业家是社会最稀缺最宝贵资源的意识；加大对东北地区优秀企业和创业创新人才的宣传表彰力度，积极营造尊商爱商的社会氛围；营造敢为人先、敢冒风险的社会氛围，培养创业创新意识，特别是要乘“大众创业、万众创新”的东风，首先在13个试点城市掀起“民间创业、草根创业、百姓创业”的浪潮，力争到2020年前，每万人拥有民营企业数达到150户以上。更新思想，转变观念，摆脱计划经济思维模式，提高全社会对民营经济、民营企业的认识程度，切实把国有经济和民营经济放到同等位置，像重视国有经济一样重视民营经济。

四是改善外部舆论环境。大力宣传东北地区在改善民营经济发展环境方面的努力和探索，宣传东北企业家的良好风貌和成功故事，改变社会对东北投资营商环境的刻板印象及误解，增强在外企业家的家乡自豪感和回归意愿，激发外地企业家投资东北的信心和机遇意识。

（二）上下结合推进体制机制改革创新

一是深入贯彻落实党的十九大精神，加强顶层设计，推进体制机制改革创新。以党的十九大精神为指导，加强顶层设计，自上而下推进体制机制改革创新，破除制约民营经济发展的障碍和桎梏，着力解决基层党委政府没有权限、没有能力或没有意识解决的问题。不断完善有关法律、制度和政策，保证各种所有制经济主体依法平等获取生产要素，公开公平公正参与市场竞争，同等受到法律保护。清理、修改、废除制约民营经济发展的地方规章制度和文件，取消各种形式的不合理规定。坚持“法无禁止即可为”原则，鼓励民营企业进入法律、法规未明确禁止的领域，抓紧实施鼓励社会资本参与的国家级重大投资示范项目，同时在基础设施、基础产业等领域推出一批鼓励社会资本参与的地方重大项目。狠抓政策的落地落实，提高政策含金量和可操作性，积极调动行业领军企业、商会协会、社会智库共同参与制定实施细则、办法、方案等，委托工商联、商会、协会等第三方进行政策宣传解读和政策实施效果评估。

二是发扬基层首创精神，畅通基层意见反馈渠道，为完善体制机制提供动力和源泉。鼓励和支持地方政府敢闯敢试，结合区域特色，根据企业和群众意见诉求，自下而上发力，在职责能力范围内积极开展制度创新，完善有关政策措施。建立和开展党政领导干部与民营企业家的联系机制与联谊活动，建立民营企业家反映问题、提出意见的“绿色通道”。积极发挥工商联、商会作用，促进政企沟通交流，推动政策、制度完善。

（三）推进混合所有制改革，着力打造民营资本主导的产业集群

一是推进混合所有制改革。通过兼并重组、破产清算等方式加快淘汰“僵尸企业”，鼓励民营企业通过出资入股、收购股权、认购可转债、股权置换等多种方式，参与国有企业混合所有制改革。基于东北地区民营企业规模小、资金少的现实，在推进国企改革中，要拓宽思路，加大招商引资、引技、引才、引智的力度，特别是要多吸引东部沿海发达地区的民间资本和外资以及各类新型社会资本，参与发展混合所有制经济。

二是着力打造产业集群。深入挖掘本地优势、本地特色，加大对本地企业特别是本地龙头企业的培育扶持力度，带动培育一批配套民营企业，形成区域特色产业集群，提升民营经济整体实力和竞争力。13个试点城市都具有一定的产业基础和优势，有的已经初步呈现出产业集群的态势，亟须加大扶持引导力度，如辽源袜业、通化药业、营口汽车保养维修设备、鞍山装备制造、盘锦石化、通辽煤电铝及煤化工、七台河煤电等。东北地区在机器人及智能制造、新能源装备、汽车零配件、农产品加工、生物医药、林下经济、现代物流、健康养老、纺织服装、生态旅游、现代金融等领域都有很大潜力可挖，应继续出台有关政策措施，加强引导、扶持、服务，推动每个试点城市至少形成2个以上具有一定规模和质量的产业集群。

（四）挖掘本地科研优势，推动企业转型升级

一是提高科研成果本地转化率。发挥东北地区科研力量雄厚的优势，加强科技成果本地转化，推进高校和科研机构协同创新，鼓励有实力的民营

企业与科研院所合资建设关键技术、核心产品研发中心，促进科技成果转化与产业化发展。支持民营企业设立院士专家工作站、重点实验室、工程（技术）中心等研发机构，牵头承担重大科技项目，组建产业与技术创新联盟。

二是加强政策支持。制定完善有关支持民营企业技术改造投资的优惠政策，发挥企业在创新中的主体地位，推动企业技术创新、产品创新、商业模式创新、管理创新，促进从依靠要素驱动向依靠创新驱动转变，从中低端生产向中高端制造转变，不断增强企业核心竞争力和可持续发展能力。

三是加大人才引进服务力度。降低人才门槛，妥善解决教育、医疗、户籍、社保等问题，提高东北地区对人才的吸引力。

（五）大力降低企业综合成本，提高区域投资吸引力

一是统筹妥善解决企业综合成本过高问题。国家层面要对东北地区企业用地、用能、税收、物流、社保缴费等成本方面加强研究，切实提出应对策略。着力解决国有企业、军工企业、大企业“店大欺客”现象，妥善解决拖欠货款问题，减轻民营企业财务成本，防范破解“三角债”。推进国有垄断行业改革，提高服务质量，降低综合收费和价格。

二是加大金融支持力度，提高金融服务实体经济特别是高科技企业的能力和水平。学习国外经验，发挥政策性银行对资源性城市、老工业区转型以及中小企业发展的支持促进作用。成立有关引导基金，解决企业因缺乏担保物而普遍存在的融资难问题。鼓励依法合规设立主要服务于本地民营企业的民营银行、村镇银行，鼓励符合条件的重点装备制造企业发起设立金融租赁公司。引进和培育天使投资人、创业投资基金、股权投资基金，鼓励有条件的地方设立中小企业发展基金。鼓励民营企业调整观念，转变思维，加大资本市场直接融资力度。

三是降低东北地区国际物流成本。抓住“一带一路”倡议契机，大力开拓俄罗斯、内蒙古交通运输线，改善基础设施条件，推进通关和运输便利化，促进过境运输合作。

四是降低制度性交易成本。切实提升政务服务效率，规范中介机构行为，清理取消不合理行政性收费，推出一批制度性、管长远、见实效的清费举措，降低企业制度性交易成本。

（六）加强法治建设，营造风清气正的政商环境

一是继续加大反腐倡廉力度。严肃查处依然不收手不收敛、故意设租寻租、影响恶劣的腐败案件。依法严厉打击各类企业商业贿赂行为，通过媒体公开曝光等有效方式形成持续震慑效应。深入探索建立公权力监督长效机制，及时总结推行权力清单、负面清单、责任清单的经验。

二是规范政府行为，加强政务监督。完善信息披露制度，运用大数据、云计算、移动互联网等技术，整合政务网络信息系统，把办事流程、时限和责任人员情况向企业和群众公开，使干事者有章可循、监督者有规可依，去除暗箱操作的土壤。加大推进政务诚信建设力度，在行政许可、政府采购、招标投标、财政资金分配等重要领域，提高信息公开透明度，自觉接受社会公众监督，提高政府诚信水平，并切实解决政府承诺不到位、拖欠款项等历史遗留问题。规范行政、执法、司法领域自由裁量权过大问题，加快制定使自由裁量权宽窄适度、便于施行的配套法规和实施细则。

三是引入社会力量，发挥各方合力。探索建立企业和社会对各级政府服务质量、工作作风的刚性评议制度，对不担当、乱作为或不作为的行为依法进行曝光和责任追究。在立法过程中注意倾听民营企业的声音，制定涉及民营企业权益的法规政策时，吸纳工商联和相关商（协）会组织机构参与。发挥行业商（协）会推动行业自律的重要作用，逐步建立行业会员之间相互监督的体制机制。引导民营企业树立品牌意识，积极申请专利、注册商标，切实加强知识产权运用、服务和保护。